토론 교육
무엇을 어떻게 가르칠 것인가

토론으로 바꾸는 우리들 세상

토론 교육
무엇을 어떻게 가르칠 것인가

박인기 김슬옹 정성현 지음

한우리 북스

토론을 위한 학습, 학습을 위한 토론,
그 모두를 위하여

어디에서나 아무 때나 토론을 자유자재로 잘 할 수 있으면 얼마나 좋을까. 부러움을 품기는 쉽지만, 막상 하려면 어느 하나도 만만한 것이 없다. 그리고 어디서부터 손을 대어야 할지 막막하기만 하다. 토론을 잘 할 수 있는 능력은 하루아침에 길러질 수 없다. 한 가지 사실을 발견하는 데에 이르기만 해도 성공이다. 그것은 토론이 여러 가지 능력을 바탕으로 구성되는 통합적인 능력이라는 사실을 아는 것이다. 이는 토론 교육을 바르게 이해하는 출발점이라 할 수 있다. 토론을 가르치는 사람도 토론 교육의 전체 지형도를 이해함으로써 학생들에게 맞는 맞춤형 토론 교육을 설계할 수 있을 것이다.

이 책의 저자들은 토론 능력이야말로 매우 통합적인 능력이라는 점을 중요하게 고려하였다. 이는 저자들이 토론 교육에 대해서 가지는 기본 인식이기도 하다. 이런 관점을 가지는 것은 토론 교육의 온전함을 추구하기 위한 것이다. 토론 지도가 기술적 요령 중심으로 파편화 되는 현실을 경계하고 극복하기 위함이라 할 수 있다. 우수한 토론자는 지식이 풍성해야 한다. 동시에 그 지식을 다양한 사고로 결합하고 조직하고 운용할 수 있어야 한다. 그것을 다시 가장 효과적인 언어 표현으로 드러낼 수 있어야 한다. 이처럼 지식과 사고와 언어가 삼위일체의 구조로 토론 능력을 키워나가는 것이다. 그런 점에서 토론 능력을 상위·하위의 분화된 능력별로 나누어 목표 분류 항목 체계로 보여 준 것은 이 책이 지니고 있는 중요한 특징이라 할 수 있다.

토론에 필요한 지식은 풍성한 독서와 다채로운 경험에서 온다. 지식은 토론을 이끌어 나가는 바탕 에너지이자 재료이다. 그런데 지식을 그냥 쌓아 두기만 한다면, 토론의 동력이 되기 어렵다. 지식을 토론의 동력으로 활용하자면 지식과 지식들을 서로서로 유연하게 연결하고 구성해야 한다. 그것이 바로 사고이다. 이 책에서는 '독서토론'을 이런 관점에서 접근하고 구체적 지도 방안들을 제공하였다.

토론의 요체는 내 주장에 논리적 체계를 갖추는 힘에 있다. 토론은 말하기로만 되어 있는 것처럼 보이지만, 실상은 보이지 않는 과정에서 읽기와 쓰기가 모두 동원되어야 한다. 토론 상황(문제 해결 상황)에 지식을 논리적으로 활용하는 능력을 쌓아가는 과정에서 다양한 전략들을 동원해야 하기 때문이다. 때로는 읽기 성향의 전략(활동)이 필요하기도 하고 때로는 글쓰기의 전략(활동)이 필요하기도 한 것이다. 이 책에서 제공하고 있는 '토론 능력을 구성하는 하위 능력들'은 토론 학습을 '토론 배틀(battle)'에 갇히게 하지 않고 토론 학습의 안목을 넓혀 줄 것이다.

최종적으로 토론을 실현시키는 것은 실제의 토론 장면에서 발화하는 언어이다. 구성하고 결집한 생각을 적절한 언어 표현으로 바꿀 수 있는, 언어적 능력이 있어야 한다. 지식과 사고의 힘이 있다 해도 언어 표현의 기술이 없으면, 토론의 완성을 기대할 수 없다. 토론에서 말을 잘 한다는 것은 무엇을 의미하는가. 여기에도 여러 능력이 들어와 통합된다. 말하는 목적과 주제와 상대를 모두 잘 파악하는 인지적 능력을 비롯하여, 기분과 태도를 조절하고 드러내는 감성적 이해 능력도 필요하다. 토론으로 인한 소통의 실제 시간과 공간에서 일어나는 온갖 심리적 작용을 이해하고 평가할 수 있는 능력이 필요한 것이다. 언어 사용의 역동적 움직임이 살아 있는 것이 토론이기 때문에 더욱 그렇다. 참으로 많은 능력이 보이게 안 보이게 다 동원되는 것이 토론이다.

이런 인식을 전제로 저자들은 이 책을 마련하는 데에 다음 몇 가지를 특별히 강조하였다.

첫째, 토론의 교육적 유용성은 토론을 준비하고 실현하는 활동을 통해, 토론의 가치와 기능을 다른 학습으로 전이할 수 있는 데에 있다. 그래서 토론은 '실제의 토론'으로 정해진 시간에만 하는 것처럼 보이지만, 실제의 토론 장면 그 앞 단계에 수많은 준비 활동(준비 능력)이 필요하다. 토론 장면 이후 단계에서도 꾸준히 이를 심화하는 활동(전이 능력)을 학습해야 한다. 토론을 위한 토론이 아니라, 토론이 진정한 문제 해결 능력으로 고양되고 전이될 수 있어야 하기 때문이다.

둘째, 토론의 형식과 절차를 익히는 것도, 토론의 전략적 기술을 배우는 것도 그 자체가 궁극의 목적일 수는 없다. 토론의 능력을 실제의 언어 생활과 사회적 삶에서 의미 있게 사용하고, 그러한 토론 활동을 통해서 개인과 공동체의 문제들을 좀 더 바람직하게 해결할 수 있는 데로 나아가는 소양을 길러주는 데에 토론 교육의 본질과 진정한 역할이 있기 때문이다. 그간 우리 토론 교육의 현장이 지나치게 토론 교육을 토론 콘테스트(토론 시합에 이기기)를 위한 수단적 활동으로만 매몰되어 있었던 것에 대한 반성이 필요하다.

셋째, '토론'과 '학습'의 상관성에 대해서 교육적 가치를 둘 것을 강조하였다. 토론 능력을 '학습 능력'과 긴밀한 상관이 있다고 보았다. 즉 토론 교육이 학생들로 하여금 '학습의 방법과 과정을 개발하는 능력'을 길러주는 데 큰 기여를 한다고 보았다. 이런 능력은 학생들이 점점 더 성장하고 발달함에 따라, '삶의 문제를 언어적으로 해결하는 능력'으로 진화되어 간다. 그래서 토론 활동은 '지식의 통합'과 '앎의 전체성'을 체험하는 데에 교육적 가치가 있다. 그렇기 때문에 토론을 통하여 지식을 익히기도 하고, 토론을 통하여 정서를 고양하고 태도를 계발하기도 하며, 토론을 통하여 인성의 발달을 도모하기도 할 수 있음을 염두에 두었다.

넷째, 저자들은 토론이 구체적 실천 활동이라는 점을 주목하였다. 따라서 그 실천의 현실성을 구체적으로 체득할 수 있는 토론의 경험과 형식과 자료들을 충실하게 맛보고 익힐 수 있는 데에 최대한의 노력을 하였다. 이는 토론을 현장에서 지도하는 선생님들에게 실질적인 도움을 드리기 위한 것이라 할 수 있다. 토론 교육의 구체적 활동을 운영하는 각양각색의 현장을 답사 취재하고, 유용한 지도 모형과 관련 자료들을 소개하고 평가하는 데에 노력을 기울였다.

이 책은 기획과 취재와 집필에 상당한 기간이 걸렸다. 그만큼 저자들의 집필에서 겪었던 어려움이 돌아 보이기도 한다. 또 검토와 수정 과정에서도 원고의 교체가 적지 아니하였다. 원리와 실제를 넘나들며 토론 교육의 내용과 사례를 다루면서 중요한 사항들은 반복적으로 더 많이 언급되도록 하였다. 그러는 과정에서 현장 토론 교육을 위한 보다 세심한 대안들을 모색하기도 하였다. 이 책이 토론 교육의 실천과 변화를 현장에서 시도해 보려는 사람들에게 조금이라도 도움이 되기를 바란다.

토론 교육의 미래적 가치를 내다보고, 어려운 출판 여건에도 이 책을 출판해 주신 한우리 박철원 회장님께 감사를 드린다. 또 치밀하고 섬세하게 교정과 편집의 수고를 감당해 주신 편집부 선생님들께도 감사를 드린다. 교육 현장의 토론 교육이 교육 본질에 더욱 충실하게 발전함으로써 새로운 지평을 열어가기를 기대해 본다. 그런 뜻을 가지고 토론 교육에 임하는 선생님들께 도움이 되기를 소망한다.

2014년 삼월
저자들 씀

이론편

1부

토론이
필요한 사회,
토론으로
이끄는 세상

01장

토론이 필요한 사회

1. 토론이 필요한 문화, 토론이 절실한 사회
2. 토론은 소통이다

1. 토론이 필요한 문화, 토론이 절실한 사회

토론이 중요하다는 것은 알지만 실제 토론이 제대로 이루어지지 않는 게 우리 현실이다. 토론 방송과 토론대회는 꾸준히 이어지고 있지만 실제 생활 속에서 토론이 제대로 이루어지지 않는 것도 사실이다. 시청자들은 토론 방송에 나온 일부 토론자들이 토론을 잘 못한다고 욕하지만 정작 욕하는 사람은 토론을 생활 속에서 실천하고 있는지 의문이다. 토론대회에 나가는 학생들은 대체로 토론을 열심히 하고 잘하지만 그 학생들이 생활 속에서 토론을 잘하는지 역시 의문이다. 학교 교육에서 토론이 중요하다고 이구동성으로 말하지만 모든 교과에서 토론 교육이 자연스럽게, 꾸준하게 이루어지지는 않는다.

우리 사회에 토론 문화가 제대로 형성되지 않은 이유는 무엇일까. 혹은 우리 사회에서 토론 문화의 변화에 대해 직장인이면서, 부모면서 다시 대학을 다니며 주경야독하는 학생들의 발언을 들어보았다.

김희경: 우리나라에 토론 문화가 아직 잘 정착되지 않은 이유가 여러 가지 있겠지만 그중 하나가 나이나 직급에 따른 서열을 강조하기 때문이 아닌가 싶습니다. 어릴 때부터 어른들이 말씀하실 때 자신의 의견을 이야기하면 말대꾸한다고 야단맞는 경우가 많고, 반대로 어른 하시는 말씀에 "네"를 잘하면 말 잘 듣는 착한 아이라는 칭찬을 듣는 경우가 많습니다. 물론 요즘은 어린아이들의 의견도 잘 묻는 세대가 되었지만 저희 어릴 때는 어른이 말씀에 자신의 의견을 이야기하는 것은 어려운 일이었습니다. 그래서 자신의 의견을 정확하게 표현하는 법을 잘 배우지 못한 것이 다른 사람들과 토론하는 것을 자연스럽게 여기지 못하게 된 이유가 된 것 같습니다. 그런데 생각해 보면 나이나 서열에 따른 침묵의 요구는 지금도 여기저기에서 유효한 것 같습니다. 부하 직원과 상사, 고참과 졸병, 시댁 식구들과 며느리 등 이런 관계에서 자연스럽게 자신의 의견을 이야기하는 것은 여전히 꼬박꼬박 말대꾸하는 버릇없는 사람이 되는 것 같습니다.

임미진: 사회생활을 하는 직장인으로서 말씀드립니다. 저도 첫 직장에서는 그런 말대꾸하는 사람이 되기 싫어서 묵묵히 대답만 하고 시키는 일만 했습니다. 그런데 그만둘 때 상사분께서 말씀하시기를, 그건 성실한 사람이 아닌 자기 입장이 없는 사람, 무언가 꿍꿍이가 있는 사람이라고 하시더군요. 굉장한 충격이었습니다. 그래서 그 후에는 어디 가서도 당당히 제 입장을 확실히 표현합니다. 그런데 의외로 안 좋게 낙인찍히는 것이 아니라 인정을 받더군요. 그건 상대방과의 말하는 기술에 달린 것 같습니다. 상대와 어떻게 말하느냐에 따라 상대방의 생각도 달라지는 것 같습니다.

임순숙: 김희경 학우님의 의견에 충분히 공감을 합니다. 우리나라는 전통적으로 어른 혹은 윗사람에게는 무조건 복종하는 것이 미덕이었지요. 저도 시댁에서 벙어리 삼 년을 실천하려다가 사촌 동서가 어른들께 자신의 의사를 분명히 전하는 걸 보고 용기를 얻어 필요할 땐 제 의견을 말하게 되었답니다. 이후론 시어른들과 자연스러운 대화도 가능했고요. 집안을 위해 뭔가 제안하는 용기도 가지게 되었습니다. 어려운 사이일수록 지킬 건 지키면서 설득력 있게 의사를 표현하면 닫힌 마음도 열리리라 봅니다.

신수호: 세 분 학우님들 말씀, 정말 이해되고 공감되네요. 저도 사회 초년생일 때는 한마디도 못 하고 억울해도 참고, 참고, 또 참았는데 감내할 수 있는 참을 인(忍)이면 괜찮지만, 쌓아두는 것에 그치게 된다면 절대 비추(추천하지 않음)입니다. 쌓아놓았던 그 참을 인(忍)들이 폭발해 버리니 더 안 좋은 결과를 초래하더군요. 미진, 순숙 학우님 말씀처럼 표현하는 방법(화법)에 따라 얼마든지 자기 입장(주장)을 감정 상하지 않고, 정당하게 알릴 수 있겠더라고요.

김희경: 미진 님, 순숙 님, 수호 님 말씀이 맞습니다. 무조건 참는 것이 아니라 자신의 의견을 정확히 전달하는 법을 배우는 것이 중요하다는 말씀에 전적으로 공감합니다.

김연호: 학우님들 의견에 완전히 공감합니다. 저 또한 그런 분위기를 지닌 시대에서 착한 아이로 살아오기를 부모님께 강요당하며 자랐습니다. 착한 아이가 되기 싫어한 탓에 버릇없는 아이라는 말도 들었지만요. 그런데 어느 날 제 아이들에게 그런 모습을 강요하고 있더라고요. 아이들은 그런 모습으로 커가고 있고 부랴부랴 제 습관을 고치려 무던히도 노력하고 있습니다만…… 헌데 버릇없는 것과 본인 의견을 잘 전달하는 기술의 차이는 큰 듯합니다. 아이들에게 자신의 의견을 정확하고 겸손하게 전달하는 모습을 기대하며 오늘도 노력해 보려합니다.

길지 않은 대화이지만 대화 참가자들은 우리 사회 토론 문화의 기본 바탕인 이야기 문화에 대한 진지한 성찰을 나눠주었다. 김희경 님은 토론이 제대로 이루어지 않은 근본 이유로 뿌리 깊은 서열 문화와 기본적인 의사 표현을 못하는 부족한 말하기 문화를 들었다. 이런 잘못된 관습은 가정이나 직장이나 똑같다고 보았다.

이에 대해 임민진, 신수호 님은 직장에서, 임순숙, 김연호 님은 가정에서 그런 잘못된 문화와 관습을 나름대로 극복한 경험을 들려주고 있다. 결국은 서로의 관계를 존중하면서도 당당하게 자신을 드러내는 것이 얼마나 어려운지를 보여주었다.

임순숙 님은 가정에서, 임미진, 신수호 님은 직장에서 서열 문화를 그대로 따라가는 것보다는 당당하게 자신을 드러내는 것이 서로에게 좋은 것임을 경험을 통해 들려주고 있다. 서열 문화가 뿌리 깊기는 하지만 그것이 변화되어야 하고 변화될 조짐이 있다는 것을 보여준다.

　김연호 님은 잘못된 토론 문화 중심에 서 있었던 자신을 성찰하며 버릇없는 것과 자신을 당당하게 드러내는 것은 분명하게 구별해야 함을 전제로 '자신의 의견을 정확하고 겸손하게 전달하는' 토론의 미덕을 말하고 있다. 토론은 곧 정확한 소통으로서, 그것을 어떻게 전달하느냐가 중요하다는 것이다. 윗사람을 존중하면서도 당당하게 자기를 드러내는 일이 필요하다는 것은 모두 공감하는 듯하지만 실제 쉽지 않다는 것도 엿볼 수 있다. 그럼에도 네 사람 모두 그런 대화 태도나 문화가 매우 절실하다는 것에 대하여 공감하고 있다.

　우리는 이 책에서 토론을 생활로 실천하고 토론을 아이들에게 어떻게 제대로 가르칠 것인가를 밝히려 한다. 그런 길을 찾기 위해 우리 사회의 토론 문화를 진지하게 돌아볼 필요가 있다.

2. 토론은 소통이다

토론은 특정 논점에 대한 갑론을박 비판 소통법

　그렇다면 대화 중에서도 가장 정확한 대화인 토론이란 무엇일까. 그것은 한마디로 말하면 합리적인 논쟁식 대화를 말한다. 어떤 논점에 대해 서로 각자의 의견이나 주장이 정당함을 내세우는 대화이다. 소통을 위해서는 대화의 목표와 초점이 분명해야 한다. 그것이 논점이다. 논점은 논쟁거리로 뭔가 다양한 견해나 대립된 의견이 성립할 수밖에 없는 화제를 말한다. 그런 논점을 중심으로 논쟁식 대화를 나누는 것이 토론이다.

토론을 다른 말로 하면 '갑론을박'인데, 바로 '갑론을박'이란 우리의 전통 말 속에 토론의 답이 들어 있다. 갑(아무개1)이 주장하면 을(아무개2)이 반박하고, 을이 주장하면 갑이 반박하는 말하기가 토론이라는 것이다. 곧 토론은 주장과 반박 말하기다. 여기서 중요한 사실이 있다. 먼저 주장이 있어야 하겠지만 반박이 없으면 토론은 절대 성립하지 않는다. 주장과 반박이 성립하기 위해서는 관점이든 결론이든 뭔가 대립되는 것이 있어야 한다. 따라서 "회장을 어떻게 뽑을까요?"라는 논제는 1차적으로는 토론거리가 되지 않는다. "회장을 투표로 뽑을까요, 선생님이 임명할까요?"와 같이 반대 의견이 성립되어야 한다. 물론 "회장을 어떻게 뽑을까요?"라는 논제를 가지고 얘기하다 보면 대립된 의견이 나올 수 있고 그러면 당연히 토론으로 발전하게 되는 것이 일반적인 대화 흐름이다.

반박은 상대방 주장을 부정하는 데서 비롯된다. 뭔가를 반대, 곧 부정하는 것이다. 다만 논리적 근거를 통해 하는 것이다. 누군가의 주장에 대해 논리적인 근거를 가지고 문제점을 찾아 그러한 부정적 측면을 중심으로 옳고 그름을 따지는 것을 비판이라 한다. 곧 토론은 비판적 대화이다.

토론은 논리적 대화를 통한 평등한 소통법

그렇다면 주장과 반박이 이루어지면 모두 토론인가. 그렇지는 않다. 왜 그런 주장을 하는가, 왜 그런 반박을 하는가에 대한 답, 곧 까닭이나 근거를 가지고 논리적으로 주장과 반박이 이루어져야 토론이라 한다. 곧 토론은 논리적인 말하기이다.

이와 관련하여 '토론'의 어원이 재미있다. '토론'은 한자 '討論'에서 왔다. 중국에서 가장 오래된 자전(字典)으로 후한(後漢)의 허신(許愼)이 한자의 뜻과 어원을 잘 정리한 『설문해자(說文解字)』에 보면, 두 집단이 싸울 때 두 집단의 세력이 대등하면 칠 공(攻) 자를 쓰고, 강한 세력이 약한 세력을 칠 때는 칠 벌(伐) 자를 썼지만 상대방의 분명한 잘못을 응징하기 위해 칠 때는 토(討)라고 하였다. 곧 상대방 잘못이 분명한 경우에 쓰는 말이 '토'이고 '론'은 '의논하다'를 말하므로 '토론'은 정당한 근거를 가지고 하는 의논, 곧 논리적인 대화인 셈이다.

논리적인 대화를 위해서는 서로가 평등한 관계에서 토론해야 한다. 서로가 평등하지 않다면 합리적이면서도 논리적인 대화 자체가 불가능하다. 평등하다는 것은 서로 대등하다는 것이다. 따라서 힘의 균형을 맞추기 어려운 서열 관계를 염두에 둔다면 토론 자체가 어렵기 마련이다.

그렇다면 토론을 왜 하는 것일까. 어떤 쟁점 곧 문제를 해결하기 위해서 하는 것이다. 그냥 해결하는 것이 아니라 합리적인 토론을 거쳐 해결하자는 것이니 합리적인 문제 해결을 위한 말하기가 토론인 셈이다. 그런데 서로 대립된 주장과 관점으로 끊임없이 반박이 이루어지기에 어떻게 문제를 해결할까 의문이 들 것이다.

토론은 더불어 문제 해결하기

그렇다면 주장과 반박이 팽팽히 맞서는 경우를 생각해 보자. 평행선을 달리는 것이 끝이 없을 것이다. 이럴 경우의 토론의 효용성은 무엇일까. 여기서 토론의 중요한 점을 짚어낼 수 있다. 토론은 서로에게 중요한 문제를 가지고 하는 대화라는 것이다. 다시 말하면 사적인 대화나 이야기가 아니라는 점이다. 뭔가의 공공적인 또는 공동의 문제가 있기 때문에 토론을 한다. 결국 토론거리는 토론 당사자만의 문제가 아니라는 점이다. 그렇다면 당사자끼리는 평행선을 달린다 해도 이를 지켜본 사람들은 누가 더 옳은지를 판단할 수 있고 절충이나 종합이 이루어질 수 있다. 곧 누가 더 옳은가, 아니면 절충은 불가능한가의 문제이다. 이와 관련된 좋은 예가 조선왕조실록에 나온다. 1520년, 중종 15년에 어전 회의에서 수군(해군)의 교대를 나누는 일에 관해 토론이 벌어졌다.

이 문제에 대해 사관(史官)은 이렇게 시작하고 있다.

수군을 몇 교대로 나눌 것인가에 대해 갑론을박(甲論乙駁)하여 오래도록 결정하지 못하자, 남곤(南袞)이 유미(柳湄) 등을 돌아보며 묻기를,

"삼교대로 나누는 것이 가하겠습니까, 이교대로 나누는 것이 가하겠습니까?"

하니, 유미가 말하기를,

"경상도·전라도는 삼교대로 나누면 군사가 반드시 부족할 것입니다."

하고, 고형산(高荊山)은 말하기를,

"삼교대로 나누는 것이 가합니다만, 오직 경상도·전라도 두 도만은 곤란합니다."

하니, 정광필(鄭光弼)은 말하기를,

"이교대로 나누어 군사가 부족한 곳이 있으면, 임시로 배 한 척을 줄이는 것도 온당할 것 같습니다."

하니, 이에 남곤이 동의하여 아뢰기를,

"황해도·강원도·충청도 등처는 그 도의 원래 사정에 따라 이미 삼교대로 나누었으며 경기도 또한 그러합니다만, 경상도·전라도는 방어가 가장 긴요한 곳인데, 삼교대로 나누면 군사가 부족합니다. 한나라의 일이 각기 달라서는 안 되겠으나 조상들께서 이미 이교대로 나누었으

니, 옛 제도를 따르는 것이 어떠하겠습니까?"

하니, 임금이 "그리하라."라고 하였다.

이교대로 하느냐 삼교대로 하느냐가 핵심 쟁점이고 서로 치열한 토론이 벌어졌지만 남곤에 의해 대립된 의견이 조율이 되어 삼교대 지역과 이교대 지역으로 나누고 옛 제도를 참고함으로써 최종 결론을 이끌어냈다. 대립된 관점은 존중하되 서로 합리적인 것을 취함으로써 문제 해결 방향을 잡아냈다. 문제를 해결하는 것은 문제의 원인을 찾아서 없애거나 바로잡는 것을 말한다. 고대 스키타이의 왕 '아나카르시스'는 "슬기로운 이는 원인을 토론하고 어리석은 이는 원인을 속단한다."라고 했다. 토론이 합리적인 문제 해결 과정임을 잘 드러내는 말이다.

『고대 로마의 노래』, 『영국사』의 저자인 T. 매콜리는 "인간은 어떤 문제를 자유로이 토론할 때 그 문제에 대한 가장 올바른 해결책을 얻게 된다."라고 했다. 이렇게 얻은 해결책은 그 어떤 것보다 더 바람직한 해결책이 될 것이다.

02장

토론 교육의 필요성

1. 토론 교육의 목표는 무엇일까

토론의 다양한 개념을 통해 토론이 무엇인지 토론이 왜 필요한지를 알아보았다. 그렇다면 토론 교육이 매우 중요하다는 것을 알 수 있을 것이다. 토론 교육의 목표는 개념이 다양한 만큼 여러 가지일 수 있지만 핵심 목표는 네 가지다.

첫째, 토론 교육은 합리적으로 문제를 해결하는 능력을 키워주는 것을 목표로 한다. 우리 삶은 문제의 연속이며 이 세상은 끊임없는 문제 속에서 흘러간다. 중요한 것은 그러한 문제를 어떻게 해결해 가느냐이다.

모든 문제는 갈등을 내포하고 있거나 상반된 쟁점을 안고 있다. 그러한 문제를 쌈박질이나 윽박질이 아닌 논리적인 대화로 해결한다면 전화위복이 되어 새로운 발전의 결실로 맺힐 것이다.

둘째, 토론 교육은 문제 해결에 도움이 되는 통합적 언어 능력을 기르는 것을 목표로 한다. 토론은 상호 대화이며, 집단 대화이다. 제대로 듣고 제대로 말할 수 있는 능력, 그렇게 듣고 말하기 위해 다양한 자료를 읽어낼 수 있는 능력, 기록할 수 있는 능력, 이러한 통합 문식력이 있어야 토론을 통한 문제 해결을 할 수 있다.

셋째, 토론 교육은 더불어 건전한 공동체를 만들어 갈 수 있는 인성 교육을 하는 것을 목표로 한다. 토론은 상대방을 이기기 위한 말하기 기술이 아니다. 함께 연관된 우리 삶의 문제에 대해 더 합리적인 대안을 찾는 과정이 토론이다. 승패를 가르는 토론대회는 토론 교육과 토론을 부추기기 위한 하나의 과정이거나 교육 전략이지 그 자체가 토론의 목표는 아니다. 서로 논박은 하지만 그러한 과정이 궁극적으로는 상생이 되어 서로에게 더 합리적인 공동체를 만들어 갈 수 있다.

넷째, 토론 교육은 정반대의 주장이나 관점을 가지고 끝까지 서로의 주장을 대등하게 펼칠 수 있는 논리적 사고력을 기르는 것을 목표로 한다. 여기서 우리는 일반 토론의 목표와 교육용 토론의 목표를 혼동해서는 안 된다.

일반 토론에서는 서로 토론하다가 어느 한쪽이 상대방에게 설득당한다면 토론이 끝난다. 일회성 주장과 반박이 아니거나, 똑같은 주장과 반박이 반복되는 것이 아니라면 토론 과정에서 당연히 설득할수도 있고 당할 수도 있다.

이렇게 일상생활에서는 더 나은 주장이나 의견으로 모아질 수 있지만 교육용 토론에서는 그야말로 논리적인 토론법 훈련을 위해 정반대의 주장이나 관점을 가지고 끝까지 서로의 주장을 대등하게 펼치게 한다. 어느 주장이 더 옳은 것인가, 더 나은 것인가는 토론 당사자의 몫이 아니라 그 토론을 지켜본 제 삼자의 몫이다. 토론이 잘 되었다면 토론을 지켜본 사람은 더욱 진지하고 더 나은 결론이나 대안을 얻게 되는 것이다.

2. 토론 교육의 좋은 점

토론 교육의 좋은 점, 곧 효용성은 무엇인가. 토론 교육을 받은 아이들이 그렇지 않은 아이들에 비해 무엇이 달라지는가. 이는 언어 측면의 효용성, 사회적 효용성, 인성 차원의 효용성, 지식 차원의 효용성, 사고 차원의 효용성, 교육 차원의 효용성으로 나눠볼 수 있다.

언어 측면의 효용성

언어 측면에서 가장 중요한 효용성은 의사소통 능력의 향상이다. 특히 듣기 능력과 발표 능력이 동시에 향상되어 능동적인 소통을 잘 할 수 있는 역량이 키워진다. 발표를 잘하려면 듣기를 잘해야 하므로 자연스럽게 듣기 능력이 향상됨으로써 집중력과 남을 배려하는 인성 까지도 좋아지게 된다. 언어란 소통이다. 듣기만 잘해도 안 되고 말하기만 잘해도 안 된다. 듣기와 말하기 모두 잘해야 하는데 토론이 바로 그런 쌍방향성 소통 능력을 키워준다.

언어 측면에서 또 다른 효용성을 들자면, 읽기 능력과 쓰기 능력의 향상이다. 토론 능력은 자료 준비와 자료 분석에 달려 있는데, 자료는 대부분 언어 자료이다. 이런 언어 자료는 읽고 분석을 해서 토론 자료로 재구성해서 써야 한다. 토론하기 위해서는 처음에 발제문을 만들고 나중에 최종 변론문을 만들어야 하는데, 이 과정에서 저절로 읽기 능력과 쓰기 능력이 향상된다.

　물론 언어 측면에서 가장 중요한 효용성은 말하기에 있다. 글보다 대화를 통해 서로의 의견을 나눌 수 있기 때문에 조금 더 분명하고 설득력이 있다.

사회적 효용성

　사회적 차원에서의 효용성으로는 먼저 공동체 윤리 의식의 향상을 들 수 있다. 토론은 사회적 문제에 대한 대화 나누기다. 그렇다면 우리 모두의 공통 관심사나 공동체 핵심 문제에 협력하는 것이 되므로 공동체 윤리 의식이 부쩍 자란다. 공통 관심사에 대해 함께 해결해 나가는 전략을 배우는 것이다.

　두 번째 사회적 효용성은 우리 주변 문제에 대해 적극적으로 실천하는 주체성이 향상된다는 점이다. 어떤 사회 문제든 적극적으로 나서는 사람 없으면 해결이 되지 않는다. 적극적인 능동적 실천 태도야말로 우리 사회를 지키는 힘이 된다.

　세 번째 사회적 효용성은 경쟁하는 태도와 협상하는 능력을 통한 민주적 태도를 익히는 것이다. 토론은 치열한 대립 논점에 대한 의견 나누기이므로 올바른 경쟁 원칙을 익히는 훈련이 된다. 더불어 교섭 능력이 향상되어 리더로서의 능력도 키울 수 있다. 합리적인 문제 해결 능력이므로 민주적 해결 능력을 함양할 수 있다. 각자의 생각을 공유함으로써 가장 합리적인 선택을 결정할 수 있다.

인성 차원의 효용성

　인성 차원에서 가장 중요한 것은 남을 배려하는 능력이다. 인성은 곧 남을 배려하는 품성이다. 열심히 상대방 의견을 들어야 토론이 가능하다. 남의 의견을 집중해서 잘 들어주는 것이야말로 가장 아름다운 배려 능력이다. 토론을 잘하기 위해서는 귀명창이 되어야 한다. 결국 이러한 배려 능력은 경청 태도를 증진시켜 더불어 고민하는 아름다운 인성을 키워준다.

배려와 경청 태도는 끈끈한 인간 관계를 증진시키는 힘이 되기도 한다. 사회적 관계를 통한 인성 증진은 개인의 정체성을 강화하여 성찰 능력 향상과 함께 성취감과 자신감도 증진시킨다.

지식 차원의 효용성

지식 차원에서는 다양한 지식에 대한 통섭 능력을 키워준다. 하나의 문제를 해결하기 위해서는 온갖 지식을 동원해야 한다. 다양한 지식을 넘나들되 그러한 지식을 연계시키거나 융합하여 문제를 해결하기 위한 살아 있는 지식으로 버무려야 한다. 토론은 바로 지식의 통합적 활용 능력을 향상시킨다.

사고 차원의 효용성

사고 차원에서 가장 중요한 것은 옳고 그름을 따질 수 있는 비판적 사고가 향상된다는 것이다. 토론은 반박이 핵심이기 때문에 부정을 통한 논리적 사고인 비판력이 중요하다. 남의 의견을 제대로 부정하기 위해, 또는 더 나은 해결책을 제시하기 위해서는 창의력이 필수다. 토론은 이러한 창의력과 비판력이 융해된 고등 사고력을 향상시킨다.

이와 더불어 토론은 논리적 사고력이 있어야 가능하기 때문에 토론을 거듭하다 보면 논리적 사고력이 자연스럽게 몸에 배게 된다. 머릿속 생각으로만 있던 의견을 말로써 끌어내는 과정을 통해 논리적인 사고를 기를 수 있다. 더욱 중요한 것은 사고의 확장이다. 나 아닌 다른 사람들의 생각을 들을 수 있어 편협한 나만의 사고에서 벗어나 생각의 장이 넓어지고 깊어진다.

교육 차원의 효용성

교육 차원에서는 탐구력과 내 생각 정리하기 능력이 향상되어 자기주도 학습 태도가 증진된다는 것을 꼽을 수 있다. 토론을 잘하기 위해서는 많은 준비를 해야 한다. 특히 관련 자료를 찾아 분석하고 정리하고 내 것으로 만들어야 한다. 이보다 더 능동적인 자기주도 학습은 없다. 이러한 탐구 능력 향상을 통해 생각하는 힘이 생성된다. 공부에 대한 바른 태도를 길러줄 수 있고 모든 공부와 탐구의 기본인 독서에 대한 필요성을 느끼게 해주는 것만으로도 자기주도 학습 태도가 길러지는 셈이다.

팀원 간의 상호작용을 통해 배우는 협동의 미학은 가장 좋은 도덕·윤리 교육이기도 하다. 협동은 서로 협동하라고 교사가 지시한다고 이루어지는 문제가 아니다. 공통 관심사를 중심으로 자발적인 협동이 이루어질 때 진정한 상생식 상호작용이 이루어지는 것이다.

토론의 10대 효용성

1) **사회성** 민주사회의 효과적인 참여 태도를 기를 수 있다.
2) **지도성** 리더십을 키울 수 있다.
3) **논리성** 주장하는 방법을 논리적으로 배우고 실천할 수 있다.
4) **현실성** 시사문제에 대한 깊이 있는 조사와 분석을 할 수 있다.
5) **비판성** 논리 비약, 근거 부재, 감정적 호소 등을 비판할 수 있다.
6) **통합성** 다양한 지식을 연계시키거나 통합하는 능력을 기를 수

있다.

7) 탐구성   자료나 상대의 의견의 옳고 그름을 탐구할 수 있다.

8) 의사소통성   신속하고도 분석적인 응답 능력을 배양할 수 있다.

9) 표현성   논리적인 언어 표현 능력을 기를 수 있다.

10) 자기 주도성 자발적이고도 적극적인 참여 정신을 기를 수 있다.

3. 교육용 아카데미식 토론과 일반 토론의 차이

교육용 토론을 흔히 아카데미식 토론이라 부른다. 이러한 교육용 토론과 일반 토론의 가장 큰 차이는 자신의 주장대로 토론하느냐 아니면 찬성과 반대 모두를 준비해서 규칙에 의해 정해진 대로 하느냐의 차이다. 교육용 토론에서는 사전에 찬반 모두 준비해서 실제 토론을 할 때 게임식으로 어느 편인가를 정하기 때문이다.

이렇게 하는 이유는 두 가지다. 다양한 주장이나 의견에 대해 골고루 생각하라는 것이고, 또 하나는 어느 쪽이든 논리적으로 입증하여 말하는 훈련을 하기 위해서이다. 따라서 교육용 토론은 철저히 정해진 규칙대로 해야 한다. 토론 시간과 순서가 미리 짜여 있어 그 틀에서 움직여야 한다.

또한 일반 토론에서는 토론의 결말이 안 날 수도 있으므로 굳이 승리 게임으로 보면 무승부가 될 수 있다. 또는 어느 한쪽이 설득당할 수도 있다. 그러나 교육용 토론에서는 대개 승패를 나눈다. 물론 승패 그 자체가 중요한 것이 아니라 합리적인 견해를 도출해 내는 균형 있는 태도가 중요하다.

03장

토의에서 토론으로 가는 길

1. 토의와 토론과 디베이트
2. 토론의 진정한 가치, 경쟁과 협동의 소통 정신

1. 토의와 토론과 디베이트

토의와 토론의 거리

토론과 비슷한 대화가 토의이다. 일상생활에서는 토의를 하다가 쟁점이 형성돼 토론으로 바뀌기도 하고 토론하다가 쟁점이 형성되지 않아 토의로 끝나는 경우도 있다. 그러나 교육에서는 토의와 토론을 엄격하게 구별한다.

둘 다 문제를 해결하기 위한 매우 합리적인 대화 방식이지만 뭔가 중요한 차이가 있기에 구별하는 것이다. 토의는 참가자 전원의 가능한 한 모든 의견을 검토하고, 최선의 문제 해결안을 찾기 위한 것이지만 토론은 상대방의 반대 주장을 반박하고 자기주장의 옳음을 상대방에게 인정하도록 설득하는 말하기다.

곧 토의는 다양한 주장이 공존하지만 토론은 대립된 주장으로 갈라져야 한다. 그리고 토의는 결론을 찾아가는 과정이지만 토론은 결론이 미리 정해진 것과 다름없다.

참가자들의 성격도 다르다. 토의에 참가하는 이들은 전원 협력 관계에 있거나 공동의 방법에 대한 의견을 나누는 것이지만 토론은 자기주장의 논거나 증거를 제시하고 상대방 주장의 모순을 밝히는 대립 관계에 있다. 곧 토의 참가자는 상호 우호적인 공통 이해 관계 자이지만 토론 참가자는 상호 경쟁적인 의견 대립자이다.

토의와 토론 비교

용어		토의(discussion)	토론(debate)
비슷한 점		1) 문제 해결 방법 2) 해결안 도출 3) 둘 이상의 참가자	
다른 점	목적	참가자 전원의 가능한 한 모든 의견 검토, 최선의 문제 해결안 찾기	상대방 반대 주장의 논파, 자기주장의 옳음을 상대방에게 인정하도록 설득
	주장	다양한 주장	대립된 두 가지 주장
	결론	결론을 찾아가는 과정	결론은 이미 정해져 있음
	문제 해결 방법	전원 협력, 공동 방법 숙의	자기주장의 논거와 증거 제시, 상대방 주장의 모순을 밝힘
	참가자	공통 이해 관계자	의견 대립자
	관계	상호 우호적(협조적)	상호 경쟁적
	갈래	전문가 토의(심포지엄), 공개 토의(포럼) 대표 토의(패널), 원탁 토의	전문가 토론(심포지엄), 공개 토론(포럼) 대표 토론(패널), 원탁 토론

물론 토의를 하려다가 의견 충돌이 생겨 토론으로 발전할 수도 있고 토론을 하는 과정에서 한쪽이 설득당해 토의처럼 합의안을 이 끌어낼 수는 있다. 정작 중요한 것은 그 과정에 있다. 정반대의 서로

다른 주장이나 관점에 대한 치열한 논리 싸움을 통해 우리는 무엇이 옳고 그른지를 명확하게 판단할 수 있는 절차를 밟는다는 것이다.

토론과 디베이트의 거리

요즘 교육용 또는 대회용 교차 토론을 현장에서는 디베이트라 부른다. 이렇게 토론의 번역어인 외래어를 마치 다른 용어처럼 쓰는 것은 교차 토론이 기존의 일상 토론이나 찬·반식 토론과 다르기 때문이다. 교차 토론은 번갈아 주장을 발표하고 번갈아 조사나 질문을 한다고 해서 붙여진 이름인데 그러한 토론 방식이 중요한 의미와 가치를 갖고 있다. 곧 일정한 형식을 갖추고 그 형식에 철저히 맞춰 진행하는 것이 교차 토론이요 디베이트이다. 그래서 한국디베이트코치협회에서는 디베이트를 '교육용 형식 토론'이라 부른다.

이러한 교차 토론은 반드시 서로 다른 입장으로 두 편을 갈라서 하는 것이므로 자기주장을 내세우는 일반 토론과 다르다. 특히 대회용 교차 토론인 경우는 자기주장에 관계없이 추첨에 의한 입장을 토론해야 한다. 따라서 일반 토론과 다르므로 새 용어로 디베이트라 부르는 것이다. 그러나 디베이트는 '토론'의 서구식 번역 용어이기도 하므로 입장 토론이라 할 수 있다. 자기주장과 관계없이 입장을 정해 토론한다는 뜻이다.

교차 토론이 대회용으로 많이 쓰이다 보니 토론이 이기고 지는 것처럼 여겨지는 경우가 많다. 대회도 교육을 위해 하는 것인데 마치 이기고 지는 축구 게임처럼 활용되고 있는 것이다. 토론이 찬·반 대립 구도로 이루어지다 보니 다음과 같은 서로 다른 관점이 있다.

• 우리가 토론을 하는 까닭은 사람이 다르면 생각도 다르기 때문입니다. 생각은 틀린 것이 아니라 다른 것입니다. 따라서 승자 한 사람만 살아남는 토론이 아니라, 다함께 윈윈 할 수 있는 토론이 필요하다고 생각합니다. 그래서 '승패'라고 판정하지 않고 '우수'라고 판정합니다. 입론을 잘한 학생은 '입론 우수', 반론을 잘한 학생은 '반론 우수', 전체적으로 잘한 팀에게는 '전체 우수팀'이라는 말로 판정을 합니다. 승자에겐 '승'이란 말이 기분 좋을지 몰라도, 패자에겐 '패'라는 단어가 좋을 리 없습니다. 전투로 말하자면 '죽음'이기 때문입니다. 우리 교육에서 '승' 아니면 '패'라는 이분론적 사고방식은 사라져야 하지 않을까요? 이분론적 사고는 흑백논리로 비약될 가능성이 있습니다. '틀림'을 판가름하는 기준은 오로지 한 가지이지만, '다름'을 판가름하는 기준은 여럿입니다. 아니 어쩌면 너무나 많아서 기준이 없을런지도 모릅니다.

—김○○

• 우리가 토론대회에서 승패를 나누는 것은 동네 축구에서 승패를 가르는 것과 같습니다. 동네 축구에서 승패를 갈라 승자와 패자를 나누지만 패자라고 해서 상처를 입거나 불편해하지는 않습니다. 서로 재미있게 게임을 즐기는 방식인 것이지요.

—유○○

그야말로 양쪽 모두 일리가 있다. 어느 쪽이든 모든 교육과 토론은 화합과 상생의 관계를 미덕으로 한다는 데 동의한다. 방식이나 관점을 달리할 뿐이다. 비록 지금은 대립 의견을 바탕으로 토론을 하지만 그 토론을 지켜보는 우리는, 양쪽에서 지혜를 얻어 오려고 하는 것이다. 이쪽은 절대적으로 옳고 저쪽은 절대적으로 틀린 관계나 견해는 없다. 더 나은 견해, 더 옳은 견해가 있을 뿐이다. 그래서 주베르는 『팡세』라는 책에서 "논쟁이나 토론의 목적은 승리여서는 안 되고 개혁이어야 한다."라고 말했다.

2. 토론의 진정한 가치, 경쟁과 협동의 소통 정신

그렇다면 우리는 왜 토론을 해야 하고 교육에서 적극적으로 실천해야 할까. 그것은 바로 토론이 경쟁과 협동의 소통 정신이기 때문이다. 의견이나 생각이 다른 사람에게 잘 통하는 것을 소통이라 한다. 그렇다면 서로 다른 의견이나 생각을 주장하고 설득하는 토론이 왜 소통이란 말인가. 그것은 서로 다른 생각이나 의견을 숨기거나 드러내지 않으면 아예 불소통이 되기 때문이다. 곧 토론을 통한 소통은 생각이나 의견을 완전히 일치시키는 단순 소통 또는 일방적 소통이 아니라 공통 관심사에 대해 이해 당사자만의 소통이 아닌 사회 전체의 더 나은 소통을 지향하는 큰 소통이다.

토론자들끼리만 보면 소통이 안 될 수도 있다. 그러나 그러한 토론이 이루어지는 공동체나 사회 전체로 보면 토론만으로도 큰 소통이 이루어진 셈이다. 토론자보다 더 많은 다른 사람들에게 소통의 지혜를 주었기 때문이다. 물론 서로 다른 생각을 나누는 것 자체가 소통이다.

숙명여자대학교 토론 목적

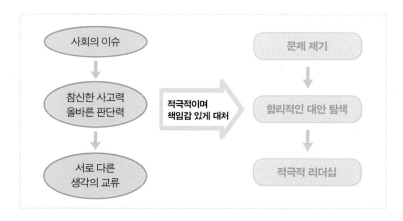

이렇듯 더 큰 진정한 소통을 위해 토론 당사자들은 치열하게 경쟁하고 그러한 경쟁을 통해 더 나은 생각과 주장과 가치를 향해 협동한다. 경쟁만 판치는 세상은 삭막하다. 그렇다고 협동만으로 사는 세상은 나태하다. 경쟁과 협동이 맞물려 돌아갈 때 경쟁은 경쟁다워지며 협동의 미덕이 발휘되고 세상은 더욱 활기차게 발전한다. 바로 이러한 경쟁과 협동의 긍정적 가치를 함께 갖고 있는 것이 토론이다.

중요한 것은 무엇으로 어떻게 경쟁하고 협동하느냐이다. 토론의 경쟁은 철저하게 논리로 이루어져야 한다. 상대방 논리와 관점을 배려하는 것은 감성으로서의 협동 정신이다. 상대방 논리를 존중하되 자신의 논리를 더 강하게 밀고 나가야 한다. 협동의 미학은 토론자마다 갖는 전략과 시각이 다르기 때문에, 다각적 접근이 가능하고 다양한 견해와 해결책을 찾을 수 있다는 데 있다. 개인 혼자서 생각하는 것보다 많은 지식과 다양한 정보에 접근이 가능하다. 토론이라는 의사 결정 과정에 직·간접적으로 참여하여 그 결정을 수용하는 것이 비교적 수월하다. 또한 의사 소통 부족으로 생기는 소외 등 여러 문제들을 줄일 수 있다.

물론 토론은 천사식 말하기가 아니다. 토론을 통해 어느 한쪽으로 의사 결정이 이루어지면 반대쪽은 의견을 억누르고 결정에 따라야 한다. 여러 사람이 서로 다른 의견을 제시하고 소통하는 과정에서 개인의 결정보다 더 많은 시간과 에너지가 소모될 수도 있다. 특정 토론자나 파벌이 토론을 지배하면 소수 토론자들은 자유로운 의사 표현이 곤란하여 경우에 따라서는 덜 합리적인 쪽의 주장이 받아들여지는 오류를 범할 수도 있다.

토론의 진정한 가치와 정신

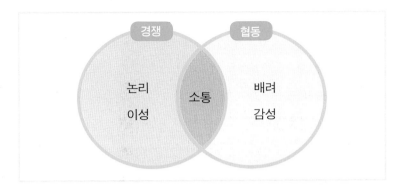

　토론 과정에서 의견 불일치가 팽팽히 맞서는 경우, 토론자나 그가 속한 집단 간의 갈등이 생기거나 서로에 대해 나쁜 감정을 갖게 되는 일도 발생한다. 중요한 것은 이 모든 것이 소통 과정이라는 것이다.

　그래서 이런 문제가 발생하는 상황을 고려하여 더욱 치열하게 토론에 참여하거나 이끌어가야 한다. 일방적인 결정이나 지시는 손쉽게 이루어지지만 그 대신 더 나은 가치나 결정을 추구하는 데는 한계가 생기고 더 큰 문제로 남을 수 있다. 토론은 그 과정이 힘들고 시간이 걸리지만, 그만큼 더 합리적이고 근본적인 변화를 가져오고 결정을 내릴 수 있게 해 준다.

2부

토론 능력을
구성하는
하위 능력들

01장

토론 능력의 전체 지형도 이해하기

1. 토론 능력의 전체 지형도 이해하기
2. 토론의 하위 능력 분류하기

1. 토론 능력의 전체 지형도 이해하기

토론을 잘 할 수 있는 능력은 대단히 복합적이고 입체적인 능력이다. 생각을 풍부하게 하는 능력, 생각을 깊게 하는 능력도 있어야 하고, 생각한 내용을 논리적인 언어와 적절한 표현으로 나타내는 능력도 있어야 한다. 토론에 필요한 능력들을 하위 범주별로 자세하게 구분하여 익혀두는 일은 토론 지도를 하는 교사들이 반드시 갖추어야 할 소양이다. 토론 능력이 어떤 하위 능력들로 구성되는지를 알면, 각각의 세밀한 능력 단계에 맞추어 구체적 지도 전략을 준비하여 학생들을 지도할 수 있기 때문이다.

무엇보다도 많이 알아야 한다. 즉 지식 능력이 필요하다. 모르고서는 토론을 한 걸음도 나아갈 수 없기 때문이다. 지식의 풍부함은 물론이고, 알고 있는 지식들을 논제에 맞게 요약하고, 아는 지식들끼리 연결하여 지식을 그물로 구성하는 능력이 있어야 한다. 그리고 그 내용들을 일관성 있게 꿰어서 논리적으로 체계를 갖추게 하는 능력이 반드시 필요하다. 또 상대방의 논리 흐름을 꿰뚫어 보고, 그 허점을 발견하는 능력도 필요하다. 이는 모두 지식을 바탕으로 하는 '지식 능력'이다.

이렇게 지식 능력이 필요한가 하면, 토론에 참여하여 토론을 전개시켜 나가는 동안에, 그때그때 토론의 상황에 따라 자신의 감정과 정서를 발휘하고 조절하는 정서적 능력도 매우 중요하다. 토론의 실제 과정이 매우 민감한 심리 · 정서적 과정을 함께 수반하기 때문에, 심리적으로 정서적으로 잘 통제되지 않으면, 아무리 좋은 지식 내용을 준비했다 하더라도 토론을 성공적으로 이끌어가기 어렵다.

그런가 하면 토론은 일종의 사회적 활동으로서의 성격도 띤다. 토론에는 당연히 사회적 발달 능력이 요청된다. 상대와 소통을 지적으로 즐기고 공유하는 소양이 은연중에 토론에서 빛을 발할 수 있기 때문이다. 사회성이 잘 발달된 사람이 토론에서 뛰어난 능력을 보이게 된다. 토론에서 보여주는 사회성에는 알게 모르게 토론자의 윤리성이나 도덕성이 들어 있다. 1) 지식을 사랑하는 품성, 2) 합리적이고 선한 것을 좋아하는 품성, 3) 인간과 사물에 대한 따뜻한 애정 등등은 토론의 과정에 숨어 있으면서 겉으로는 잘 보이지 않지만 좋은 토론을 만들어내는 토론자의 숨은 자질(능력)들이라 할 수 있다. 토론을 지도하는 교사는 이런 점에도 세심한 배려를 기울여야 한다.

토론을 잘 하려면 어떤 '능력'들을 개발해 주어야 하는가. 교사는 토론의 여러 하위 '능력 요소'들을 잘 알고, 그것을 학생들이 기를 수 있게 해야 한다. 지도하는 교사가 토론의 여러 하위 '능력 요소'들을 잘 알면, 토론 지도의 구체적 전략을 스스로 긴밀하게 마련할 수 있다. 토론의 하위 능력들은 평상시의 학습에서 분절하여 지도할 수 있다. 이들 능력은 읽기 일반의 능력, 즉 독서 능력과 긴밀하게 연계되며, 논술 능력과는 더욱더 긴밀하게 연결되는 능력들이다. 따라서 독서와 논술과 토론을 상호 연계적이고 통합적으로 인식하고 다루는 안목이 반드시 필요하다.

따라서 이 장에서 소개되는 '토론의 하위 능력'들은 하나하나 분리해서 익히기도 해야 하겠지만, 그렇게만 익혀서는 효능이 없다. 이를 토론 지도에 효과적으로 원용하고 변용하는 수준에 이르자면, 하위 능력들이 상호성을 가지는 것으로 이해하고, 이들 능력 전체를 하나의 그물망으로 연결해 자신의 인지 체계로 묶어낼 수 있어야 한다. 달리 말하면 토론에 필요한 하위 능력을 하나의 지도처럼 익혀서 자유자재로 그 지도 위를 오갈 수 있도록 해야 할 것이다. 그런 능력을 갖추면 비로소 학생에 맞는 맞춤형 토론 지도의 전략을 교사 스스로의 힘으로 만들어낼 수 있을 것이다.

2. 토론의 하위 능력 분류하기

1.0 토론 전 준비도 갖추기 능력

1.1 토론에 대한 일반 지식 능력
1.1.1 토론 형식·절차에 대한 지식 능력
1.1.2 토론 내용에 대한 일반적 지식 능력
1.1.3 토론 관련 경험 환기 능력

1.2 토론 주제(이슈) 파악 능력
1.2.1 토론 주제의 범위 파악 능력
1.2.2 토론 주제의 방향 파악 능력

1.3 토론 자료(정보) 수집 능력
1.3.1 수집 범위 알기 능력
1.3.2 수집 소스 알기 능력

1.4 토론 자료(정보) 분석 능력
1.4.1 자료의 타당성 분석하기 능력
1.4.2 자료의 중요도 알기 능력
1.4.3 자료를 어디에 사용할지 판단하는 능력

1.5 토론 자료(정보) 종합 능력
1.5.1 자료 보태기 능력(자료 확장 능력)
1.5.2 다양한 매체 자료 종합하기 능력
1.5.3 자료의 그물망 짜기 능력
1.5.4 주장 근거 자료 종합하기 능력
1.5.5 반박 근거 자료 종합하기 능력

2.0 토론 전략 세우기 능력

2.1 강점 약점 진단하기 능력
2.1.1 토론 주제와 관련해서 내가 아는 것에 대해 메타 인지하기 능력
2.1.2 토론 주제와 관련해서 상대가 아는 것에 대해 예측하기 능력
2.1.3 토론 진행과 관련해서 나와 상대의 유리(불리)함 진단하기 능력
2.1.4 반박 예상하기 능력

2.2 토론의 흐름 예상하기 능력
2.2.1 토론 범위 예상하기 능력
2.2.2 토론의 흐름 유리하게 예상하기 능력
2.2.3 토론의 흐름 불리하게 예상하기 능력
2.2.4 대안 마련해두기 능력

2.3 토론 자료 정교화하기 능력
2.3.1 토론 자료 적소에 배치하기 능력
2.3.2 토론 자료 우선순위 결정하기 능력

2.4 토론 전략 구체화 능력
2.4.1 토론 내용 조직하기 전략 능력
2.4.2 사고하기 전략 능력
2.4.3 언어 표현 전략 능력
2.4.4 토론 역할 전략 능력

3.0 토론을 수행하는 능력

3.1 논점을 유지하는 능력
3.1.1 주장할 핵심을 아는 능력
3.1.2 주장에 합당한 근거를 대는 능력
3.1.3. 논지의 일관성을 유지하는 능력

3.2 주장을 논리적으로 강화해 나가는 능력
3.2.1 추론과 입증의 능력
3.2.2 예시를 보이는 능력
3.2.3 비교하고 대조하는 능력
3.2.4 경험과 지식을 융합하는 능력

3.3 반대 토론 능력
3.3.1 상대 주장을 요약하는 능력
3.3.2 상대가 사용한 말의 의미 오류를 찾아내는 능력
3.3.3 상대가 사용한 논거의 잘못을 찾아내는 능력
3.3.4 상대의 부족한 부분이 드러나도록 공격적 질문을 하는 능력

3.4 비판적 사고 능력
3.4.1 문제를 발견하는 능력
3.4.2 비판의 준거를 세우는 능력
3.4.3 가치를 옹호/비판하는 능력

3.5 토론 과정을 조정하는 능력
3.5.1 유지해 온 입장 조정하기 능력
3.5.2 상대편 수용 및 절충하기 능력
3.5.3 건설적 대안 제시하기 능력
3.5.4 토론 진행을 위한 대화 능력

3.6 토론 언어 활용 능력
3.6.1 강조하기 능력
3.6.2 비유(유추)하기 능력
3.6.3 어휘 능력
3.6.4 어조(문체)의 능력

4.0 토론의 맥락 활용 능력

4.1 토론 상황 조정 능력

4.2 새로운 제안 능력

4.3 감정 관리하기 능력

4.4 토론의 태도 능력

5.0 토론 활동의 학습 전이 능력

5.1 토론 정리·평가 능력

5.2 토론 경험을 학습에 활용하기 능력

1.0 토론 전 준비도 갖추기 능력

실제로 벌어지는 토론이 수면 위의 토론 활동이라면, 이것을 준비하기 위한 활동은 수면 아래의 토론 활동이다. 따라서 성공적인 토론 능력을 발휘하려면 '토론 전 준비도 갖추기 능력'이 잘 발달되어 있어야 한다. 그리고 이런 능력은 실제 토론 활동에 비하여 더 많은 시간을 필요로 한다. 또 토론의 형식이나 절차 등에 관한 지식 능력은 평상시에 충분히 반복해 익혀둘 필요가 있다.

또 한 가지 중요한 것은 수면 아래 준비 활동은 실제의 토론 활동을 준비하는 것이기도 하지만, 사실은 모든 학습의 준비 활동이기도 하다는 점이다. 토론 활동을 토론으로만 가르치려 하는 기획, 즉 토론대회만 의식하여 토론 활동을 지도하는 것은 융통성 없는 학습 지도법이다. 토론 활동은 모든 교과에서 항상 유용하게 사용할 수 있는 효용도가 높은 학습 활동이고 학습 전략이기 때문이다. 그런 점에서 토론 전 준비도 갖추기 활동은 학생의 토론 능력도 기르고 동시에 학습 상황에 따라 얼마든지 다양한 학습 전략으로 삼을 수 있다.

1.1 토론에 대한 일반 지식 능력

1.1.1 토론 형식·절차에 대한 지식 능력

이 능력은 어떤 능력?

— 토론의 형식과 절차에 대해서 아는 것은 토론이 무엇인지를 구체적으로 아는 것과 같은 능력이다. 따라서 토론의 형식과 절차에 대해서 가르치되, 그것이 곧 토론의 개념을 아는 것이 되도록 (스스로 구성하도록) 지도한다.

— 어떤 명제에 대해서 찬성과 반대가 있다는 것, 그리고 양측이 모두 공평하게 자기주장을 논리적으로 펴고 상대를 반박하고 방어할 수 있다는 것, 그리고 어떤 방식으로든 토론의 결과가 평가된다는 점 등을 알고 이해하는 능력이다.

— 형식이나 절차는 단순한 것에서 복잡한 것에 이르기까지 다양하다. 학생들의 발달 단계에 따라 각기 다른 토론의 형식과 절차를 배우고 익힐 수 있도록 한다. 형식이나 절차가 모두 토론의 바른 기능을 살리려 하는 데 있음을 알게 하는 데에 이 능력의 본질이 있다.

이 능력을 기르는 방법

— 이 능력은 '아는 능력(지식)'이지만, 확실하게 알게 하기 위해서는, 토론을 경험하게 하는 것이 좋다. 토론의 형식과 절차를 설명적 지식 또는 개념적 지식으로 가르치는 것은 가급적 지양하도록 한다.

교사가 아무리 말로 잘 설명해도 토론은 구체적 경험과 병행될 때
에만 유효하기 때문이다.

— 일차적인 경험은 좋은 토론을 견학하는 것이다. 영상 자료를 통한
학습도 견학의 일종이 되기는 하지만, 가급적이면 또래 집단의 모
범적 토론을 직접 참관하는 것이 좋다.

— 이차적 경험으로, 토론의 형식을 따라 직접 토론에 참여하는 경험
을 가지도록 한다. 형식과 절차 그 자체를 익히는 것에 초점을 두
려고 한다면, 학생들로 하여금 토론 진행자(사회자)의 역할을 수행
해 보도록 하는 것이 바람직하다.

＋ 지도 시 유의사항

- 형식이나 절차 그 자체에 몰입하게 하지 말고, 토론의 전체적인 뜻과 토론의 효능들을 터득하게 하도록 유도한다.

- 토론의 형식이나 절차만 고립하여 지도하지 않도록 한다. 실제로 이 부분은 인접한 다른 토론 능력과 융합하여 익힐 수밖에 없는 속성을 지니고 있다. 동시에 다른 능력에 대한 지도 효과까지도 종합하여 관리할 수 있도록 한다.

- 토론의 형식이나 절차를 아는 능력이지만, 그것을 구체적인 토론 경험으로 익히게 한다. 이 때는 반드시 적절하고도 구체적인 토론 내용이 들어와서 내용과 호응되는 형식 · 절차를 익히게 한다.

- 다만 이 능력을 평가할 때는 잘 요약된 지필 검사를 상황에 따라 효과적으로 사용할 수 있다.

1.1.2 토론 내용에 대한 일반적 지식 능력

이 능력은 어떤 능력?

— 토론할 주제와 관련해서 내가 알고 있는 것이 얼마나 많으며 또
얼마나 깊이가 있는지를 스스로 짚어 보는 능력이다. 토론 주제와
내 지식 경험을 어떻게 관련짓느냐에 따라서 내가 가지고 있는 일
반 지식이 풍부할 수도 있고 그렇지 못할 수도 있다.

― 그렇기 때문에 이 능력은 단순히 일반 지식이 많은 것도 중요하지만, 주어진 토론 주제와 관련해서 그 지식을 얼마나 상관성 있게 불러내어 환기하는가 하는 능력이 중요하다.

― 그러나 이 역시도 일반 지식의 두터운 축적이 있어야 관련 지식을 불러내는 능력도 활기를 띠게 마련이다. 따라서 이 능력의 본질은 '일반적으로 축적된 지식의 양 + 토론 주제 관련 지식을 불러내는 기술(전략)'이라 할 수 있다.

이 능력을 기르는 방법

― 토론 내용과 관련된 일반적 지식을 유효하게 지니고 있는 사례를 친구들 중에서 찾아보게 한다. 그런 학생을 발견하면 그 학생의 능력을 교사가 분석하여 설명해 주는 것도 좋은 방법이다. 일반적 지식이 뛰어난 사람을 토론 준비도 갖추기 과정에서 롤(role) 모델로 삼는 방식을 취하게만 한다면 일단은 성공이다.

― 토론 주제와 관련한 마인드맵 활동을 하되, 단순한 연상 활동보다는 토론 주제와 자기 지식의 상관성을 스스로 발견하고, 그것을 정당화할 수 있는 방향으로 지도한다.

― 각자의 독서 경험 지도를 그려보도록 한다. 주어진 토론 주제와 조금이라도 관련있는 책을 읽었던 경험을 환기하게 하고, 그 책의 어떤 내용과 토론 주제가 연관을 가지는지를 보다 상세하게 구성해 보도록 한다.

― 학교의 교과학습 내용, 즉 학교 교육과정에서 배웠던 내용과 토론 주제를 연결할 수 있는 지식들이 무엇인지를 발견하고 찾아낼 수 있도록 한다. 사실 이 대목이 가장 중요하고도 유용한 방법인데, 교사들이 학교 교육과정의 내용을 전 과목에 걸쳐 대략은 알고 있

어야 한다는 점이 중요하다.

+ **지도 시** 유의사항

- 토론 내용과 관련된 일반적 지식을 기르는 것은 단시간의 기획이나 전략으로는 어렵다. 따라서 이 능력은 독서 및 토론 지도에서 항상 강조되어야 한다.
- 토론 내용에 대한 일반적 지식을 익혀 갈 때, 시사적 지식 또는 미디어에서 얻은 지식들을 학교에서 배운 지식과 융합하여 활용하도록 해 주는 지도가 필요하다. 이들 지식은 요즘 학생들에게 가장 민감하게 접속되어 있는 지식이다. 미디어에서 얻은 지식을 학생들의 실제 생활과 역동성 있게 연계되는 점이 강하다.
- 가급적 교사 자신의 독서, 논술, 토론 등의 구체적 활동 산물이 학생들에게 하나의 모델로 제시될 수 있도록 한다. 학생들은 자기들과 같이 과업을 수행하는 교사의 수행을 모델로 삼고 싶어 하기 때문이다.

1.1.3 토론 관련 경험 환기 능력

이 능력은 어떤 능력?

— 이 능력은 토론의 기억을 불러내는 능력이다. 토론을 구경했던 경험, 토론에 참여했던 경험, 토론을 평가했던 경험 등등이 모두 환기될 수 있으면 이 능력을 잘 발휘한 셈이다.

— 자신이 참여한 토론에서 겪었던 어떤 디테일한 경험을 생각해내고, 그것이 어떤 의미를 지니는지 말할 수 있는 능력으로 발달한다면 더욱 바람직하다.

— 여기서 환기되는 토론 경험을 가능한 한 지금 토론하고자 하는 상황, 목표, 주제, 대상 등과 밀접한 관련을 가질 수 있게 이끌어낸다면 더욱 바람직한 능력이다.

이 능력을 기르는 방법

— 먼저 토론의 범위와 개념을 어떻게 잡을 것인지가 문제이다. 본격적인 형식과 내용을 다룬 토론 경험은 그다지 많지 않으므로 토론

의 경험 영역을 넓혀야 한다.

— 두 명 이상의 의사소통 과정에서 협동과 경쟁의 강도에 따라 우선
순위를 매기자면, '의논〈토의〈토론〈논쟁' 순으로 정리할 수 있
다.(초등국어과 교사용 지도서) 이 모두와 관련된 경험을 불러내도록
한다.

— 먼저 누구와 의논했던 경험을 불러오게 한다. 협동성이 강한 의논
은 비교적 자유롭고 호의적인 상황 속에서 의견을 교환하는 행위
이므로 쉽게 불러올 수 있다.

— 다음으로 누구와 논쟁을 했던 경험을 불러오게 한다. 경쟁성이 강
한 논쟁은 서로 다른 주장이 격렬하게 충돌하는 싸움에 가까운 행
위이다.

— 다음으로 의논과 논쟁 사이의 중간 지점에 위치해 있는 토의와 토
론의 경험을 불러오게 한다. 물론 토의와 토론을 분리해서 다룰 수
있다.

— '의논〈토의〈토론〈논쟁' 등의 경험을 그냥 불러오는 데서 그치
지 말고, 지금 준비하는 토론 활동에 어떻게 활용할 것인지 고려하
여 따져보게 하는 데까지 지도가 이루어지는 것이 바람직하다.

✚ 지도 시 유의사항

• 토론 관련 경험을 환기시키려 할 때, 방송에서 이루어졌던 토론의 재미있는 장면들을 잘 준비하여 학생들에
게 제시할 필요가 있다. 이것을 매개로 학생들의 토론 경험을 다양하게 이끌어올 수 있는 효과를 기대할 수
도 있다.

• 1) 자신이 참여했던 토론, 2) 구경했던 토론, 3) 전해 들었던 토론, 4) 토론 자체는 아니지만 토론에 대한
(about the debate) 이야기 등으로 구분하여 생각해 보는 것도 환기를 촉진할 수 있다.

• 환기된 토론 경험들은 그냥 늘어놓는 것으로 그치지 말고, 지금의 토론 활동에 유효한 기여를 할 수 있는 것
순으로 이들 경험의 중요도를 판정해 보는 데까지 지도한다.

1.2 토론 주제(이슈) 파악 능력

1.2.1 토론 주제의 범위 파악 능력

이 능력은 어떤 능력?

— 토론할 내용을 어디까지 다루면 좋을지를 파악하고 결정하는 능력이다. 물론 이 주제의 범위를 어느 정도로 잡을지에 대해서는 답이 정해져 있지 않다. 주제의 범위는 상대가 이 주제를 어떻게 확장시키느냐에 따라, 또 그것에 내가 어떻게 대응하느냐에 따라 달라질 수도 있기 때문이다.

이 능력을 기르는 방법

— 토론 주제를 여러 측면에서 볼 수 있도록 한다. 가령 '사형 제도는 폐지해야 한다.'가 주제이면, 1) 범죄 예방의 측면, 2) 인권의 측면, 3) 선진국의 경향, 4) 역사적 흐름 등등의 측면에서 볼 수 있도록 하는 연습을 하게 한다. 여러 측면을 설정할 줄 아는 능력도 많은 지식을 자기 힘으로 구성하고 확장해 보는 데서 생겨난다.

— 이 능력은 '토론 내용에 대한 일반적 지식 능력(1.1.2)'과 연관하여 지도하되, 여기서는 구체적으로 선정된 특정의 토론 주제와 관련하여 범위를 따져 보게 한다는 점에서 매우 구체적인 마인드맵 훈련을 하게 하고, 그 결과를 가지고 자신의 토론 주제 범위를 스스로 설정해 보도록 한다.

• 다음 세 가지 차원을 함께 고려하여 주제 범위를 설정해 보도록 한다.
  1) 주제를 넓은 범위로 설정할 때 고려하고 싶은 핵심어 세 개 선정하기
  2) 주제를 중간 범위로 설정할 때 고려하고 싶은 핵심어 세 개 선정하기
  3) 주제를 좁은 범위로 설정할 때 고려하고 싶은 핵심어 세 개 선정하기

• 위의 핵심어들은 주제에 접근하고 싶은 어떤 특정 측면들을 부각시키는 것이 될 수도 있다. 예컨대 '초등학생
  이 스마트폰을 가지는 것은 바람직한가?'라는 주제에 대해서 1) 경제적인 측면, 2) 문화적인 측면, 3) 학습
  적인 측면, 4) 습관적인 측면 등으로 나누는 것이다. 이런 지도를 반복하면 토론 주제의 범위를 점점 정교하
  게 선정하고 수정해 가는 능력을 기를 수 있다.

1.2.2 토론 주제의 방향 파악 능력

이 능력은 어떤 능력?

— 이 능력은 토론 주제를 어떤 방향으로 이끌어 나갈지를 미리 헤아
려보는 능력이다. 일차적으로는 주어진 토론 논제를 찬성할 것인
가 반대할 것인가를 정하는 능력도 여기에 해당한다.

— 주어진 토론 주제를 전개해 나감에 있어서 자신은 어떤 전제를 가
지고 이 토론 주제를 다룰지를 생각하고 결정하는 능력이다.

— 경우에 따라서는 주어진 토론 주제가 너무 크고 넓어서 토론자들
사이에 오해가 생길 수도 있다. 이때 토론의 방향을 구체적으로 정
하여 이를 토론 부제로 합의하거나, 토론 진행의 규칙으로 반영할
수 있는 능력으로 나타난다.

이 능력을 기르는 방법

— 토론 주제를 이끌고 나갈 수 있는 방향을 여러 개 상정해 본다. 그
리고 그 가운데서 가장 유리하고 효과적이고 자신감 있게 이끌어
나갈 수 있는 방향을 선정한다.

— 토론 주제의 방향은 자신이 구사할 토론의 방법과 밀접한 연관을

가진다. 따라서 '토론 주제를 이끄는 방향'과 '토론의 방법'이 서로 어떤 연관성을 가지는지 살펴보도록 한다.

+ 지도 시 유의사항

• 특정의 토론을 해 나갈 때 어떤 전제를 가지고 시작할지를 선언해 보도록 한다. 전제를 제시하는 것은 토론의 방향을 제시하는 것과 같은 효과를 지닌다. 전제는 두 개 이상이 되어도 무방하다. 전제 제시하기 훈련은 은연중에 학생들에게 강력한 논리적 사고력을 길러준다. 처음에는 결함도 많고 불완전하겠지만 실망하지 않고 꾸준히 실천하도록 한다.

〔예〕 **논제:** ⟨흥부의 살아가는 태도에 문제가 있다⟩를 찬성 토론할 때, 제시할 수 있는 전제

   전제: 우리 찬성 토론에서는 본 토론과 관련해서 먼저 중요한 전제를 제시하고 이 전제 하에서 찬성 토론을 해나가겠습니다. 그것은 "사람이 살아가는 태도와 관련해서 '사회적 역할과 책임'이 중요하다."라는 전제입니다. 왜냐하면 이것을 가지지 못한 사람은 사람으로서 살아간다고 할 수 없기 때문입니다. 특히 사회적 인간으로 살아간다고 할 수 없습니다.

1.3 토론 자료(정보) 수집 능력

1.3.1 수집 범위 알기 능력

이 능력은 어떤 능력?

— 이 능력은 토론할 자료를 수집하는 능력이다. 그런데 얼마나 유용한 자료를 수집할 수 있는지가 이 능력의 본질이다. 수집 범위를 제대로 안다는 것은 수집한 내용이 유효하고 유용한 것임을 보장하는 것이기 때문에 매우 중요하다. 자료를 많이 모아도 쓸모가 없으면 안 되기 때문이다.

— 이 능력은 어떤 자료(정보)가 다른 자료(정보)와 어떤 관련성을 가지고 있는지를 이해하고 파악하는 능력이기도 하다. 특히 평상시 서로 아무런 관련이 없는 자료(정보)와 자료(정보)를 토론 주제와 관련해서 연관 있는 자료(정보)로 파악할 수 있는 경지에 이르면

최상의 능력 수준에 이른 것으로 볼 수 있다.

이 능력을 기르는 방법

— 수집 범위는 내용면에서 구체적일수록 좋다. 구체적인 자료는 강
력한 논리적 근거로서의 힘을 가지기 때문이다. 또한 수집 범위는
다양하면 다양할수록 좋다. 다양한 자료는 토론에서 순발력과 창
의력을 지원해 주기 때문이다. 한 가지 중요한 것은 이들 자료의
사용 전략이 분명해야 한다. 구체성과 다양성 그 자체만으로는 좋
은 자료가 되지 못하기 때문이다.

— 자료 수집이 다 이루어지면, 그중에 효용성이 떨어지는 자료를 버
리거나 대기 자료로 활용할 수 있다. 자료 버리기 또는 대기 자료
분류하기 등의 방법을 활용한다.

+ 지도 시 유의사항

• 이 능력은 앞에서 소개한 '토론 주제의 범위 파악 능력(1.2.1)'과 연계하여 지도하는 것이 바람직하다.

• 유용한 자료, 좋은 자료 등은 토론 전에 예상해 볼 수는 있지만, 반드시 예상대로만 되는 것은 아니다. 토론
은 상대적이고 현장의 상황에 따라 계속 변화되기 때문이다. 토론이 끝난 후에 수집해서 사용했던 자료 가운
데 효능을 잘 발휘했던 자료를 찾아 그 이유를 생각해 보게 하고 더불어 자료가 토론에서 갖는 가치를 평가
해 보게 한다.

1.3.2 수집 소스 알기 능력

이 능력은 어떤 능력?

— 이 능력은 토론할 내용과 관련된 자료(정보)들을 어디에서 찾을 수
있는지 알고, 그것을 실제로 어떻게 탐색할지를 아는 능력이다. 이
능력은 기본적으로 읽고 쓰는 능력, 즉 기본 문식력(literacy)이 바탕
이 되어야 하며, 요즘은 각종 뉴 미디어로 정보를 소통할 수 있는

미디어 문식력(media literacy)도 가지고 있어야 한다. 그 바탕 위에서 토론에 필요한 지식과 정보를 탐색, 탐구할 수 있는 방법과 태도를 모두 요구하는 능력이다.

— 탐색 방법을 알고 있어도 토론에 필요한 지식을 탐구하고 정보를 탐색하려는 태도가 갖추어져 있지 않으면 이 능력을 발휘하기 어렵다. 학생들에게 '태도'도 능력의 일종이라는 것을 강조해야 할 것이다. 특히 토론 능력을 계발해 가는 데는 '태도'가 매우 중요하다.

이 능력을 기르는 방법

— 토론 주제와 관련된 독서 경험을 불러일으켜 가져오게 하는 여러 가지 활동들을 제공하되, 그 경험 내용들이 모여서 하나의 그물망을 이루도록 훈련시키는 것이 중요하다. 지식을 그물로 엮어 보게 하는 훈련은 자신에게 필요한 지식을 자신의 힘으로 생성해내는 능력을 길러준다.

— 토론 주제를 몇 개의 핵심어로 정리해 보게 하고, 그들 핵심어를 인터넷에서 검색하게 한다. 그리고 이러한 검색의 단계를 일차, 이차, 삼차 등의 수준으로 심화시켜 나가도록 지도한다. 그 과정에서 자료 수집 소스를 익히고, 더불어 유용한 토론 자료를 그물망으로 엮어 내는 능력을 기르도록 한다.

+ 지도 시 유의사항

• 토론 주제와 관련한 핵심어 찾기는 개인 활동과 병행해서 가급적 모둠 활동을 통해서 하도록 한다. 그런 다음 학생들이 산출한 핵심어의 분포를 함께 확인하도록 한다.

• 인터넷 검색하기 활동은 모둠 간이든 개인 간이든 모두 일종의 게임 형태를 띠면서 활동이 이루어지도록 하여 동기와 흥미를 높이도록 한다. 이 경우도 상대 모둠의 검색 과정을 함께 확인하고 공유하도록 지도한다.

1.4 토론 자료(정보) 분석 능력

1.4.1 자료의 타당성 분석하기 능력

이 능력은 어떤 능력?

— 이 능력은 수집한 토론 자료가 토론 활동을 하는 데에 얼마나 필
요하고 타당한 자료인지를 분석하는 능력이다. 그렇게 하자면 이
토론의 내용 범위에 해당하는 자료인지 아닌지를 분별하는 능력
이 있어야 한다.

— 이 능력은 토론에서 구체적으로 어떤 주장들을 펼 것인지를 잠정
적으로 예상할 수 있는 능력이 전제되어야 한다. 그리하여 주장을
밑받침하는 데에 자료가 얼마나 기여할 수 있는지를 살펴볼 수 있
어야 한다.

이 능력을 기르는 방법

— 먼저 토론 주제에 부합하는 자료인지 판단하고, 찬성 주장에 부합
하는 자료, 반대 주장에 부합하는 자료로 구분하는 훈련을 한다.
왜 그러한지를 반드시 함께 생각하게 한다.

— 다음으로는 주제 간 예상되는 하위 주장들을 여러 개 상정하고,
그 주장들에 함께 묶일 수 있는 자료들을 찾아내어 주장과 함께 묶
어보도록 한다.

+ 지도 시 유의사항

• 이 능력을 지도할 때는 학생들이 수집한 자료들에서 시작하여, 여러 단계에 걸쳐 자료 타당성을 분석하도록
한다. 자료로서의 타당성이 먼저 발견되는 자료들은 먼저 선정해 나가게 한다. 이렇게 해서 점점 더 타당성
이 떨어지는 자료들을 학생들 스스로 배제해 나가는 일련의 과정을 경험하게 한다.

이 능력은 어떤 능력?

— 이 능력도 자료를 심도 있게 분석하는 능력이지만, 앞에서 언급한 '자료의 타당성을 분석하는 능력'보다는 다소 '종합적인 판단 능력'이라 할 수 있다. 타당한 자료 중에도 토론 자료로 사용하기에 얼마나 중요한 정도인가 하는 문제는 또 다른 분별 능력이기 때문이다.

— 이 능력은 토론 주제에 타당한 자료들에 대해서 다시 그 중요도를 매길 수 있는 능력이라 할 수 있다. 자료의 타당성은 내용과 논리에 부합하는 것인지를 살펴보지만, 자료의 중요도는 그것에 더하여 논술의 내용, 형식, 상황 등을 모두 고려해서 자료를 분별하는 것이다.

이 능력을 기르는 방법

— 자료의 중요도는 1) 주장 내용으로서의 중요도, 2) 예시 사례로서의 중요도, 3) 근거로서의 중요도, 4) 매체 효과 면에서의 중요도, 5) 토론 상황 맥락에서의 중요도 등으로 구분하여 지도할 수 있다. 그러나 최종적으로는 이 모두를 종합하여 중요도를 결정한다.

— 토론 전에 판정한 자료의 중요도는 토론을 마치고 난 뒤에 정말로 실제 토론에서 그런 중요도를 발휘했는지를 평가해 보게 한다. 사후 학습이지만 이 능력을 발전시키는 데는 매우 유효한 지도 방법이다.

+ 지도 시 유의사항

• 특정 자료의 중요도에 대해서 학생들 간의 의견 차이가 있을 때는 각자의 의견들을 자유롭게 발표하게 한다. 그리고 이 과정에 다른 학생들도 함께 참여하여 중지를 모으도록 한다. 이와 같은 활동 방식은 논술 능력의 기본 바탕을 다져가는 데에 매우 유익하다.

이 능력은 어떤 능력?

— 이 능력은 자료를 적용하는 능력이다. 다만 실제 토론 사태가 아니라 토론이 전개되기 전 기획 단계에서 구사해 보는 능력이다.

— 이 능력은 '자료의 중요도 알기 능력(1.4.2)'과 매우 밀접한 연관을 가진다. 중요도에 입각하여 자료를 적용할 구체적 사태를 예상하고 배치해야 하는 것이기 때문이다.

이 능력을 기르는 방법

— 토론의 가상 흐름을 세워놓고(칠판이나 종이 위에) 어떤 특정 자료가 어디에 동원되면 좋을지를 찾아보게 한다. 동원할 곳을 한 곳으로 설정해 볼 수도 있지만, 여러 곳에 적용을 할 수도 있다. 첫 번째로 동원할 곳과 두 번째로 동원할 곳 등으로 나누어 볼 수도 있다.

— 특정 국면에 특정 자료를 적용하는 이유를 생각해 보게 하되, 가능하면 그 이유를 두 가지 이상 댈 수 있도록 지도한다. 토론의 상황과 흐름은 매우 유동적이고 역동성을 띠는 것이므로 그 점을 늘 고려하게 한다.

+ 지도 시 유의사항

• 토론 전에 계획한 자료 적용이 토론을 마치고 난 뒤에 정말로 실제 토론에서 제대로 효과를 발휘했는지를 평가해 보게 한다. 토론 능력은 기획 단계의 능력이지만, 실제 토론 활동 후에 이 능력을 제대로 기를 수 있는 학습 기회를 가지게 되는 법이다. 이 점을 간과하지 말아야 한다.

1.5 토론 자료(정보) 종합 능력

1.5.1 자료 보태기 능력(자료 확장 능력)

이 능력은 어떤 능력?

— 토론을 효과적으로 진행하기 위한 자료는 실제로 사용하는 자료의 1.5배 이상을 확보해 두는 것이 바람직하다. 또 이렇게 여분의 자료를 두고 있을 때 다양한 토론 전략을 그때그때 상황에 맞게 수립하는 것이 가능하다.

— 이 능력은 토론에 필요한 자료의 양과 질이 적정한지를 판단하는 능력을 포함하여, 실제 사용할 자료의 1.5배 정도를 추가로 수집하고 배치하는 능력이다.

— 물론 이 능력 가운데는 이미 수집해 둔 자료 가운데 효용성이 떨어지는 자료를 판단하고 버리는 능력도 포함되어 있다. 잘 버릴 수 있어야 잘 보충할 수 있는 것이다.

이 능력을 기르는 방법

— 수집해 놓은 자료를 실제 토론 장면에 맞게 잘 배치한 다음에, 현재 상태에서 무슨 자료가 부족한지를 생각해 보게 한다. 부족하지 않더라도 부족함을 예측하도록 한다. 이 생각의 과정이 바로 토론의 전략을 정교화하는 과정이다.

— 1) 추가 수집하여 보탠 자료들과 2) 이미 수집해 놓은 자료들과의 관계를 생각해 보고, 1)과 2)가 따로따로 놀지 않도록 하고 서로 연결되도록 한다.

— 1) 토론에서 계획대로 사용할 자료와 2) 예기치 못한 상황에 따라 사용할 수 있는 예비 자료를 미리 구분해 두도록 한다.

• 자료 확장 시에는 두 가지 기준으로 나누어 자료를 보태도록 한다.

첫째는 내용 기준이다. 여기에도 두 가지 방법이 있다.

> 1) 이전에 설정하지 않았던 특정의 내용 범주를 추가로 설정하는 것
>
> 2) 어떤 특정의 내용에 대해서 새로운 자료를 추가하는 활동을 해 보는 것

둘째는 매체 기준이다. 자료를 확장할 때, 어떤 매체로 준비해 두느냐 하는 훈련을 하도록 한다. 영상 자료, 음성 자료, 그래픽 자료, 표 자료, 통계 자료, 그림 자료 등은 각기 다른 토론 효과를 얻을 수 있다는 것을 경험하도록 한다.

1.5.2 다양한 매체 자료 종합하기 능력

이 능력은 어떤 능력?

— 이 능력은 고립된 자료들을 보다 큰 묶음으로 만들어내는 능력이다. 한 자료가 다른 자료를 향해서 어떤 연결 코드를 가질 수 있는지를 파악하는 능력이다.

— 이 능력은 토론자가 발휘해야 할 구성적 능력(constructive skill)이다. 자료를 함께 묶거나 서로 의미 있게 연결하여 토론에서 자료의 효과를 높일 수 있게 하는 능력이다.

— 자료를 종합하는 것 자체가 중요하다기보다는, 토론에서 어떤 목적과 효과를 얻기 위해 종합하는 것인지를 고려해야 하는 능력이다. 그런 점에서 자료 종합하기는 고도의 '전략적 사고' 능력이다.

이 능력을 기르는 방법

— 자료를 종합하는 방식은 무수히 많다. 다음과 같은 활동들을 다양하게 하도록 한다.

> 1) 유사한 자료들을 점층적으로 열거함으로써 주장을 강조하도록 자료 종합하기

2) 원인과 결과의 관계를 입증할 수 있도록 자료 종합하기

3) 어떤 현상이 서로 순환됨을 입증할 수 있도록 자료 종합하기

　〔예〕 생태계 현상

4) 어떤 것들이 서로 뚜렷이 대비되고 대립됨을 보여줄 수 있도
　록 자료 종합하기

5) 실험이나 관찰의 과정을 일관되게 연속적으로 보여줄 수 있도
　록 자료 종합하기

6) 전체와 부분의 관계를 보여줄 수 있도록 자료 종합하기

7) 사람들의 심리, 감정, 태도들을 구체적이고 다양하게 보여줄
　수 있도록 자료 종합하기

+ 지도 시 유의사항

・토론을 위해서 자료들을 종합할 때는 반드시 그 이전에 자료들을 '분석하는 활동'을 했던 것을 주의 깊게 환
　기시키도록 한다(먼저 경험해 보도록 한다). 분석과 종합은 외양으로 보면 서로 대조적인 활동 같지만 내적
　으로는 깊은 상관성을 가진다. 잘 종합하는 힘은 잘 분석하는 힘에서 나온다.

1.5.3 자료의 그물망 짜기 능력

이 능력은 어떤 능력?

— 이 능력은 자료를 단순히 종합하는 능력에서 더욱 진화된 능력이
　다. 여러 자료들로 하여금 어떤 더 큰 의미를 형성하기 위해서 상
　관 있게 융합시키는 능력이다.

— 자료들이 기계적으로나 도식적으로 결합되지 않고, 유연하게 유
　기적인 연관을 갖도록 그물망으로 엮을 수 있는 능력이다. 토론자
　에게 요구되는 매우 중요한 의미 구성 능력이다. 실제 토론에 대비
　하여 토론 기획 단계에서 머릿속으로 구사할 수 있는 능력으로 자
　동화되어야 한다.

이 능력을 기르는 방법

— 토론에서 나타내고 싶은 큰 주장을 한 문장으로 정리하게 한다.

— 큰 주장을 구체화하는 하위 주장을 3~4개 만들어 본다.

— 이들 하위 주장을 구성하는 주된 내용을 만들어 낼 때, 하위 주장
이 세 개이면 그물망도 세 개가 만들어지는 방식으로 토론을 위해
수집한 자료들을 그물망으로 엮어 보게 한다.

— 위의 순서와는 달리 기본 자료들을 그물망으로 엮어 하위 주제들
을 만들어 내고, 하위 주제들을 한 그물망으로 다시 엮어봄으로써
큰 주장을 만들어 내게 할 수도 있다.

+ 지도 시 유의사항

• 자료의 그물망 짜기는 '자료를 종합하는 차원(1.5)'과 상관없이 토론의 내용을 토론자가 능동적으로 구성해
보려고 할 때 자유롭게 할 수 있는 활동 능력이다.

• 따라서 이 활동 능력은 '토론 전 준비도 갖추기 능력(1.0)' 전반에 두루 활용할 수 있는 활동이고, 다른 능력
들과 동시에 발휘되어야 할 능력이다.

• 자료1(토끼와 거북이의 토끼), 자료2(별주부전의 토끼), 자료3(호랑이와 토끼)을 그물망으로 연결하여 만
들어낼 수 있는 의미는 다채롭고 역동적이다. 그리고 이렇게 만들어진 의미는 다양한 토론 내용으로 사용할
수 있다.

1.5.4 주장 근거 자료 종합하기 능력

이 능력은 어떤 능력?

— 이 능력은 내 쪽에서 주장하고자 하는 바를 강화하여 입증할 수
있는 근거 자료를 종합할 수 있는 능력이다. 따라서 일관성 있는
강화를 보여주는 방향으로 근거 자료를 종합하는 능력이라 할 수
있다.

— 이 능력에는 1) 논점을 잘 유지하는 쪽으로 근거 자료를 모아서

합하는 능력, 2) 근거 자료를 약한 수준에서 강한 수준으로 강도를 점점 높여가며 종합하는 능력, 3) 내 주장의 허점을 발견하고 보완할 수 있는 자료 종합 능력 등이 포함된다.

이 능력을 기르는 방법

— 주장 근거 자료를 약한 것에서 강한 것 순서로(혹은 그 반대 순서로) 모아서 배열해 보는 연습을 한다.

— 주장 근거 자료들을 배열해 놓고, 연속성 흐름을 깨뜨리는 자료를 버리는 연습을 한다.

— 주장 근거 자료들을 종합할 때, 언어 자료, 영상 자료, 음성 자료, 그래픽 자료, 표 자료, 통계 자료, 그림 자료 등을 적절하게 종합하는 연습을 한다.

+ 지도 시 유의사항

• 주장 근거 자료를 어떤 방식으로 종합하는지에 따라 토론의 전략이 결정된다. 3인 1개 조가 토론에 나선다고 가정하고, 3인의 토론자가 주장 근거 자료를 각기 어떻게 나누어 맡아서 활용할지 실습해 보도록 한다.

1.5.5 반박 근거 자료 종합하기 능력

이 능력은 어떤 능력?

— 이 능력은 상대 주장을 반박하는 근거 자료를 어떻게 모아서 구성할지를 보여 주는 능력이다. 이 능력은 상대 주장을 예상할 수 있는 능력을 전제로 생겨나는 능력이다.

— 이 능력을 잘 발휘하려면 예상치 못한 상대의 주장을 만날 수도 있다는 것을 미리 준비해 두어야 한다. 임기응변적 융통성과 유연성을 발휘한다는 점에서 이는 창의적 사고 능력이기도 하다.

이 경우 반박하는 근거를 종합하는 능력은 시간과 상황의 제약을 받기 때문에 상황 맥락에 잘 부합하는 자료를 종합하는 능력이 되어야 한다.

이 능력을 기르는 방법

— 토론에서 상대의 주장을 가상으로 설정하고 이를 반박하는 근거 자료를 정해진 시간(비교적 짧은 시간) 내에 종합하는 훈련을 한다.

— 이때 종합한 반박 근거 자료들이 타당하고 적절하게 종합된 것인지 평가하는 활동을 해 본다.

— 반박 근거 자료를 종합하는 것이 내 쪽의 주장 근거를 종합한 것과 모순을 일으키지 않는지 검토하고 평가하게 한다. 반박 근거 자료의 종합도 나의 주장 근거 자료 종합과 조화를 잘 이루는 것이 되어야 함을 인식시킨다.

+ **지도 시 유의사항**

• 반박 근거 자료를 새롭게 마련하고 종합하는 것도 중요하지만, 내 쪽에서 구사하려 하는 주장 근거 자료를 효과적으로 활용하는 기술을 함께 익히도록 지도한다.

03장

2.0 토론 전략 세우기 능력

2.1 강점 약점 진단하기 능력
2.2 토론의 흐름 예상하기 능력
2.3 토론 자료 정교화하기 능력
2.4 토론 전략 구체화 능력

토론은 전략에서 승패가 결정된다. 아무리 많은 지식과 기술이 있어도 토론 전략을 꼼꼼하게 수립하는 상대에게는 이길 수 없다. 토론 전략은 토론에서 이기기 위한 토론 방법이다. 그러나 토론 전략을 토론에만 쓰라는 법은 없다. 여기 소개되는 토론 전략의 여러 단계별 능력들을 잘 익혀 두면 평상시의 다른 교과목을 공부할 때도 훌륭한 공부 방법이 된다. 또 일상생활에서 다른 사람과 지식을 소통하거나 의견을 나눌 때도 큰 도움이 된다.

'전략'이란 원래 군사 용어, 특히 전쟁을 수행하는 방법을 뜻하는 말이다. 그러므로 전략을 그냥 평범한 말로 하면 '방법'이다. 따라서 토론 전략은 토론을 잘하게 하는 방법, 토론을 승리하게 하는 방법들이다. 물론 여기에는 여러 가지 수많은 전략들이 있을 수 있다. 여러분 자신도 어떤 토론에서 대단히 큰 성공을 거둔 방법이 있었다면, 그것을 다른 사람도 배울 수 있도록 토론 전략으로 내세울 수 있다.

토론 전략은 실제 토론을 수행하기 전에 마련해 두는 것이 바람직하다. 물론 토론을 수행하는 과정에서도 그때그때 효과적인 전략을 동원해야 할 때가 많다. 수행 중의 토론 전략도 사실은 수행 전에 수립해 둔 전략에서 많은 영향을 받는다. 그렇기 때문에 토론 수행 전의 전략을 세심하고 정교하게 세우는 것은 매우 중요하다.

토론 전략은 일반적으로 1) 사고 전략, 2) 주제 및 내용에 대한 전략, 3) 자료 및 방법에 대한 전략, 4) 나와 상대를 진단하고 예상하는 전략, 5) 준비한 토론 내용과 방법을 적절한 토론 언어로 표현하는 전략 등이 있다. 이들 전략은 토론하는 사람의 입장에서 볼 때는 모두 '토론 능력'에 해당한다. 또 토론을 지도하는 교사의 입장에서 볼 때는 모두 '토론 지도 전략' 즉, 지도 방법의 원리가 될 수 있는 것이다.

2.1 강점 약점 진단하기 능력

2.1.1 토론 주제와 관련해서 내가 아는 것에 대해 메타 인지하기 능력

이 능력은 어떤 능력?

— 이 능력은 내가 '토론자로서의 나'를 아는 능력인데, 특히 토론 주제와 관련해서 나를 평가할 수 있는 능력을 말한다. 내가 나를 평가할 수 있는 능력은 일종의 '메타 인지' 능력이다.

— 토론 주제와 관련해서 내가 잘 알고 있는 것이 무엇인지를 알고, 또 내가 잘 모르고 있는 것이 무엇인지를 아는 능력이다.

— 이 능력을 갖춤으로써 토론에서 나의 장점에 바탕을 둔 토론 전략을 마련할 수 있다. 내가 무엇을 아는지(또는 무엇을 모르는지)를 내가 모르면 좋은 토론 전략을 세울 수가 없다.

이 능력을 기르는 방법

─ 토론 주제와 관련해서 내가 확실히 알고 있는 것들을 정리해 보도록 한다.

  1) 토론 주제와 관련해서 내가 '알고 있는 것(know)'을 나열해 본다.

  2) 토론 주제와 관련해서 내가 '하는 방법을 아는 것(know how)'을 정리해 본다.

  3) 토론 주제와 관련해서 내가 '실제로 해 본 것(know that I did)'을 정리해 본다.

─ 앞에서 정리해 본 것들 가운데 토론 주제와 관련이 있는 것들을 찾아보게 한다.

─ 이들을 활용하여 토론에 임하는 몇 가지 전략을 세워 본다.

+ 지도 시 유의사항

• 토론 주제와 관련해서 내가 나를 메타 인지하는 활동을 할 때는 그냥 메타 인지하는 것으로 끝내지 말고, 토론 주제에 대한 심리적 자신감을 함께 가지도록 해 주는 것이 좋다.

• 나를 메타 인지하는 데서 생기는 토론 전략은 어떤 점에서 효과적인지 생각해 보게 하고, 어떤 상황에서 그 전략을 쓰면 좋을지 미리 대비해 두게 한다.

2.1.2 토론 주제와 관련해서 상대가 아는 것에 대해 예측하기 능력

이 능력은 어떤 능력?

─ 이 능력도 앞에서 살펴본 능력 즉, '토론 주제와 관련해서 내가 아는 것에 대해 메타 인지하기 능력'과 능력의 내용은 다르지만, 능력의 수준은 같은 것이라 할 수 있다.

─ 토론 상대가 이 토론 주제와 관련해서 어떤 정도의 지식과 경험을 가지고 있을지를 짐작하고 예측하는 능력이다.

학급에서 같이 생활하는 학생들끼리 일반 학습 활동으로 토론을 할 때는, 이 능력이 대단히 중요하다. 상대의 경험과 지식을 예측하는 과정에서 자기도 모르는 사이에 토론의 주제를 심도 있게 사고하고, 토론 전략을 효과적으로 세우고 처리하는 능력을 기를 수 있기 때문이다.

이 능력을 기르는 방법

— 토론 주제와 관련하여 상대가 어떤 경험을 했을지 예측해 보게 하고 그것을 자신의 경험과 비교·대조해 보게 한다.

— 토론 주제와 관련하여 상대가 어떤 학습을 하고 어떤 지식을 가지고 있는지를 예측해 보게 한다. 특히 평상시 학습 활동으로 했던 토론 활동(또는 토론에 준하는 활동) 등에서 상대가 보였던 능력을 잘 떠올려 보도록 한다.

— 토론 주제와 관련하여 상대가 어떤 독서와 미디어 경험을 했을지 예측해 보게 하고 그것을 자신의 경험과 비교·대조해 보게 한다.

— 토론 주제와 관련하여 상대가 어떤 유사한 토론 활동을 했을지 살펴보게 하고, 그것을 자신의 토론 활동과 비교·대조해 보게 한다.

+ 지도 시 유의사항

• 상대에 대해서 구체적인 예측 내용이 없으면 가상을 해서라도 예측을 하게 한다. 토론 전략을 세울 때, 구체적 상대를 상정하고 수립해 봄으로써 토론 전략이 실질적으로 살아 있는 전략으로 힘을 발휘하게 된다.

2.1.3 토론 진행과 관련해서 나와 상대의 유리(불리)함 진단하기 능력

이 능력은 어떤 능력?

— 이 능력은 앞에서 훈련한 '토론 주제와 관련해서 나의 능력을 메타 인지하고 상대의 가능성을 예측하는 능력'의 결과로 얻게 되는

능력이라 할 수 있다.

— 나의 유리함과 불리함을 진단하는 능력은 상대의 유리함과 불리함을 진단하는 능력과 맞물려 있다. 이는 결국 같은 능력이다. 이 점을 인식하는 것은 중요하다.

— 이 능력은 주장의 논리와 반박의 논리를 구성하는 능력에 매우 밀접하게 닿아 있는 능력이다. 나의 유리함으로 공격적 주장의 내용과 논리를 만들게 하고, 상대의 불리함에 근거하여 반박의 내용과 상대방 부정의 논리를 만드는 토론 전략을 세울 수 있을 것이다.

이 능력을 기르는 방법

— 토론에서 나와 상대의 유리함과 불리함을 진단하는 준거(또는 범위)를 다음과 같이 설정하고 학생들이 이 준거(또는 범위)를 적절히 활용해 가면서 진단 내용을 정리해 보도록 한다.

  1) 토론 주제와 관련된 지식과 경험 면에서 나(상대)의 유리(불리)함

  2) 주장하는 방향으로 이끌고 가려는 근거와 자료 동원 면에서 나(상대)의 유리(불리)함

  3) 논리적으로 사고하는 능력(또는 스타일) 면에서 나(상대)의 유리(불리)함

  4) 사고 내용을 언어로 표현하는 어휘력이나 말의 유창성 면에서 나(상대)의 유리(불리)함

  5) 상대의 약점을 포착하는 관찰의 날카로움 면에서 나(상대)의 유리(불리)함

  6) 토론 진행 과정에서 감정이 흔들리지 않고 잘 조절되는 면에서 나(상대)의 유리(불리)함

• 토론 준비 및 토론 수행 상황에서 자신과 상대의 유리함과 불리함을 진단할 때 최대한 객관적 자세를 가지도록 강조한다. 주관적 진단은 토론 전략의 타당도와 신뢰도를 파괴한다.

2.1.4 반박 예상하기 능력

이 능력은 어떤 능력?

— 토론에서 상대의 반박을 잘 예상하는 능력은 토론의 주제를 다각도로 잘 이해하고 있는 능력이라 할 수 있다. 토론 주제에 대한 다각도의 이해가 없으면 반박거리를 찾지 못한다.

— 토론에서 상대의 반박을 잘 예상하는 능력은 토론의 전개 방향을 여러 가지로 예측할 줄 아는 능력이라 할 수 있다. 이 능력은 토론의 흐름을 읽는 능력과 긴밀하게 연결되었다고 할 수 있다.

— 따라서 역으로 상대의 반박을 다양하게 예상하는 훈련(활동)을 지속적으로 해 나가다 보면 1) 토론의 주제를 다각도로 잘 이해하는 능력, 2) 토론의 전개 방향을 여러 가지로 상정할 수 있는 능력 등이 저절로 향상될 수 있다.

이 능력을 기르는 방법

— 토론 주제를 다양하게 분화시켜 주면서, 그에 따른 반박을 예상하게 한다.

— 다양한 상대를 상정해 주면서, 그에 따른 반박을 예상하게 한다.

— 구체적 논거를 보여 주면서, 그 논거에 대한 반박을 예상하게 한다.

— 있을 수 있는 나의 실수를 생각해 보게 하며, 그에 대한 대안을 예상하게 한다.

• 예상된 반박 내용들을 종합 정리한 다음, 그 중요도를 매겨서 순위를 정해 보게 한다. 그렇게 함으로써 반박 내용 예상하기 능력이 전체 토론 전략을 짜는 데에, 그리고 토론 흐름을 장악하는 데에 얼마나 유효한지를 체득하게 한다.

2.2 토론의 흐름 예상하기 능력

2.2.1 토론 범위 예상하기 능력

이 능력은 어떤 능력?

— 이 능력은 토론이 그 내용 면에서 어떤 범위로 확장될 수 있을지를 예상하는 능력이다. 앞에서 살펴본 '토론 주제의 범위 파악 능력(1.2.1)'이 토론 주제의 의미를 포괄적으로 이해하고 파악하는 능력이라면, 이 능력은 토론에 등장할 수 있는 내용들이 얼마나 확장될 수 있는지를 예상할 수 있는 능력이다.

— 이 능력은 토론이 그 방법 면에서 얼마나 다양한 방법들이 동원될 수 있는지를 예상하는 능력이다. 토론 상황과 토론 전략에 따라 토론의 범위는 넓게 설정할 수도 있고, 좁게 설정할 수도 있을 것이다. 이를 예상해 봄으로써 토론의 범위를 자신이 조절·통제할 수 있는 능력을 기를 수 있다.

이 능력을 기르는 방법

— 토론의 내용 범위를 나타내는 지도를 그려 보게 한다.
— 토론의 방법 범위를 나타내는 지도를 그려 보게 한다.
— 토론의 범위를 최대한 넓게 잡아보는 예상을 해 보게 한다.
— 토론의 범위를 최소한 좁혀서 잡아보는 예상을 해 보게 한다.

• 이 능력은 궁극적으로 토론의 흐름을 사전에 예상하는 데 도움을 주기 위한 능력이다. 따라서 토론 학습의
어느 단계에 가서는 1) 토론 범위 넓게 잡아서 토론하기와 2) 토론 범위 좁게 잡아서 토론하기, 이 양자를
모두 경험해 보게 한다.

2.2.2 토론의 흐름 유리하게 예상하기 능력

이 능력은 어떤 능력?

— 이 능력은 특정의 토론 흐름에 대한 예상을 막연하게 상상하는 것
이 아니라, 구체성을 띨 수 있도록 하는 데에 핵심 본질이 있다. 토
론 흐름을 머릿속에서 형성해 보는 능력이다.

— 이 능력은 특정의 토론 주제를 상정하고, 특정의 상대를 상정하여,
내가 유리하게 토론을 전개해 나가는 구체적 예상 시나리오를 쓸
수 있는 능력이다.

이 능력을 기르는 방법

— 토론 주제 이해, 토론 내용 조직, 토론 전략 등에서 나의 아이디어
를 구체적으로 진술하고 상대의 대응을 구체적으로 예상하되, 나
에게 토론 흐름이 유리하게 전개되는 일련의 과정을 예상해 기록
하도록 한다.

— 이렇듯 유리한 과정 예상하기 및 그것을 기록하는 것은 지도 방법
에 따라 적절히 분절해서 지도할 수도 있다. 그러나 최종적으로는
실제의 토론 흐름과 같은 예상을 일관성 있게 진술해 내도록 한다.

- 반드시 1) 특정의 토론 주제, 2) 특정의 토론 상황, 3) 특정의 토론 시공, 4) 특정의 토론 자료 등을 구비해야 하며, 이 토론에 참여하는 토론 주체를 학생 자신으로 설정하여 토론 흐름을 가능한 세세하게 기록하도록 한다.

- 이런 지도법을 추천한다. 학생 A와 학생 B를 가상 대결시키는 토론 시나리오를 쓰게 한다. 유리하게 예상 시나리오를 쓴 A의 것과 불리하게 예상 시나리오를 쓴 B의 것을 가지고 두 학생이 서로 비교 · 대조하면서 토론의 흐름을 맞추어 보도록 한다.

2.2.3 토론의 흐름 불리하게 예상하기 능력

이 능력은 어떤 능력?

— 이 능력은 본질적으로 앞 항에서 다루었던 능력 '토론의 흐름 유리하게 예상하기 능력(2.2.2)'과 같은 능력이다. 따라서 이 능력은 '토론의 흐름 유리하게 예상하기 능력(2.2.2)'과 왕성하게 상호작용하면서 익히고 훈련하도록 해야 한다.

— 토론의 불리한 흐름을 막연하게 상상하는 것이 아니라, 구체성을 띨 수 있도록 하면서 예상하도록 하는 데에 초점이 있다. '토론 흐름을 불리하게 이끌어 가고 있다.'는 것이 구체적으로 무엇인지를 머릿속에서 형성해 보는 능력이다.

— 이 능력은 특정의 토론 주제 및 특정의 상대를 상정하여, 내가 불리해질 수 있는 토론을 예상 시나리오로 쓸 수 있는 능력이다.

이 능력을 기르는 방법

— 토론 주제 이해, 토론 내용 조직, 토론 전략 동원 등에서 나의 아이디어를 구체적으로 진술하고 상대의 대응을 구체적으로 예상하되, 나에게 토론 흐름이 불리하게 전개되는 일련의 과정을 예상해 보며 기록하도록 한다.

— 이렇듯 불리한 과정을 예상해 보며 그것을 기록하는 것은, 지도 방법에 따라 적절히 분절해서 지도할 수 있다. 그러나 최종적으로는 실제의 토론 흐름과 같은 예상을 일관성 있게 진술해 내도록 한다.

2.2.4 대안 마련해두기 능력

이 능력은 어떤 능력?

— 지금까지 특정의 토론을 준비하며 토론 흐름을 예상하고 그것에 맞추어 각기 적절한 전략들을 마련하였다. 그런데 지금까지 준비하고 예상했던 것들이 어긋나거나 틀렸을 경우를 대비해서 다른 대안을 만들어 둘 수 있는 능력을 갖출 수 있어야 한다.

— 대안을 마련해 두는 능력은 상당한 수준의 메타 인지 능력이며, 토론의 맥락을 다양하게 이해하고 있을 때 발휘될 수 있는 능력이다.

이 능력을 기르는 방법

— 지금까지 설정했던 토론 내용 범주 이외의 다른 범주를 설정해 보도록 한다.

— 지금까지 준비했던 주장과는 다른 차원의 주장을 제시해 보도록 한다.

— 지금까지 동원했던 근거 자료와는 다른 차원의 자료를 동원한다.

— 지금까지 구사했던 논리와는 다른 방식의 논리를 구사해 본다.

＋ 지도 시 유의사항

• 대안 마련하기 능력(활동)은 주로 예상치 못한 상대방의 논박에 몰리게 될 때, 발휘되어야 할 능력이다. 따라서 예상된 상대의 논박에 대해서는 미리 준비되었던 내용과 자료와 근거와 방법을 쓰고, 상대의 예상하지 못한 공박을 받았을 때, 대안에 있는 것들을 사용할 수 있도록 지도한다.

2.3 토론 자료 정교화하기 능력

2.3.1 토론 자료 적소에 배치하기 능력

이 능력은 어떤 능력?

— 이 능력은 필요한 토론 자료를 선정하여 필요한 토론 대목에 정확
하게 배치할 수 있는 능력이다. 이는 물론 토론의 주제와 토론의
흐름을 어느 정도 구체적으로 예상할 때 발휘될 수 있는 능력이다.

— 이 능력은 토론 자료를 1) 주장 내용으로 쓸지, 2) 근거로 쓸지,
3) 사례로 쓸지를 판단할 수 있는 능력이다. 근거로 쓰는 경우에
도, 1) 주장 근거로 쓸지, 2) 반박 근거로 쓸지를 결정할 수 있어야
한다. 또 1) 서두에 쓸지, 2) 중간에 쓸지, 3) 결론 대목에 쓸지를
판단할 수 있는 능력도 포함되어야 한다.

이 능력을 기르는 방법

— 토론의 흐름 전체를 흐름도(flow chart)로 그려보게 한다.(2.2.2 능력
과 2.2.3 능력 동원)

— 선정한 자료들을 다음과 같은 일정한 순서대로 늘어놓게 한다.

　　1) 내가 판단하는 자료의 중요도 순서로

　　2) 자료를 표현한 매체별로

　　3) 자료를 수집한 순서로

　　4) 자료의 용도별로

　　위와 같은 방법으로 자신이 수집한 자료들의 전체 모습과 분포를
　　친숙하게 해 둔다.

— 선정한 자료들에 일련번호를 매기고, 이것을 토론의 흐름도에서
가장 적절한 사용 대목에 끼워넣어 보게 한다.

• 실제 토론 활동이 끝나고 난 뒤에는 토론 전에 자료를 배치했던 자리가 정말 적절했는지를 스스로 평가해 보 게 한다. 토론 후 평가 활동은 토론 활동 그 자체보다 훨씬 더 중요하다. 아니, 토론 후 평가 활동이야말로 토 론 학습의 핵심 대목이 된다.

2.3.2 토론 자료 우선순위 결정하기 능력

이 능력은 어떤 능력?

— 우리는 앞에서 '자료의 중요도 알기 능력(1.4.2)'을 다룬 바가 있다. 그때의 능력이 토론 주제에 타당한 자료들을 대상으로 일반적인 중요도를 매길 수 있는 능력이었다면, 이 능력은 특정 토론의 보다 구체적 장면에서 어떤 자료가 더 우선적으로 적용될 수 있는지를 결정하는 능력이다.

— 다음을 비교해 보자.

예컨대 토론 논제 "남북통일에 대비하여 통일세를 내야 한 다."와 관련하여 자료를 수집하고, 그 자료들을 토론에서 얼마나 중요하게 쓸 수 있는지, 그 정도를 판단하는 능력은 '자료의 중요 도 알기 능력(1.4.2)'이다. 여기서는 자료 중요도 알기를 토론 주제 를 심도 있게 이해하는 차원에서 강조한다.

이에 비해서 '토론 자료 우선순위 결정하기 능력(2.3.2)'은 예 컨대 상대 토론자가 통일세의 징수가 우리 경제의 침체를 더 조장 할 수 있다는 식으로 나를 반박해 왔을 때, 나에게 '우리 경제가 침 체를 벗어나고 있다는 것을 밝힌 자료'와 '통일세의 규모나 비중 이 경제를 해칠 정도로 큰 것이 아니라는 것을 밝힌 자료' 가운데 어느 것이 현재의 토론 흐름에서 더 우선순위가 앞서는 자료인지 를 결정하는 능력이다.

— 요컨대 '자료의 중요도 알기 능력(1.4.2)'은 토론 주제 이해 능력에 어울리는 것이고, '토론 자료 우선순위 결정하기 능력(2.3.2)'은 토론의 흐름 파악하기 능력에 어울리는 것이다.

이 능력을 기르는 방법

— 특정 토론의 전체 흐름을 이해하고 참여하도록 한다. (2.2.2능력과 2.2.3능력 동원)

— 전체 흐름 중 특정의 상황 맥락에 동원할 수 있는 자료를 복수로 선정하게 한다.

— 복수의 선정 자료를 두고 우선순위를 결정해 보게 한다.

— 우선순위 결정의 이유를 발표하고 공유하게 한다.

+ 지도 시 유의사항

• 이 능력을 길러주기 위해서는 구체적 토론 상황을 정하고, 이 상황을 해결하는 토론 자료를 복수로 마련하여 준비해 두는 것이 필요하다. 학생들이 이 전체 과정을 자발적으로 할 수 있도록 지도하면 좋지만, 그렇지 못할 경우, 교사가 토론 상황별로 이들 복수의 자료들을 구체적으로 준비하도록 한다.

2.4 토론 전략 구체화 능력

2.4.1 토론 내용 조직하기 전략 능력

이 능력은 어떤 능력?

— 이 능력은 토론을 위해 준비한 많은 자료와 내용들을 토론의 전개 틀에 따라 토론을 유리하게 이끌 수 있도록 조직하는 능력이다. 이를 '전략 능력'이라고 하는 것은 이 능력이 단순히 토론 내용을 조

직하는 능력만은 아니라는 뜻이 들어 있다. 즉 이 능력은 같은 토론 주제를 두고서도 여러 개의 내용 조직안을 만들 수 있는 능력이 되어야 함을 의미한다. 같은 토론 주제를 두고도 토론 전략에 따라 각기 다른 내용의 조직안을 만들 수 있기 때문이다.

이 능력을 기르는 방법

— 같은 토론 주제를 두고 다음의 내용 조직 전략들을 다양하게 실습하고 익혀 보도록 한다.

    1) 논리와 추론을 중심으로 내용 조직하기 전략

    2) 경험과 사례를 중심으로 내용 조직하기 전략

    3) 시사적 이슈들을 중심으로 내용 조직하기 전략

    4) 역사적 사실과 교훈들을 중심으로 내용 조직하기 전략

    5) 윤리적 정당성을 중심으로 내용 조직하기 전략

    6) 감성과 정서를 중심으로 내용 조직하기 전략

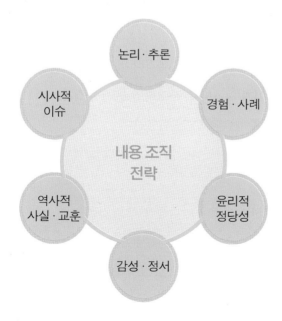

- 토론 주제에 따라서는 그것과 잘 호응되는 내용 조직하기 선략이 있을 수 있다. 이런 것을 알게 되는 과정은 실제의 실습 활동을 통하는 것이 바람직하다. 토론 능력은 성공 경험 못지않게 실패 경험이 더 큰 학습 효과를 주기도 한다. 실제 활동 후에 실패 요소를 꼼꼼히 되짚어보는 활동을 본래의 토론 활동 못지않게 중시해서 지도하도록 한다.

2.4.2 사고하기 전략 능력

이 능력은 어떤 능력?

— 사고하기 전략 능력은 토론에서 생각을 어떻게 해 나갈지를, 즉 어떤 사고 형식들로 토론 주제를 처리해 나갈지를 결정하는 능력이다. 주장을 할 때는 생각을 어떻게 짜내고, 근거를 댈 때는 생각을 어떻게 해내고, 논지를 이끌어갈 때는 생각을 어떤 방식으로 할지를 이끌어내는 능력이다. 누구나 사고하기 전략을 가지기는 하지만, 즉 누구나 생각을 하기는 하지만, 그 사고하기 전략이 얼마나 효과적인지는 경우마다 다르다.

— 이 능력은 하루아침에 길러질 수 있는 능력이 아니다. 평상시의 독서와 작문 경험이 매우 중요하다. 독서를 하고 작문을 할 때 우리의 머릿속에서 이루어지는 여러 인지작용과 과정이 바로 사고 전략을 세우고 실현하는 과정이기 때문이다. 사고하기 전략 능력도 이런 경험을 많이 하는 동안에 개발되고 세련되어진다.

이 능력을 기르는 방법

— 토론에서 자주 활용되는 사고하기 전략에는 다음과 같은 것들을 예로 들 수 있다. (→ 부분은 그 사고 전략을 사용하기 위한 구체적 지도 활동)

1) 상대의 발언 내용을 내 편에 유리한 방향으로 요약하기 위한 생각하기 전략

→ 상대 주장 요약하면서 내게 유리한 점과 불리한 점 따져 보기 활동

2) 상대의 발언 내용 가운데 논리적 모순점 발견을 위한 생각하기 전략

→ 상대 주장 가운데 원인 결과 관계가 불명확한 부분 찾아내기 활동

→ 상대 주장 가운데 느낌을 사실처럼 말한 부분 찾아내기 활동

3) 상대의 발언 내용에 대해서 재해석하기 전략

→ 상대 발언 내용을 내가 느끼고 파악한 대로 다시 말해 보기 활동

→ 나의 재해석 발언을 듣고 상대는 상대대로 파악한 바를 다시 말해 보기 활동

4) 반박 당한 내용을 다시 변호하기 위한 생각하기 전략

→ 반박 내용 가운데 사실이 아닌 부분 찾아내어 바로잡기 활동

→ 반박 내용을 토론에서 지금까지 사용한 논거 아닌 것으로 재반박 하기

5) 상대의 논지를 혼란시키기 위해 새로운 질문 생각하기 전략

→ 상대의 논지와 유사하지만 실제로는 다른 것을 찾아서 확인 질문 하는 활동

+ **지도 시 유의사항**

• 넓게 보면 이 장에서 소개하는 모든 능력 단위들이 '사고 전략'으로도 가능한 것들이라 할 수 있다. 그러나 여기서는 구체적이고도 실제적인 토론 상황을 전제로, 그것을 활동 교재로 삼아서 지도하는 것이 중요하다.

2.4.3 언어 표현 전략 능력

이 능력은 어떤 능력?

— 이 능력은 토론을 위해서 준비한 1) 자료 내용과 2) 토론 전략으로 사고한 내용 등을 가장 효과적인 언어 표현으로 나타내는 능력

이다.

— 아무리 생각해 둔 내용이 좋아도 이를 적절하고도 효과적인 토론 언어로 나타내지 못하면 아무런 소용이 없다.

— 이 능력은 크게 나누어 다음 네 가지 범위의 언어 표현 능력을 필요로 한다.

    1) 논리적 언어 표현 능력

    2) 수사적 언어 표현 능력

    3) 정서적 언어 표현 능력

    4) 윤리적 언어 표현 능력

이 능력을 기르는 방법

— 토론 언어의 표현 기술이 특별히 따로 있는 것은 아니다. 평상시의 언어 표현 소양과 습성이 토론 상황에도 그대로 전이되어 드러날 수밖에 없다. 훌륭한 수준의 모범적 토론을 자주 접하게 하고, 그것에서 언어 표현의 좋은 사례를 자주 익히도록 한다. 학생들의 토론대회 실황을 담은 교육용 동영상 자료를 활용하도록 한다.

— 하위 범주별 지도의 원리를 간략히 제시하면 다음과 같다.

    1) 논리적 언어 표현 능력

    → 다양한 추론 훈련을 한 뒤에 그것을 반드시 문장으로 써 보게 하고, 그것을 바탕으로 구술 언어로 발언해 보게 한다.

    2) 수사적 언어 표현 능력

    → 토론에서 특정한 내용을 특정한 효과로 표현하고 싶을 때 어떤 수사법을 사용하면 좋을지 생각하게 하고, 그 수사법을 통한 토론적 효과를 학생들이 평가해 보게 한다.

    → 평소 자신의 언어에 자주 등장하는 수사 표현들을 찾아보게 하고,

그것들이 토론에서 유리하게 사용되는 경우와 불리하게 작용하게

되는 경우를 생각해 보게 한다.

3) 정서적 언어 표현 능력

→ 각자의 정서 언어(감성 언어) 특질을 이해하고, 그것이 토론에 유용하

게 쓰일 수 있도록 해보고, 그 반대의 경우도 생각해 보게 한다.

4) 윤리적 언어 표현 능력

→ 토론에서 예의와 규범 준수는 언어 표현을 통해서 나타난다. 인신

공격, 불신감, 무례함 등을 보여주는 좋지 못한 토론 언어들을 실제

토론 장면을 중심으로 찾아서 교정해 본다. 고정관념이나 지나친 편

견을 강변하는 것도 바람직한 언어 표현이 아니므로 이 또한 실제

토론 장면을 중심으로 찾아서 교정해 본다.

+ 지도 시 유의사항

• 언어 표현 능력은 일상의 언어 생활에서 훈련되고 학습되는 면이 강하다. 따라서 토론 상황을 일상에서 자주
경험하도록 하고, 여러 교과학습 활동도 가능하면 토론 활동(또는 토론식 방법)으로 하도록 한다.

• 구체적이고도 실제적인 토론 상황을 가져와서 그것을 활동 교재로 삼아 지도하는 것이 중요하다. 어떤 언어
표현이 왜 좋았는지(왜 부족했는지) 구체적으로 피드백을 해 주어야 한다.

2.4.4 토론 역할 전략 능력 ▷ 29

이 능력은 어떤 능력?

— 이 능력은 개인 간 토론이 아닌 3인조 토론이나 4인조 토론 등에

서 누가 어떤 역할을 맡아서 토론에 임할 것인지 고려하여, 가장

효과적인 방안을 만들어낼 수 있는 능력을 말한다.

— 토론의 주제와 토론의 방식을 잘 알고, 그것과 토론에 참여하는

조원들의 개별적 토론 역량을 잘 분석하고 또 잘 종합할 수 있는

능력을 요구한다.

이 능력을 기르는 방법

— 토론 내용과 관련해서 각자의 주장 능력, 논증 능력, 반박 능력, 질
문 능력, 답변 능력, 종합 능력 등을 스스로 분석하고 평가해 본다.
동시에 동료의 능력을 평가해 본다.

— 언어 표현과 관련해서 각자의 수사적 표현의 강점과 약점, 각자의
감정 조절 능력, 각자의 토론 흐름 조정 능력 등을 스스로 분석하
고 평가해 본다. 동시에 동료의 능력을 평가해 본다.

— 자기 평가와 동료 평가의 두 결과를 비교해 보고, 각자의 강점 요
소를 확인하여 토론의 흐름과 맥락 가운데 어떤 역할을 맡을지 결
정한다.

+ 지도 시 유의사항

• 역할 배당이 잘 되지 못한 상황에서 지도 활동을 하여 역할 배당이 잘 되는 쪽으로 변화되어 나가도록 지도
한다. 이 과정에서 모든 학생들이 자기 자신의 토론 정체성에 맞는 역할을 발견할 수 있도록 한다.

• 단체 토론으로 지도할 때는 현재 토론대회에서 적용하고 있는 역할 이외에도 다른 많은 역할을 설정하여 학
생으로 하여금 각기 자기 정체에 맞는 토론 역할을 발견하고 확장해 나갈 수 있도록 한다. 가령 토론대회 전
면에 나서지는 않더라도 토론 준비 단계에서 가능한 겉으로 드러나지 않는 역할들도 많이 설정할 수 있다.

　〔예〕기록, 자료 수집, 자료 정리, 사진 자료 만들기, 연습 진행, 표정 체크, 청중 호응 분석, 배심원 등등의
　　　역할

• 연극 공연에 무대 위에 나오는 출연 배우(캐스트)와 무대 뒤에서 수고하는 연출 요원(스태프)이 있듯이 토
론대회 준비도 그와 같은 구조로 설계를 하여 많은 학생들이 토론 활동에 직·간접적으로 참여할 수 있도록
한다.

3.0 토론을 수행하는 능력

—

토론을 수행하는 실제적인 능력은, 주장해야 할 논지를 확실하게 세워서 그 논지를 일관되게 강화해 나갈 수 있는 능력을 바탕으로 한다. 이 능력이 가장 주된 능력인 것이다. 실패하는 토론은 대부분 논지를 정교하게 세우지도 못하고, 굳건하게 밀고 나가지도 못하는 데서 발생한다. 정교하면 굳건해질 수 있는 것이다.

이처럼 토론을 수행하는 능력은 '주장을 논리적으로 강화해 나가는 능력'이 가장 중요한데, 이는 다시 '자기의 논지를 주장하는 능력'과 '상대를 심문·반대하는 능력' 등의 핵심 능력을 갖춤으로써 구체적 능력으로 발전될 수 있다. 이들 능력은 주로 비판적 사고를 수행함으로써 발휘될 수 있는 능력이다.

토론자에게 토론 수행은 토론 주제를 잘 알고, 그것을 논리적으로 다루고 비판적으로 분석하는 능력으로 나타나기도 하지만, 그것

못지않게 중요한 것이 있다. 그것은 실제 토론 수행에서 진행되고 있는 토론 과정을 상위 인지하고, 이를 조정하는 능력이다. 이처럼 토론의 흐름과 과정을 자신의 입지에 유리하게 이끌어가는 능력은 토론의 맥락을 인식하고 이를 토론 전략으로 적용할 수 있는 높은 수준의 능력이다.

실제 토론 수행에서 겉으로 드러나는 것은 토론자의 언어 수행이다. 토론에서 토론 언어를 구체적으로 어떻게 표현하고 사용하는지를 알고 행하는 능력도 매우 중요한 능력이다. 토론의 내용을 효과적으로 소통하고, 심문과 반박의 효과를 높이는 데는 그것을 어떤 언어로 제시하느냐가 중요하기 때문이다. 언어 수행 능력은 토론의 여러 맥락을 효과적으로 장악하고 토론의 흐름을 주도하는 데에 큰 영향을 미친다. 상대의 기선을 제압하는 힘도 언어 표현에 많은 영향을 받는다.

토론 수행 능력들은 실제 토론을 수행할 때만 작동하는 능력들이라고 할 수는 없다. 토론 수행 능력은 토론을 실제로 수행하기 이전의 '토론 전 준비하기 능력'이나 '토론 전략 세우기 능력' 등과 내적으로는 밀접한 연속성을 가지고 있는 능력들이다. 토론 수행에서 나타나야 할 능력으로 규정하기는 했지만, 이들 능력이 토론 수행 단계에서만 연마되는 것은 아니다. 상당 부분 그 이전 단계에서부터 꾸준히 내공을 쌓아 두어야 하는 능력들이다. 그래서 본 장의 여러 기능들을 살펴볼 때는 앞에서 살펴본 제2장의 '토론 전 준비도 갖추기 능력,' 제3장의 '토론 전략 세우기 능력' 등과 밀접한 연관을 지어가면서 익히도록 한다.

3.1 논점을 유지하는 능력

3.1.1 주장할 핵심을 아는 능력

이 능력은 어떤 능력?

— 찬성측이든 반대측이든 주장할 메시지 전체에서 핵심 알맹이가 무엇인지를 정확하게 인식하고 그것을 토론 시간 내내 놓치지 않을 수 있는 능력이다. 쉬운 일 같지만 의외로 이것을 잘 수행하지 못하는 사람이 많다.

— 이 능력은 글쓰기로 말하면 글의 주제를 분명히 알고서 글을 쓸 수 있는 능력이라 할 수 있다. 상당수 토론자들이 상대의 공격을 받거나 발언 시간이 길어지면 자기가 주장할 핵심을 놓치거나 오히려 엉뚱한 내용으로 빠지게 되는 경우가 있다.

— 이 능력이 모자라는 것을 또 다른 비유로 말하면 목적지를 찾아서 길을 가는 사람이 어떤 지점에서 무언가 다른 것 때문에 다른 길로 빠져들어서 목적지를 놓치는 것과 같은 것이라 할 수 있다.

이 능력을 기르는 방법

— 주장하고자 하는 핵심 내용을 각기 다른 문장 표현으로 3~4개 정도 바꾸어 표현해 보게 한다. 그리고 그것이 왜 같은 주장인지 판단하게 한다.

— 실제로 이루어진 토론에서 토론자의 주장을 3개 이상 듣게 하고, 주장할 핵심 내용이 잘 드러난 것과 그렇지 못한 것을 판별하는 활동을 하게 한다.

— 주장할 핵심을 정해두고, 1분 이상 실제 주장 발언을 하게 한다. 이를 녹음기나 동영상 등에 담아 핵심을 잘 살려낸 것을 선정하게

하고, 그 이유를 따져 보게 한다.

• 다음 논의에서 원래의 핵심 주제는 무엇이었을지 생각해 보고, 그 핵심을 놓친 장면을 찾아내자. 그리고 핵심을 놓치게 된 이유가 어디에 있는지 생각해 보자.

철수: 환경오염을 없애는 운동에 우리도 열심히 참여해야 한다고 생각해. 우리 학교 학생들은 이것 하나는 철저하지.

영희: 우리가 쉽게 실천할 수 있는 것으로는 쓰레기 줄이기 운동, 쓰레기 제대로 버리기 운동 같은 것이 적절할 것 같아.

철수: 그러고 보니 우리가 좀 잘 살게 되었다고 해서 너무 많은 쓰레기를 배출하는 감이 있어. 과소비와 쓰레기가 모두 같은 문제라니까.

영희: 검소하고 절약하는 정신이 건강한 정신이지. 과소비는 결국 정신 그 자체가 병든 것이라고 봐야 해. 그렇지.

철수: 환경오염이라는 것 속에는 이처럼 우리의 지나친 욕심이 그 원인으로 숨어 있는 거야. 과소비하는 여자들 반성해야 돼. 여자들이 문제라니까.

영희: 어머 넌 괜히 여자들에게 책임을 돌리고 그러니? 너 아주 웃기는 애다. 남자들은 뭐 잘난 거 있는 줄 아니. 못난 남자들이 여자 탓하는 거야. 알기나 해? 이 바보야.

철수: 뭐 바보라고? 너 말 다했어? 예절도 에티켓도 없는 애 같으니라고.

예시 답안

원래의 핵심 주제: 환경오염을 없애기 위한 노력
핵심을 놓치는 곳: 철수가 과소비하는 여자들을 비난하는 대목
핵심을 놓치게 된 이유: 오염 방지에서 여성 비난으로 논점을 옮겨 갔기 때문이다.

3.1.2 주장에 합당한 근거를 대는 능력

이 능력은 어떤 능력?

— 이 능력은 주장에 긴밀하게 연결될만한 근거를 댈 수 있는 능력으로서, 토론이나 논술에 가장 자주 요구되는 기본 능력이다. 토론 준비 단계에서도 충분히 숙달해 두어야 하지만, 실제 토론 수행 상황에서는 그때그때 순발력 있게 발휘되어야 한다.

— 이 능력은 어떤 현상(문제)의 원인과 결과를 잘 포착하는 능력과 상통하는 능력이다. 지식을 그물망처럼 엮으면서 어떤 내용을 형성하고 유지하고 사용하라는 충고는 바로 이런 능력을 기르는 데 도움이 되기 때문이다.

이 능력을 기르는 방법

— 이 능력은 앞에서 다루었던 '주장 근거 자료 종합하기 능력(1.5.4)' 능력과 '반박 근거 자료 종합하기 능력(1.5.5)' 등을 함께 참조하며 지도하도록 한다.

— 근거를 양적으로 많이 대기 활동에서 시작하여 질적으로 좋은 근거 대기 활동으로 점차 옮겨가도록 한다.

— 어떤 현상의 원인과 결과를 다양하게 파악하게 하고, 그것을 바탕으로 즉석에서 주장을 제시하게 한다. 그리고 그것을 밑받침하는 근거를 만들어 보도록 한다.

— 근거 만들기는 먼저 경험적 근거를 동원해 보고, 그다음에 논리적 근거를 만들어 보게 하는 순서로 지도한다.

• 논리를 갖추려면 정당한 근거(또는 이유)를 대면서 그 근거를 바탕으로 주장이나 결론을 이끌어 내야 한다. 따라서 근거(이유)는 근거로서의 역할과 내용을 잘 갖추고 있어야 한다. 그런데 근거와 결론을 또렷하게 구분하지 않고, 서로 같은 내용으로 뱅뱅 돌면서 반복되는 말하기를 하는 학생들이 있다. 예를 들어 '왜 아이들은 피자를 좋아하는가'를 말해야 할 때, '아이들은 피자를 맛있게 먹기 때문에 피자를 좋아한다.' 라는 식으로 논리를 만드는 사람들이 있다. 이런 경우를 두고 '순환 논리의 오류'라고 한다.

• **다음 중 근거와 주장이 구분되지 않고 순환 반복되는 것은 어느 것인가?**

　① 불행을 말없이 견뎌 내었기 때문에 그는 강한 사람이 되었다.

　② 피눈물 나는 노력이 있기 때문에 우리는 어떤 어려움에도 자신감을 가지게 되었다.

　③ 그는 상상할 수 없이 가난하기 때문에 몹시 궁핍하였다.

　④ 다른 사람과 나를 비교하는 데에 민감하였으므로 나는 가지고 싶은 것이 많다.

　⑤ 길이 너무 멀기 때문에 사흘 이상은 계속 달려가야만 한다.

정답 ③

3.1.3 논지의 일관성을 유지하는 능력

이 능력은 어떤 능력?

— 이 능력은 주장하거나 반박하는 내용이 처음부터 끝까지 서로 잘 통일되어 있어서, 말하는 내용 간에 서로 잘 조화가 되도록 말할 수 있는 능력이다. 앞뒤가 잘 맞지 않는 말, 즉 일관성이 없는 말은 금방 그 모순이 드러나고, 바로 그것 때문에 상대로부터 반박을 받는다.

— 말의 내용이 일관성을 지녀야 한다고 해서 말하는 내용이 단조롭고 변화감이 없도록 되어서는 안 된다. 일관성이란 논지가 변하지 않는 것이지, 같은 내용을 지루하게 반복하라는 것은 아니다.

이 능력을 기르는 방법

— 자신의 주장에 맞는 논거를 하나만 준비하지 말고, 더 적절한 논거를 계속해서 만들어 내게 하고, 이들 연속된 근거를 중심으로 토론자가 말을 해 나가게 한다.

— 동영상 자료 등을 활용하여 실제 토론자의 말에서 일관성을 해치는 부분들을 찾아보고, 그것을 교정해 보는 훈련을 한다.

+ 참조할 만한 자료나 사례

• 다음 토론자 발언의 핵심 주장을 찾고, 이 발언에서 일관성을 해친 부분이 어디인지 지적해 보자.

인간은 창의력을 가지고 있다는 점에서 짐승과 다르다. 짐승은 아무리 영리해도 창의력은 없고 그저 본능대로 살 뿐이다. 그러나 인간에게는 창의력이 있기 때문에, 발전이 있고 성장이 있다. 까치가 아무리 재간 있게 집을 짓는다고 해도, 50년 전의 까치나 100년 전의 까치나 똑같은 방법으로 집을 짓는다. 그러나 사람은 그렇지 않다. 10년 전과 20년 전이 크게 다르다. 이것은 인간만이 가진 창의력 때문이다. 인간도 물론 지금까지 옛날 집을 짓고 살기도 한다. 그리고 미개 문명 지역에서는 집을 짓는 방법이 옛날이나 지금이나 같다. 그렇다고 창의력이 아주 없는 것은 아니다. 인간은 창의력 때문에 늘 새로운 문명을 건설해 왔다. 인간의 창의력은 위대하다.

_____

예시 답안

인간도 물론 지금까지 옛날 집을 짓고 살기도 한다. 그리고 미개 문명 지역에서는 집을 짓는 방법이 옛날이나 지금이나 같다. 그렇다고 창의력이 아주 없는 것은 아니다.

이 능력은 어떤 능력?

— 이 능력은 토론의 본질을 보장하는 능력이다. 토론에서의 주장과 토론의 내용을 논리에 따라서 전개하고 논리에 따라 마무리해야 한다. 여기에 추론과 입증의 능력이 꼭 필요하다. 한마디로 이 능력은 논리적 사고와 논리적 언어로 토론의 구체적 활동을 해낼 수 있는 능력이다.

— 추론과 입증 능력은 평상시의 사고 습관이 논리 중심으로 행해지는 사람에게는 쉽게 자동화되는 능력이지만, 직관이나 감성에 따라 생각하고 말하는 사람에게는 결핍되기 쉬운 능력이다.

이 능력을 기르는 방법

— 논리 공부란 공식을 달달 외운다고 해서 되지 않는다. 생활에서 비논리적인 것을 비판하고, 논리적인 사고와 논리적인 언어를 사용하려는 실천이 중요하다. 논리는 일상의 언어 생활에 녹아 있어야 한다. 일상의 경험을 중심으로 논리적 사고와 언어를 익히도록 한다.

— 비논리적인 것을 비판하기 위해서는 어떤 전제에서 결론을 이끌어내는 연습을 해 보도록 한다. 다른 사람의 말이나 행동 하나하나도 논리를 따져볼 수 있는 좋은 자료이다. 오늘 벌어지고 있는 뉴스 하나하나도 모두 논리 훈련을 할 수 있는 자료이다.

— 논리가 골치 아프다고 도망 다니면 논리를 사용하는 머리는 녹슬게 된다. 항상 논거를 마련하여 머릿속으로 추리를 하고, 논리적

결론을 이끌어 내는 논리 훈련을 하도록 한다.

• 다음 토론자의 말에서 논리적 추론이 잘된 부분과 논리적 분석이 더 필요한 부분을 찾아서 지적해 보자.

　폭력을 자주 써서 문제를 해결하게 되면 그 사람은 일종의 폭력만능주의에 휩싸이기 쉽다. 즉, 폭력으로 모든 것이 해결될 수 있다고 생각하다 보니, 사람을 사귈 때도 믿음이나 신뢰보다는 힘을 보고 교제하는 경우가 많다. 또 폭력의 기준으로 사람을 보게 되니 인격을 존중하지 않고, 사람을 물건 취급하듯이 수단적으로만 보게 된다. 이런 사람은 정상적인 사회에 절대 적응할 수가 없다.

　게다가 대화란 것을 모르고 폭력만 쓰려고 하는 사람에게 아무도 친절히 대하고 싶지는 않을 것이다. 또한 힘을 보고 교제할 경우, 힘이 약해지면 깔보게 되고, 힘이 세어지면 위기의식을 느끼게 된다. 그렇게 되면 그 사람의 주위에서 계속 사람이 떠나게 되어 진실한 친구를 가지기 어렵다. 그러니 자신의 폭력적 힘을 믿고 사는 사람은 황폐하고 삭막한 사람이 될 수밖에 없을 것이다.

지도 길잡이

앞 문단 부분의 추리가 비교적 잘 되어 있다. 잘 되어 있는 이유를 구체적으로 지적해 보도록 한다. 뒤의 문단은 논리적 분석이 더 치밀하게 이루어질 필요가 있다. 왜 그러한지를 좀 더 깊게 추리해 보도록 한다.

3.2.2 예시를 보이는 능력

이 능력은 어떤 능력?

— 이 능력은 토론자가 자기주장을 뒷받침할 수 있는 근거로 구체적인 사례를 적절하게 동원할 수 있는 능력이다. 사례를 들 수 있는 능력은 사례가 얼마나 타당한지에 달려 있다. 타당하지 않은 사례는 주장이 논리적이지 못함을 보여준다.

— 예시 능력이 뛰어난 사람은 예시 자료를, 언어적 자료 이외에 영

상 자료, 통계 자료, 보도 자료, 그래픽 자료 등을 통해 다양하게 동원할 수 있다.

이 능력을 기르는 방법

주장의 근거로 삼을 수 있는 예시 자료는 처음에는 구체적 생활 경험에서 찾아보도록 한다. 이 단계에 익숙해지면 교과에서 학습한 지식이나 독서에서 받아들인 것들로 예시를 보이게 한다. 그다음 단계에는 인터넷 검색 능력을 키워서 예시를 탐색해 보는 것도 권장할 만하다. 또 아주 특별한 경우에는 자신이 직접 취재한 예시 자료를 사용하도록 해 본다. 직접 취재하여 발굴한 예시는 토론 상황에서 토론자에게 자신감과 자기 효능을 강화해 준다.

+ 참조할 만한 자료나 사례

• 다음은 어느 토론에서 한 토론자가 질병의 문제 중에는 그것이 의학 기술 자체의 문제라기보다는 사회적·경제적 문제에서 오는 것이 더 크다는 주장을 하고 있는 부분이다. 발언 내용 중에서 (   ) 부분에 구체적 예시 내용을 보강하여, 주장 발언을 좀 더 논리적으로 강화하고자 한다. 적절한 예시 내용을 넣어 보시오.

오늘날 많은 사람들이 질병으로 고통받고 있다. 그런데 의학 기술과는 상관없이 여전히 해결되지 못하는 인간 질병의 문제들이 허다하다.

예를 들면 (   ) 이러한 경우 우리는 병원이나 그 밖의 사회사업가의 협조를 구하고, 자선 단체나 보건 행정을 담당한 분들의 노력으로 돈의 처방이 이루어지도록 해야 한다.

지도 길잡이

1. 이 주장은 '질병 해결을 위한 돈의 중요성'을 말한 것이다.
2. '의학 기술과 상관없이 해결되지 못하는 질병의 문제'를 좀 더 구체적으로 예를 들어서 설명해야 할 곳이 빈칸 부분이다.

3. 빈 칸에 들어갈 '의학 기술과 상관없이 해결되지 못하는 질병의 문제'는 마지막 대목에 나오는 '돈의 처방'에서 어느 정도 암시를 받을 수 있다. 즉 돈이 없어서, 또 무지하기 때문에 고치지 못하는 경우를 뜻한다. 이런 경우는 의학적인 문제가 아니다. 사회적인 문제다.

예시 답안

폐결핵 환자, 기생충 감염 등 환자의 무지에서 오는 질병과 분명히 고칠 수 있는 병인 것을 알면서도 치료비가 없어서 귀중한 생명을 잃게 되는 현실은 의학적인 문제이기에 앞서 사회적인 문제라고 하겠다.

3.2.3 비교하고 대조하는 능력

이 능력은 어떤 능력?

— 이 능력은 두 가지 이상의 사실, 대상, 현상, 생각 등을 서로 견주어 볼 수 있는 능력이다. 비교하기란 이들 사이의 공통점을 찾아내는 능력이고, 대조하기란 이들 사이의 차이점을 찾아내는 능력이다. 비교하고 대조하기를 통해서 우리는 어느 것이 얼마나 나은지, 또 어느 것이 얼마나 못한지를 판단할 수 있게 된다. 그런 점에서 비교하고 대조하는 능력은 평가하는 능력, 비판하는 능력 등으로 발전해가는 전 단계 능력이라 할 수 있다. 물론 이 모두는 논리적 사고와 논리적 언어 능력에 해당하는 것이다.

이 능력을 기르는 방법

— 이 능력은 '비교하는 기준을 설정할 수 있는 능력'을 갖추는 데서 출발해야 한다. 비교 기준이 반듯하지 않으면 논리에 맞는 비교하기가 불가능하다. 가령 한국과 미국을 비교할 때, 한국의 인구와 미국의 국토 면적을 서로 비교하는 것은 의미가 없다. 이렇게 비교 기준이 다르면 비교는 아무런 의미가 없다.

— 비교 기능(공통점 찾기 기능)과 대조 기능(차이점 찾기 기능)을 꾸준히 개발해 나가면, 평상시에는 발견하기 힘든 것들을 볼 수 있게

된다. 즉 일상의 고정관념을 깨는 창의적 아이디어를 얻을 수 있다. 토론도 그 내용이나 방법에서 창의적 식견을 가진 쪽이 훌륭한 토론 능력을 발휘할 수 있다.

+ 참조할 만한 자료나 사례

• **축구 경기와 야구 경기를 비교하고 대조해 보자.**

1) 비교 목적: 두 경기의 특징을 더욱 뚜렷이 정리하기 위해서

2) 비교 기준을 마련해 보자.
   ① 선수 인원   ② 복장
   ③ 심판   ④ 득점 방식
   ⑤＿＿＿＿＿＿＿＿＿   ⑥＿＿＿＿＿＿＿＿＿
   ⑦＿＿＿＿＿＿＿＿＿   ⑧＿＿＿＿＿＿＿＿＿

3) 축구 경기와 야구 경기의 공통점 찾기

4) 축구 경기와 야구 경기의 차이점 찾기

5) 비교 결과를 토대로 하나의 주장을 만들어보고, 1분 정도의 주장을 해 보자.

• **비교 및 대조하기 사고 훈련을 오래 지속하여, 이런 사고 능력을 잘 발달시킨 학생에게 '흥부와 놀부의 공통점'을 찾아보게 한 결과 다음과 같은 창의적이고 기발한 답이 나왔다.**

   "두 사람 모두 팔자(운명)의 기복이 너무 심하다."

→ **이 답변이 품고 있는 논리적 우수성, 언어 표현적 창의성을 구체적으로 지적해 보자.**

이 능력은 어떤 능력?

― 이 능력은 주장을 만들고 이끌어 가는 과정을 보다 충실하게 하는데 필요한 능력이다. 토론에서 어떤 주장은 그것을 밑받침하는 자료가 모자라거나 주장을 빚어내는 과정이 단조로우면 주장 자체도 빈약해 보인다. 또 그런 주장은 논리성도 약하고 듣는 사람에게 믿음을 주기도 어렵다.

― 이 능력은 주장을 강화해 가는 과정에서 토론자가 지니고 있는 이론적이고도 원리적인 지식과 실제로 겪었던 경험을 서로 잘 조화시키는 능력이다. 이렇게 융합해서 얻어낸 논리나 인식은 그만큼 설득력이 강한 것이 된다.

이 능력을 기르는 방법

― 경험과 지식을 융합하는 능력은 토론자가 결론을 만들어 가는 과정에서 꼭 필요한 능력이다. 논리상으로나 내용상으로 결론이 타당하다는 것을 보장해주는 데 기여하는 능력이다.

― 다음 세 단계의 활동을 순차적으로 해 보게 하여 '경험 + 지식'의 융합 활동이 가지는 토론 효과를 인식하도록 한다.

1) 직접 몸으로 겪었던 경험만을 자료와 논거로 해서 결론을 만들어 보는 활동을 해 보게 한다.

2) 경험 아닌 일반적이고도 원리적 지식만으로 논거를 만들어 결론을 만들어 가는 활동을 해 보게 한다.

3) 경험과 지식을 융합함으로써 얻게 되는 논거를 통하여 결론을 만들어 가는 활동을 해 보게 한다.

• 다음의 경험 자료와 지식 자료를 융합하여 자신의 생각과 주장을 결론으로 만들어 제시해 보시오.

경험 자료

고속도로에서는 버스전용로가 있습니다. 휴일이나 교통이 복잡할 때 대중교통 수단인 버스나 승합차를 이용하도록 권장하기 위한 제도입니다. 버스나 승합차는 전용도로로 달릴 수 있으니까 덜 막힐 수가 있지요. 그런데 일반 승용차들이 가끔 버스전용차로에 들어 와서 교통질서를 어지럽히는 일이 있습니다. 교통경찰을 잠시 속이는 짓이지요. 물론 발각되면 큰 벌금을 물게 되지요.

지식 자료

기본적인 인권에는 행복추구권(幸福追求權)이 포함되어 있어, 법률에 의거하여 누구든지 동등하게 행복해질 권리를 가지고 있다고 보고 있다. 행복추구권은 천부인권 사상가인 로크(J. Locke) 등이 주장하였으며, 근대 인권선언의 초기에 주장되었던 기본권들 중의 하나이다. 이 행복추구권은 다른 사람의 행복추구권을 부당하게 침투하지 않는 한, 제약을 받는 일이 없다. 다른 표현을 쓰자면, 어떻게 자신의 행복을 추구하든 간에, 다른 사람의 행복을 침해하지 않도록 주의를 기울일 필요가 있다는 것이다. (위키백과사전)

─────────────

지도 길잡이

1. 버스전용차로제는 일부 사람들의 행복추구권을 침해하고 있다는 쪽으로 결론을 내리는 경우
2. 버스전용차로제는 모든 사람들의 행복추구권을 잘 보장하고 있다는 쪽으로 결론을 내리는 경우
3. 버스전용차로제는 행복추구권과 아무런 상관이 없다는 쪽으로 결론을 내리는 경우
이 모든 경우마다 각기 그 결론을 내리는 과정에서 경험 자료와 지식 자료를 종합할 때의 논리적 초점이 어떻게 만들어졌는지를 살피고, 종합의 정당성 또는 부당성을 함께 토론해 보도록 한다.

3.3 반대 토론 능력

3.3.1 상대 주장을 요약하는 능력

이 능력은 어떤 능력?

— 이 능력은 토론에서 상대의 주장을 핵심만 추려서 요약하는 능력
이다. 이 요약하기는 글을 요약하는 것이 아니라 말을 요약하는 것
이기 때문에 듣기 능력이다. 그리고 말의 내용이 일상 담화가 아닌
일정한 주장과 근거를 논리적으로 담고 있는 말을 요약하는 것이
기 때문에 인지적 수준이 높은 고도의 듣기 능력이라 할 수 있다.

— 이 능력은 상대의 말을 들으면서 상대의 나에 대한 공격 의도와
방향을 탐지할 수 있는 능력이다. 동시에 상대의 담화가 지닌 논리
적 결함 등 내가 반박해야 할 요소에 대한 것을 탐지할 수 있는 고
도의 전략적 듣기 능력이며 의도적 듣기 능력이다.

이 능력을 기르는 방법

— 듣기는 한 번밖에 들을 수 없는 시간적 제한이 있다. 특히 상대 주
장의 허실을 섬세하게 간파해야 하는 토론에서의 듣기는, 메모하
며 듣는 습관을 확실하게 가지도록 한다. 상대의 주장 내용만 메모
하는 것이 아니라, 나의 반박 전략까지 함께 고려하면서 메모를 해
야 할 것이다. 따라서 상대 주장을 들을 때 메모할 사항을 체크 리
스트로 만들어 토론에 임하도록 한다.

상대 주장을 요약하기 위한 메모하며 듣기의 체크 리스트

1) 상대의 최종 주장을 한 문장으로 적어본다.

2) 상대가 주장을 위해 동원하고 있는 논거가 무엇인지 파악하여

메모한다.

3) 동원한 자료나 예시가 사실에 부합하는 것인지 판단하여 메모
한다.

4) 상대가 사용하고 있는 논증의 방법이 적절한지 판단하여 메모
한다.

5) 나의 반박 가능성을 염두에 두면서 메모한다.

실제로 수행된 토론에서의 주장 자료(동영상)를 실습 자료로 해서
상대방 주장 요약하기 활동을 반복적으로 해 본다. 체크 리스트는
처음에는 표준 리스트를 제공해 주되, 나중에는 학생들 자신의 필
요에 따른 체크 리스트를 스스로 만들어 적용하도록 한다.

+ 참조할 만한 자료나 사례

• 상대 주장을 요약하는 활동 사례

1단계 활동 찬성측 토론 주장자가 자기가 주장할 내용을 '주장 발언 계획서'로 간략하게 작성한
다. 여기에는 1) 주장, 2) 논거들, 3) 언급할 사례, 4) 논리 전개 방식, 5) 발언의 효과(또는 전략),
6) 시간 배분 등등이 포함된다. 발언 계획서에 포함시킬 사항은 학습 상황에 따라 얼마든지 조
정될 수 있다.

2단계 활동 찬성측 토론 주장자는 '주장 발언 계획서'대로 발언하고, 반대측에서는 찬성측의 주
장을 들으며 그 내용을 메모하며 요약한다.

3단계 활동 찬성측의 '주장 발언 계획서'와 반대측의 '요약 메모'를 서로 바꾸어서 보며, 찬성측
은 반대측의 메모가 얼마나 자신의 발언 의도를 제대로 파악했는지 평가한다.

4단계 활동 반대측은 찬성측의 '주장 발언 계획서'를 보고, 자신들의 메모하며 요약하기가 구체
적으로 얼마나 성공했는지를 평가하게 한다.

이 능력은 어떤 능력?

— 이 능력은 상대가 말의 정확한 뜻을 알고 그 말을 구사하는지를 검증할 수 있는 능력이다. 당연히 검증하는 본인도 말의 정확한 뜻을 알고 있어야 가능하다.

— 모든 말은 한 가지 뜻으로만 사용되지는 않는다. 한 말이 가진 여러 가지 뜻을 알고, 토론에서 그것이 서로 혼동되지 않도록 사용할 수 있는 능력을 의미한다.

— 같은 '죄인'이란 말이라도 법정에서 판사가 쓰는 '죄인'과 설교에서 목사가 쓰는 '죄인'은 상당히 다른 의미를 가진다. 그럼에도 토론자가 이것을 구분하지 않고 한꺼번에 자기 마음대로 쓰면 말 사용의 오류를 범하게 되는데, 이런 오류를 발견해 내는 능력이다.

이 능력을 기르는 방법

— 하나의 말이 여러 의미로 쓰이는 경우를 1) 사전적 의미로도 이해하고, 2) 실제 사용하는 구술 문장으로도 익히게 한다. 2)의 방식에 더 비중을 두고 연습하게 한다.

— 혼동하기 쉬운 말들을 스스로의 힘으로 찾게 하고(예: 시험/검사, 자본/돈, 세상/세속, 공부/학습, 심장/염통 등), 다양한 짧은 글짓기 활동을 한다.

— 직설적 의미와 비유적 의미의 차이를 익히도록 한다. 토론에서도 비유적 의미를 사용함으로 인해, 말의 뜻을 가지고 토론자들 사이에 논란을 벌이는 경우가 많이 발생한다.

• 다음 두 토론자가 사용하고 있는 말로 '성공'이란 말은 어떤 차이가 있는지 알아보자. 만약 그 차이를 발견했다면, 두 토론자는 각기 상대방에 대해서 '성공'이란 말을 그렇게 쓰면 어떤 문제가 있음을 지적하고 반박하는 말을 했을지 예측해 보자.

토론자1 성공은 사람을 불행으로 이끌 수 있습니다. 불행한 시기에 사람들은 연대 의식을 느끼며 단결하지만, 행복한 시기엔 분열합니다. 왜 그럴까요? 힘을 합해 성공하는 순간, 각자 자기 공적에 비해 보상이 부족하다고 느끼기 때문입니다. 저마다 자기가 공동의 성공에 기여한 유일한 공로자라고 생각합니다. 그런데 보상에 불만이 생기면서 소외감에 빠집니다. 친한 사람들을 갈라놓는 가장 좋은 방법은 그들에게 공동의 성공을 안겨주는 것입니다. 얼마나 많은 가족이 상속을 둘러싸고 사이가 벌어집니까? 한 보컬 그룹이 연예계에서 성공한 다음 그 그룹이 함께 남아 있는 경우가 얼마나 됩니까? 얼마나 많은 정치 단체들이 권력을 잡은 후에 분열합니까?

토론자2 성공은 사람을 행복으로 인도합니다. 성공이란 무엇입니까? 소망하던 꿈을 이루어내었다고 해서 그것이 곧 성공은 아닙니다. 소망을 이루면서 동시에 자신의 정신과 인격 또한 최상의 경지로 오르는 것입니다. 큰 유산을 상속받아서 성공한 것이라 할 수 없습니다. 그 뒤에 마음이 나태하고 불행해질 수 있습니다. 대중의 인기를 얻었다고 성공한 것은 아닙니다. 언제 다시 인기가 사라질지 몰라 불안합니다. 그것을 성공이라 할 수 없습니다. 무엇을 이루었다고 해서 다 성공이 아닙니다. 그 이룬 것 때문에 이전에 없던 불만과 소외를 가져다주고, 마침내는 이루기 전보다 행복하지 않다고 느끼게 된다면, 그것은 성공이 아닙니다. 진정한 성공은 바라던 것을 이루는 것에 더하여 자신의 마음이 평안하고 정신이 자유로워서, 어떤 걱정이나 불안에서도 벗어날 수 있는 것을 말합니다.

지도 길잡이

토론자1이 토론자2에게 반박하기: 그런 완벽하고 완성된 성공은 존재하지 않는다. 그런 성공은 실제로는 없는 허상의 말이다. 없는 뜻을 담은 말은 잘못된 말을 사용하는 것이다.

토론자2가 토론자1에게 반박하기: 성공이란 사람을 행복하게 만들어 주어야 하는데, 그렇게 불안하고 불행한 것을 '성공'이라고 말하는 것은 말을 잘못 사용하는 것이다.

이 능력은 어떤 능력?

— 상대의 진술에서 논리적으로 앞뒤가 안 맞는 내용을 찾아내는 능력 중에 하나이다. 상대의 주장에 동원된 논거가 잘못되었음을 밝히는 능력은 토론에서 가장 중요한 능력이다.

— 이 능력에는 1) 논거가 사실 오류인 것을 밝혀내는 능력과 2) 논거 사용에서 논리가 맞지 않음을 밝히는 능력 등이 있다. 1)의 능력은 지식이 많아야 가능하고, 2)의 능력은 어떤 현상을 논리적으로 이해하고 생각하는 논리적 사고력이 있어야 한다.

이 능력을 기르는 방법

— 토론에서 사용하는 자료들의 출처를 명확하게 밝히거나, 자료의 출처를 질문하는 훈련을 하도록 한다. 이렇게 하면 논거의 사실적 오류를 어느 정도 막을 수 있다.

— 일종의 기초 학습이라 할 수 있는 논리 훈련으로서, 삼단논법, 연역적 추론, 귀납적 추론 등에 대한 원리를 익히고 실습한다. 실습의 자료는 처음에는 학습 활동지 등을 사용하지만, 익숙해지면 실제 토론의 동영상 자료가 가장 바람직하다.

— 상대가 동원하는 논거와 논거 사이에 불일치 내지는 모순을 발견하게 하는 훈련을 지속적으로 한다. 이런 훈련은 지속성을 통해 마침내 몸에 붙는 기능으로 습득된다.

• 다음은 미국의 부통령 후보이었던 페일린이 CBS 등 미국 TV 방송과의 인터뷰에서 말한 내용이다. 이 주장을 보고 다음 물음에 답해 보자. 그리고 논거의 잘못을 지적해 보자.

"내가 주지사로 있는 알래스카주가 러시아와 가까워 나는 외교정책을 잘 수행할 수 있다."

1) 페일린의 발언의 핵심 주장은 무엇인가?

2) 그 주장을 밑받침하는 논거는 무엇인가?

3) 이 논거가 적절치 못한 이유는 무엇인가?

지도 길잡이

알래스카주와 러시아가 지리적으로 가깝기 때문에 알래스카 주지사를 한 자신이 러시아를 향한 외교를 잘할 수 있다는 것은, 이 발언만으로는 증명이 되지 않는다. 알래스카와 러시아가 가까운 것과 페일린이 외교를 잘한다는 것은 아무런 연관성이 없다. 적어도 이 발언만으로는 어떤 증거도 발견할 수 없다. 일본과 가장 가까운 데 있는 부산시장이 일본 외교를 가장 잘할 수 있다는 주장을 받아들일 수 없는 것과 마찬가지이다. 국민들을 설득할 수 있는 다른 근거를 들어야 한다.

이 능력은 어떤 능력?

— 토론에서 반대 심문을 성공적으로 하기 위해서는 반대 심문을 통해 상대의 결함이 드러나도록 하는 능력이 필요하다. 이는 상대가 나의 심문에 대답하는 과정에서 자연스럽게 허점이나 논리적 부족이 드러나도록 유도하는 능력이다.

— 이 능력은 상대가 전개한 주장 속에 숨어 있는 논리적 모순이나 사실의 오류를 분석적으로 파악하는 능력이 전제되어야 한다. 먼저 분석적인 파악이 있어야 심문할 때에 그 분석에 따라 여러 개로 배치해 놓은 질문들을 전략적으로 구성할 수 있다. 그리고 그런 반대 심문 전략에 따라 상대가 어쩔 수 없이 자신의 결함을 드러내 보이게 되는 것이다.

이 능력을 기르는 방법

— 상대 주장이나 논거에 결함이 있는 것을 발견했을 때, 그 결함이 상대에 의해서 자연스럽게 드러나도록 하기 위해 질문(반대 심문)을 어떻게 해야 할지, '질문(반대 심문) 전략'을 짜 보도록 한다. 이를 실제 토론에서 잘하기 위해서는 평상시 이런 방식으로 '토론 전략 짜기' 실습 활동을 하여 몸에 배도록 한다.

— 예상되는 오류나 문제를 두고 상대에게 3회 이상 연속성을 살려서 질문(반대 심문)할 수 있는 활동을 한다. 이 활동은 '단발성 질문 → 2회 연속 질문 → 3회 연속 질문 → 4회 이상 질문' 등으로 확장할 수 있다. 이때 질문(반대 심문)은 단순히 횟수만 늘리는 것이 아니라 전략적이어야 하며, 상대를 계속 파고들어 논리적으로 공박하는 효과를 얻도록 짜야 한다.

• 다음은 '사형 제도의 타당성'을 주장하는 토론 내용의 일부분과 그것에 대한 토론 평가를 제시해 놓은 것이다. 이를 참고하여 〈토론 주장 내용〉이 지니는 논증상의 잘못과 내용의 부족함을 3회 연속의 질문(반대 심문)을 통하여 드러내 보자.

토론 주장 내용

　사형 제도가 있음으로 해서 흉악한 범죄는 확실히 줄어든다. 사형은 범죄자들의 사라진 양심을 바르게 환기시키고, 범죄자들로 하여금 죽음에 대한 공포심을 불러일으켜, 자기도 모르는 사이에 죄를 짓지 말아야 한다는 생각을 가지게 하는 것이다. 즉 마음의 억제력을 가지게 해준다. 따라서 사형 제도는 사회의 건강성을 향상시킨다. 사형은 인간 사회의 이성적 정신에 기반을 둔 바람직한 제도이다.

토론 내용에 대한 검토 및 평가

1) 이 주장은 논거가 제시되어 있지 않거나, 제시는 되었다 하더라도 매우 빈약하다.

2) 자기주장(혹은 신념)이 왜 타당한지를 밝히는 근거를 제시하지 않았다.

3) 이 주장은 논거 없이 주장만을 반복하게 되어 의문만 불러일으킨다.

4) 이 주장은 구체적 증거는 없이 막연히 단정만 내리고 있다.

　　(예: 사형 제도가 범죄자들의 사라진 양심을 바르게 환기시키고 죽음에 대한 공포심을 가져와 범죄 억제
　　력을 가지게 한다는 것)

5) 이러한 주장(사형 제도가 범죄자들의 양심을 바르게 환기시키고 죽음에 대한 공포심을 가져와 범죄
　　억제력을 가지게 한다는 주장)에 대해서는 얼마든지 반론이 있을 수 있다.

3.4 비판적 사고 능력

3.4.1 문제를 발견하는 능력

이 능력은 어떤 능력?

— 이 능력은 어떤 대상이나 현상을 그냥 당연한 것으로 지나치지 않고 그 속에 내재하는 어떤 문제(잘못된 요소)를 찾아내는 능력이다. 이 능력을 발휘하려면 대상이나 현상의 겉만 보지 않고, 심층에 숨은 요소를 볼 수 있는 능력이 있어야 한다.

— 비판적 사고와 관련해서 '문제 발견 능력'을 말할 때의 '문제'란 그것이 이후에 어떤 좋지 않은 결과를 가져올 것으로 보이는 것을 뜻한다. 따라서 문제를 발견한다는 능력 속에는 이미 무언가 비판적으로 생각하고 예견하는 능력이 전제되는 것으로 볼 수 있다.

— 토론에서 주장을 하고 상대를 반대 심문하고 반박하는 과정들은 대부분 비판적 사고를 요구한다. 이때의 '비판하기'는 '평가하기'와 같은 정신 활동으로 이해할 수 있다.

이 능력을 기르는 방법

— 문제 발견하기는 1) 현상 자체를 엄밀하게 들여다보고 '문제'를 찾기 위해 관찰하는 활동, 2) 그 현상에서 '문제'가 일어난 원인을 주의 깊게 살피는 활동, 3) 이 현상에서 어떤 '문제'로 인한 결과를 예측하고 파악하려는 활동 등을 통하여 그 능력을 기를 수 있다.

— 문제 발견하기 능력은 이제껏 당연하고 문제없다고 생각하던 것에 대해서, 새삼스럽게 의문을 품고 문제를 제기해 보는 사고가 습성화되는 데서 길러질 수 있다. 토론에 대한 적극적 태도를 지닌 사람에게서 먼저 문제 발견 능력이 개발된다.

토론에서는 문제 발견의 태도와 능력을 가진 사람이 상대 주장의
허점이나 모순을 더 민감하게 잡아낼 수 있고, 이것을 바탕으로 더
의미 있는 비판을 할 수 있다.

＋ 참조할 만한 자료나 사례

• 토론에서 어떤 종류의 주장에 대해서도 문제를 발견하겠다는 태도를 가지고 직접 문제 발견 활동을 자주 해
보도록 한다. 이 경우 두 가지로 나누어서 접근한다. 하나는 토론 주제나 내용과 관련해서 문제를 발견하게 하
는 것이고, 다른 하나는 토론자의 주장에서 토론 논리상의 어떤 문제를 발견하고 비판하는 것이다. 이 두 가지
를 두루 경험해 보도록 한다.

• 다음은 토론에서 조기 외국어 교육의 필요성을 주장한 것이다. 내용상의 문제와 추론상의 문제를 각각 한 가
지씩 발견하여 지적해 보자.

어린 시절부터 외국어를 배워야만 비로소 그 외국어를 자기 자신의 언어로 완전히 소화할
수 있다고 많은 언어교육학자들이 강조하고 있다. 특히 외국어 학원을 경영하는 사람들 대부분
이 이러한 견해에 동감하고 있으며, 물리학자 ㅂ씨도 '언어는 빨리 배울수록 좋다.'는 점을 주장
하고 있다.

지도 길잡이

내용상의 문제: 모든 지식과 기술은 다 어린 시절부터 배우면 효과가 있다는 점에서 조기 교육의 효과가 외국
어 학습보다 더 중요할 수 있는 분야를 함께 고려하지 못하고 있다.
추론상의 문제: 이 주장은 권위 있는 사람의 의견을 인용함으로써 자기주장을 정당화하려 한다. 그 권위자가
조기 외국어 이슈에 민감한 이해관계를 가지고 있는 외국어 학원 경영자들이라는 점, 또 외국어 교육 전문가가
아닌, 물리학자라는 점에서 조기 외국어 교육 주장을 밑받침하는 논거의 신뢰가 떨어지고 있다. 즉 이 주장은
엉뚱한 권위에 호소하여 논거를 마련하고 있는 것이 문제이다.

이 능력은 어떤 능력?

— 토론에서 비판적 능력이란 여러 가지 준거에 의해서 대상(현상)을
분석함으로써 비판할 수 있는 능력이 되어야 한다. 준거에 의한 객
관적 분석 없이 비판하는 것은 부당한 공격이 되거나, 지나친 자기
합리화에 빠지기 쉽다.

— 비판 준거를 세우는 능력은 비판을 공정하게 할 수 있는 능력을
갖게 한다. 좋은 토론은 주장이나 반박의 언어가 신랄하고 짜릿한
데 있는 것이 아니라, 상대의 주장과 가치와 태도 등을 평가하거나
비판할 때, 그 준거가 합리적이고 공정한지에 달려 있다.

이 능력을 기르는 방법

— 토론에서 여러 가지 비판적 주장이나 평가하는 말을 두고, 이들
비판(평가)이 얼마나 객관적인지 평가해 보게 한다. 평가하는 말에
대한 평가, 즉 평가의 평가를 해 보도록 하는 것이다. 이 과정을 통
해서 비판과 평가에는 객관적 준거가 필요함을 익히게 된다.

— 이어서 비판(평가)에 동원된 준거가 타당한 것인지 판단하는 훈련
을 하게 한다.

— 그런 다음에는 학생들 자신이 새로운 준거를 만들어서(그 비판 담
화에서 사용된 준거와는 다른 준거를 가지고) 다른 차원의 비판을 해 보
도록 한다.

• 토론에서 다음과 같은 현상을 비판하려고 한다. 이러한 비판이 바람직하게 이루어지기 위한 비판의 준거를 생각해 보자.

  1) 무분별한 외국어 사용 현상 비판하기

  2) 날림 공사로 인한 대형 건축물의 붕괴 현상 비판하기

  3) 우리나라가 교통사고 사망률이 높은 나라로 나타난 현상 비판하기

  4) 일상생활에 과학적 사고가 뿌리내리지 못하고 있는 현상 비판하기

  5) 20세기 초 일본 제국주의의 한국 침탈 현상 비판하기

지도 길잡이

비판의 준거란 무엇인가. 그것은 비판하기 위한 근거를 말한다. 아무런 근거도 없이 무턱대고 비판할 수야 없지 않겠는가. 내용상의 오류를 비판할 때는 명백한 사실 그 자체가 비판의 준거로 된다. 또 윤리적 당위성이 비판의 준거로 동원될 때가 많다. 또 실용적 이점이나 과학적 원리 등이 비판의 준거로 동원되는 경우도 많다.

어떤 준거를 동원할 것인가를 결정하는 일은 토론자가 결정하게 되는데, 이는 토론 전략을 결정하는 중요한 것이다. 위의 현상들을 비판하는 데에는 다음의 준거들을 설정할 수 있다. 물론 이보다 더 정교한 준거들을 더 많이 동원할 수도 있다.

  1) 문화적 주체성이 있어야 한다.
  2) 작은 것에서부터 정직과 성실을 다하는 태도가 필요하다.
  3) 자연생태계든 인간 사회든 질서가 파괴되면 생명이 파괴된다.
  4) 과학적 생활방식이 우리의 삶을 건전하게 하고 발전시킨다.
  5) 자기 나라의 이익을 위해 남의 나라의 주권과 자원을 탈취하는 것은 나쁜 짓이다.

3.4.3 가치를 옹호/비판 하는 능력

이 능력은 어떤 능력?

— 이 능력은 어떤 사실, 생각, 현상 등이 옳은지 그른지를 합리적으로 따질 수 있는 능력이다.

— 이 능력은 토론자가 어떤 대상(현상)을 평가할 수 있는 능력이다.

— 이 능력을 잘 발휘하려면 '평가적 사고'가 필요하다. 이 능력은 '평

가적 능력'으로 이해해도 좋다.

— 어떤 대상(현상)과 관련해서 좋은 가치와 나쁜 가치를 발견하고, 그것을 평가하는 능력은 '평가적 능력'이면서 동시에 '비판적 능력'이다. 비판적 능력(비판적 사고)은 대상에 대한 부정적 가치를 판단하는 능력만을 의미하지는 않는다. 대상에 대한 긍정적 가치를 파악하는 능력도 당연히 포함된다.

이 능력을 기르는 방법

— 가치를 옹호하거나 비판하는 능력을 기르려면 토론자는 반드시 자기의 옹호에 대한 구체적 결과, 그리고 자기의 비판에 대한 해결책이나 대안(代案)을 함께 생각하는 훈련을 쌓아야 한다. 이렇게 해야 옹호의 가치이든 비판의 가치이든 그것의 전체적인 모습과 작용을 상대방에게 보여줄 수 있기 때문이다.

— 특히 실제 토론에서 비판 그 자체만 하는 것보다는 대안과 해결방안을 은연중에 함께 드러내면서 상대의 가치를 비판(나의 가치를 옹호)하는 것이 청중에게 큰 설득력을 가지게 된다. 옹호를 위한 옹호, 비판을 위한 비판으로 토론이 흘러가서는 안 된다.

— 가치 옹호는 실제적 효과를 보여 줄 수 있는 데까지 토론 준비가 되어야 하고, 가치 비판은 대안성이 있는 비판인지를 살펴보도록 한다. 실제 토론에서 상대의 비판이 '비판을 하기 위한 비판'임을 지적할 수 있다면 큰 성과를 거둔 토론이라 할 수 있다.

• 다음에 소개하는 내용을 참조하여 비판적 사고를 해 본 다음에, 가치와 관련되는 주장을 해 보자.

우리나라는 해마다 2천 명이 넘는 귀한 생명을 익사 사고로 잃는다. 작년에만도 2,490명의 귀한 생명이 익사했다. 이 숫자는 당뇨병으로 죽는 사람 수의 55%에 이르고, 연탄가스나 농약 중독으로 죽는 사람의 136%에 이른다. 계절별로 보면 여름철이 52%로 가장 많고, 봄에는 17.8%, 가을은 18.5%, 겨울은 11.2%를 차지한다.

익사자의 나이를 보면 대부분 꽃다운 젊은 나이이기에 더욱 가슴 아프다. 작년 강원도 지역에서 있었던 익사자들의 연령을 보면 11세부터 30세까지가 61%로 단연 으뜸이고, 10세 미만 어린이가 20%를 차지하고 있다. 꽃다운 나이로 익사한 사람이 81%라는 계산이 나온다.

지도 길잡이

이 자료 자체가 이미 어떤 비판적 시각을 은연중에 내비치고 있다. 수상 안전에 상당한 문제가 있다는 점을 우선 비판해 볼 수 있고, 우리 국민들의 안전 의식 문제도 비판의 대상으로 떠오를 수 있다. 특히 여름철 휴가 시 물가를 찾을 때, 충분한 안전 장비와 준비를 갖추지 못하고 있는 실태도 비판할 수 있다. 전반적인 안전 교육 체제가 소홀하다는 점도 비판의 논점으로 제기할 만하다.

이와 같은 비판적 주장을 제시하려면 자료에 나타난 통계 수치를 분석하는 사고 과정을 거쳐야 하며, '생명은 가장 소중하다.', '젊은이들의 생명은 국가의 미래 자산이다.', '안전 관념이 부족한 나라는 선진국이 아니다.' 등등의 비판 준거를 먼저 설정해야 할 것이다.

3.5 토론 과정을 조정하는 능력

3.5.1 유지해 온 입장 조정하기 능력

이 능력은 어떤 능력?

— 이 능력은, 이 능력의 상위 능력에 나타난 대로, 토론 과정을 토론 중에 토론자 자신이 조정할 수 있는 능력이다. 유능하고 우수한 토론자는 토론에 참여하면서 토론의 흐름을 읽을 수 있는 능력이 있어야 한다. 토론의 흐름을 읽는 능력은 토론 전체의 움직임과 변화

를 파악하는 일종의 상위 인지 능력이라 할 수 있다.

— 이 능력은 토론 중에 자신의 토론 행위와 전략을 자신이 중간 평
가할 수 있는 능력이기도 하다. 유의할 것은 이 자기 평가의 중요
성이 평가 결과 자체보다, 평가 결과를 자기 스스로에게 피드백
(feedback)하는 데에 있다는 점이다.

— 나무만 보고 숲을 보지 못하는 토론은 답답한 토론이 되기 쉽다.
토론 참여자는 지금 나타나고 있는 토론의 흐름을 파악하고, 그것
에 대비하여 그때그때 효과적인 토론 전략을 마련하기 어렵다. 그
때그때 적합한 토론 전략이란 다른 것이 아니다. 토론자 자신이 유
지해 온 주장이나 논지나 토론 전략을 토론 중간에 조정할 수 있는
능력에서 나온다. 왜 중간에 조정하는가. 중간에 조정하지 않고서
는 토론을 성공적으로 이끌 수 없다고 판단하기 때문이다.

이 능력을 기르는 방법

— 토론자가 토론 중에 유지해 온 입장을 조정하는 능력은 우선 토론
의 흐름을 예측하는 능력이 있어야 한다. 승패를 결정하는 토론 상
황에서는 토론의 흐름 예측이란 것은 토론자 자신이 이길 것인가
질 것인가 하는 판단과 맞물려 있다. 이런 판단은 토론 진행 과정
내내 토론자들을 인지적으로 정의적으로 지배하는 조건이기도 하
지만, 토론 능력 면에서 본다면, '유지해 온 입장을 어떻게 조정할
것인가' 하는 매우 역동적인 토론 능력에 해당한다. 따라서 이 능
력은 토론 전략을 수정 발전시켜 나가는 과정과 능력으로 볼 수 있
어야 한다.

— 토론자가 토론 중에 유지해 온 입장을 조정하는 방향은 크게 세
가지이다. 1) 유지해 온 입장을 그 수준에서 계속 잘 유지하기 전

략, 2) 유지해 온 입장을 바꾸지는 않되 획기적으로 강화하는 전략, 3) 유지해 온 입장을 변경하거나 수정하기 전략 등이 바로 그것이다.

이 능력은 철저하게 실제의 토론 현장을 중심으로 실습하면서 훈련되어야 한다. 토론 중에 부여받을 수 있는 '팀원 간 전략 협의 시간'은 바로 이런 조정 능력을 실제로 적용하고 실천해 보는 과정이다. 실제 실습 토론에서 '팀원 간 전략 협의 시간'을 어떻게 운영했는지를 반성적으로 검토하고 평가하는 활동을 반드시 가지도록 해야 한다.

+ 참조할 만한 자료나 사례

• 토론의 흐름을 확실하게 진단하고, 토론자가 유지해 온 입장을 어떻게 조정할 것인가를 모색하려면 다음의 사항들을 좀 더 명료하게 파악하고 확인해 두어야 한다.

찬반 토론의 경우

1) 논의의 주제(대상)가 무엇인지를 참가자들이 제대로 인식하고 있는가.
2) 각자가 다른 쟁점을 얘기하거나 다른 관점에서 반응하고 있지는 않은가.
3) 나는 잘못된 전제로 잘못된 주장을 펴고 있지는 않았나.
4) 나 자신의 진정한 토론 동기를 내가 잘 인식하고 있는가.
5) 처음 설정했던 쟁점들이 변질되지 않고 살아 있는가.
6) 우리측 주장과 근거가 비교적 성공적으로 전달되었는가.
7) 현 토론 시점에서 나와 상대의 결정적 실수는 무엇이었는가.
8) 이 토론은 이길 수 있는가. 만약 진다면 어떤 조치가 필요한가.

문제를 협의하여 해결해야 하는 토의의 경우

1) 당면한 쟁점은 정확히 무엇인가?
2) 사실의 오류는 없는가?

3) 함께 추구하는 해결책은 어떤 것인가?(어떻게 해야 모두 만족할 수 있는가?)

4) 어느 정도까지 서로 의견이 일치하는가?

- 사실관계가 옳다는 데 합의하는가?
- 사실들의 해석이 일치하는가?
- 사실들에 대한 태도가 일치하는가?

5) 의견이 어느 정도까지 일치하지 않는가?

- 어떤 사실들에 대해 의견이 일치하지 않는가?
- 의견의 불일치는 견해가 서로 다르기 때문인가?
- 사실과 의견을 혼동하는 것은 아닌가?

3.5.2 상대편 수용 및 절충하기 능력

이 능력은 어떤 능력?

— 이 능력은 '내가 사용하고 있는 정보나 아이디어나 해결책'과 '내가 전혀 사용하지 않았던 다른 정보나 아이디어나 해결책'을 서로 종합하고 절충하여 '제3의 아이디어나 해결책'을 만들어내는 능력이다. 크게 보면 일종의 창의적 사고 능력이라 할 수 있다.

— 이 능력은 인지 면에서는 '종합하는 능력'에 해당한다. 그리고 태도 면에서는 상대를 허용하고 내 것을 양보하는 태도가 반드시 수반되어야 한다. 성격적으로 배타적이고 고집이 센 사람은 이런 능력을 잘 발휘하려 하지 않는다.

이 능력을 기르는 방법

— 모든 사물과 현상은 눈에 보이든 안 보이든 여러 가지 관계를 맺고 살아간다. 토론에서 서로 다른 주장과 논거들 사이에도 그런 관계가 생긴다. 관계를 잘 파악할 수 있도록 사고하는 능력이야말로 토론에서 서로 다른 의견을 융통성 있게 종합한다. 그리고 새로운

해석을 하여 찬반을 뛰어넘는 새로운 아이디어를 제시한다. 이것은 분명 훌륭한 토론 능력이 된다.

— 같은 해결책을 두고 토의할 때, 서로 간에 다르게 제기되는 의견과 아이디어는 전체적인 면에서 보면 알게 모르게 관계를 가지게 되어 있다. 이런 문제일수록 관계적 사고를 훈련함으로써 이 능력을 길러야 한다.

— 토의가 아닌 찬반이 분명한 토론에서도 지혜 있는 토론자는 상대의 상반된 주장 내용 중에서 내가 도움 받을 수 있는 요소가 없는지를 살핀다. 왜냐하면 비록 찬반으로 나누어 있기는 해도 토론 주제를 공유하고 있다는 점에서 얼마든지 상대의 생각이나 논거 중에서도 내가 참조할 만한 것들이 있기 때문이다. 이 점을 살필 수 있는 토론자라면 상당한 수준에 도달했다고 볼 수 있다.

+ **참조할 만한 자료나 사례**

관계적 사고를 기르는 방법

1) 어떤 한 생각(또는 개념, 사실 등)이 떠올랐을 때, 그 생각을 둘러싸고 있는 다른 생각(또는 개념, 사실 등)들에는 어떤 것들이 있는지 생각해 본다.

2) 어떤 사물이나 개념을 떠올릴 때, 그것과 대립적인 쌍을 이루는 사물이나 개념을 함께 떠올려 봄으로써, 반드시 짝의 관계로 생각해 보는 버릇을 가지도록 한다.

3) 어떤 복잡한 현상을 설명하려고 할 때는 이와 유사한 다른 현상 중에서 일반에게 익숙한 것이 있는지 확인하고 그것을 유추로 활용해 본다.

4) 두 가지 이상의 사물이나 현상을 반드시 연결지어서 생각해 보고, 둘 사이의 공통점과 차이점을 추출해 본다. 나의 것과 다른 것을 허용해 주는 태도를 기른다.

5) 여러 개의 사물이나 생각이 무질서하게 놓여 있을 때는 이들을 함께 묶을 수 있는 것들끼리 묶어 보는 훈련을 하도록 한다.

이 능력은 어떤 능력?

— 토론을 이끌어가는 리더 능력이다. 토론이 생산성이 있는 활동임을 인식시킬 수 있다. 토론이 갈등을 해소하는 실제적인 방법임을 실천하여 체득하게 한다.

이 능력을 기르는 방법

— 토론 진행 과정에서 양측이 서로 인정하지 않고 있는 상대의 주장들 중 양측이 각각 철회할 수 있는 것들을 합리적으로 제안해 보도록 한다.

— 상대가 반대해 온 나의 제안을 받아들일 수 있도록 이전에 제안한 것을 수정하여 제안하는 활동을 해 본다.

— 최선이 불가능할 경우 차선의 방책을 제시하는 활동을 해 본다.

> **+ 참조할 만한 자료나 사례**
>
> • 다음은 토론의 좋은 점에 대해서 대학생들이 한마디씩 진술한 것을 모은 것이다. 토론이 건설적 대안을 만들어내는 데 얼마나 필요한 것인지를 잘 확인할 수 있다.
>
> • 각자의 생각을 공유함으로써 가장 합리적인 선택을 결정할 수 있다.
> • 같은 것을 다르게 생각하고 생각을 나누는 것은 재밌다.
> • 나 아닌 다른 사람들의 생각을 들을 수 있어 생각의 장이 넓어질 수 있다.
> • 나도 틀릴 수 있다는 생각을 갖게 해 준다.
> • 나만의 생각에 갇혀 있지 않고 남의 생각도 들어 본 후 내 생각과 비교할 수 있다.
> • 나와 다른 생각을 알 수 있어서 편협한 시각에서 벗어날 수 있다.
> • 내 의견을 더 보완할 수 있게 한다.
> • 내 생각을 다른 사람과 함께 더 깊게 생각할 수 있어서 내 생각뿐만이 아니라 다양한 사람의 의견을 들을 수 있다.

- 내 생각을 논리적으로 잘 정리할 수 있기 때문에 토론은 좋다.
- 내가 몰랐던 부분을 알 수 있고, 내가 알고 있던 부분도 더 잘 알 수 있다.
- 내 의견과 일치하지 않더라도 다른 시각을 알 수 있으므로 다른 사람들의 의견도 들을 수 있어서 다양한 시야로 바라볼 수 있다.
- 다른 사람의 생각을 들으면서 견해를 넓히고 내 자신의 생각의 좁음을 반성할 수 있으며, 나 또한 다른 사람들에게 이러한 도움을 줄 수 있다는 것이 좋다.
- 다른 사람의 의견, 주장을 들을 수 있고 다른 관점과 견해를 알 수 있다.
- 다른 사람의 의견을 들으며 좀 더 한 주제에 대한 다양한 시각을 가질 수 있다.
- 다른 사람의 의견을 통해 자신이 알지 못했거나 놓치고 있던 것도 알 수 있다.

3.5.4 토론 진행을 위한 대화 능력

이 능력은 어떤 능력?

— 회의에서 의사 진행 발언을 하듯이 토론에서도 토론의 진행과 관련하여 발언하는 능력을 '토론 진행 대화 능력'으로 칭할 수 있다. 토론 진행 대화 능력을 잘 발휘함으로써 토론의 파행이나 왜곡을 막을 수 있고, 토론을 생산적으로 운영할 수 있다.

— 토론 진행 대화는 사회자에게 할 수도 있고 상대방에게 할 수도 있다. 토론 진행 대화는 토론의 진행 흐름에 대한 제의나 항의 등을 담을 수도 있고, 상대에 대해서는 권고나 만류 등을 할 수 있다.

— 토론 진행 대화는 토론의 진행에 관련되는 말이지만 토론의 내용이나 토론의 전략과 무관하지 않다. 잘 구안된 토론 진행 대화는 토론의 유리한(불리한) 흐름을 바꿀 수도 있다. 특히 토론에서 신사적이지 못한 태도나 의도를 중지할 것을 요구하는 토론 진행 대화는 상대를 심리적으로 위축시키고 우리측을 심리적으로 강화해 주는 효과가 있다.

이 능력을 기르는 방법

— 토론의 실제 장면을 참관하거나 직접 참여하면서 적절한 진행 대
   화의 기능과 효과를 익히도록 한다.

— 토론의 흐름 전반을 이해하고 토론의 분위기를 평가할 때, 적절한
   토론 진행 대화가 필요한 대목을 선정하고, 구체적 대화를 선정해
   보도록 한다.

— 토론 상대의 과도한 감정 노출이나 토론 규칙에 어긋나는 부당한
   토론 수행에 대해서 경고나 시정을 요하는 구체적인 말을 해 보도
   록 한다.

— 자신의 토론 행위 가운데 과도한 감정 노출이나 규칙 위반이 있을
   때, 이를 정중하게 사과하는 구체적인 말을 해 보도록 한다.

+ 참조할 만한 자료나 사례

토론 진행 대화의 몇 가지 사례

• 사회자님, 지금 상대측은 지나치게 감정적인 언사로 인신공격을 하고 있습니다. 제지해 주
  시기 바랍니다.

• 지금 귀측에서는 논제와는 상관이 없는 내용으로 유도성 심문을 하고 있습니다. 논제에 충
  실한 질문을 해 주시기 바랍니다.

• 사회자님, 상대측은 토론 규칙에 어긋나는 휴대전화 사용을 하고 있습니다. 제지해 주시기
  바랍니다.

• 저는 제게 주어진 시간 3분을 2분 정도만 사용하고 나머지 1분은 저희 팀의 세 번째 토론
  자가 사용하도록 하고 싶습니다. 허락해 주실 수 있습니까?

• 조금 전 너무 흥분한 나머지 다소 거친 표현으로 감정적 발언을 했던 점을 사과합니다. 그
  러나 제 본뜻은 사회적 정의감이 중요하다는 데에 있습니다.

• 지금 귀측에서는 저희 쪽에서 드렸던 질문에 제대로 된 답변을 하지 않고 있습니다. 이유
  를 말씀해 주시고, 재차 답변을 요구합니다.

3.6 토론 언어 활용 능력

3.6.1 강조하기 능력

이 능력은 어떤 능력?

— 토론에서 특정한 내용 부분을 강조하는 능력이다. 강조하는 방법
은 크게 두 가지가 있다. 하나는 내용 자체를 수사적으로 강조하는
능력이고, 다른 하나는 그 내용을 말로 수행할 때, 말 수행의 부수
적인 요소를 강조하는 능력이다. 이는 다시 1) 비(非)언어적인 수
행 방법(몸짓, 표정, 움직임 등)으로 강조하는 능력과 2) 반(半)언어적
인 방법(억양, 강세, 어조 등)으로 강조하는 능력으로 나눌 수 있다.

이 능력을 기르는 방법

— 실질적으로 토론을 하면서 토론의 내용에 따라 강조할 대목과 토
론의 분위기 흐름에 따라서 강조해야 할 부분을 찾아보고 직접 실
습하도록 한다.
— 토론 내용과 그것을 음성으로 나타내는 것 사이의 조화가 중요하
다. 1) 내용 자체를 수사적으로 강조하는 능력과 2) 그 내용을 말
로 수행할 때, 말 수행의 부수적인 요소를 강조하는 능력은 실제로
는 함께 나타나야 한다. 내용이 수사적으로 잘 강조되어 있다 해
도, 그 대목을 적절한 음성 수행이 따라주지 못한다면 강조 효과는
없어진다. 또 강조할 내용이나 흐름이 아닌데도 강조된 음성 수행
이 있으면 부자연스럽고 어색하게 된다.

• 토론 언어에서 강조하기의 방법과 적용은 매우 다양하다. 여기서는 토론자가 1) 적절한 감정이입을 하여 말하는 것과 2) 자문자답 방식으로 반박하는 경우를 강조하기 언어의 사례로 소개한다.

감정이입적 말하기

감정이입적 말하기란 청자의 감정과 입장을 고려하여 청자가 공감할 수 있도록 말하는 것이다. 사람들은 자신과 관련된 일에 있어서는 절제되지 않은 감정이 그대로 표출될 수 있다. 특히 토론은 의견 대립이 있는 사람들이 상호작용을 하는 과정이기 때문에 감정을 잘 조절하여야 한다. 학생들이 토론을 할 때 격앙되고 흥분하여 이성적으로 대응하지 못할 뿐만 아니라 토론 후에도 서로 감정이 나빠지는 경우를 가끔 볼 수 있다.

토론자가 격앙되거나 흥분하면 이성적이고 논리적으로 대화가 이루어져야 할 토론이 감정적으로 대립됨으로써 토론을 원만하게 진행할 수 없다. 따라서 절제된 감정으로 상대를 설득하기 위해서 감정이입적 말하기를 미리 연습하는 것이 필요하다.

자문자답 형식으로 반박하기

〔예〕학교에서 65시간이라는 시간을 정해놓고 의무적으로 시키는 봉사활동! 이것이 과연 참된 봉사일까요? 우리 주위에는 여러 모로 어려운 이웃들이 많이 있습니다. 봉사자 자신이 봉사의 필요성을 자각하고 실천하는 것이 필요합니다.

*출처: 장영희, 『토론 능력과 토론 전략』

3.6.2 비유(유추)하기 능력

이 능력은 어떤 능력?

— 비유는 원래 논리적 언어가 아니다. 그럼에도 불구하고 토론에서 자주 적절하게 사용된다. 그것은 비유가 청중들에게 알기 쉽게 내용을 전달함으로써 특별한 인식 효과를 주기 때문이다. 비유 능력은 A라는 대상(내용)을 정면에서 직접 설명하기가 어려울 때, A와 유사한 B를 떠올리게 함으로써 A를 설명하는 능력이다. 비유는 설

명이라기보다는 어떤 이미지를 떠올리게 하는 문학적 표현에 가까운 능력으로 일종의 수사적 능력 또는 감수성 능력이라 할 수 있다. 그러므로 비유를 토론에서 자주 쓰는 것은 설명의 오류를 불러오고 논리적 실수를 유발할 수 있으므로 주의해야 한다.

— 토론에서 비유적 능력을 필요로 하는 것은, 비유 그 자체보다는 유추 능력을 필요로 하는 것임을 주목해야 한다. 유추 능력은 A와 B가 속성 면에서 비슷하고 구조·기능에서 일치하거나 유사할 때, 그들이 다른 면에서도 일치하거나 유사하리라고 추리하는 논리적 과정이고 논리적 능력이다.

이 능력을 기르는 방법

— 유추 능력은 사고나 언어가 유창성(Fluency)을 지님으로써 갖출 수 있는 능력이다. 유창성이란 특정 아이디어에서 많은 수의 아이디어를 생성하는 능력이다. 그렇기 때문에 유추 능력이야말로 사고 내용을 다양하게 생성하고, 그것을 변이 전환시켜 가는 데 필요한 능력이다. 유추는 전통적으로 논리적 사고력을 기르는 데 활용하였다.

— 관계적 사고력을 기르도록 한다. 경험과 지식을 관계의 그물로 형성해 나가는 훈련을 한다. 간단한 메모지에 중심생각을 중앙에 두고 그것과 관련되는 사물이나 현상을 적어넣어 보자. 그리고 이들이 서로 어떤 관계로 설명될 수 있는지를 생각해 보는 것만으로 관계적 사고력과 유추 훈련에 연결할 수 있다. 그리고 이렇게 관계를 맺고 있는 사실들과 개념들을 실제 토론 상황에서 어떻게 이용하면 효과적일지를 살피도록 한다.

— 관계적 사고력에서 가장 중요한 것은 두 사물이나 현상 간의 관계

를 새롭게 발견해서, 그 새로운 관계의 의미를 토론에 효과적으로
사용하는 것이다. 흔히들 사물(현상)간의 관계는 토론자의 통찰 이
전에 미리 정해져 있다고 생각하는데, 이는 독창적이고 적극적인
사고를 만들어 내지 못한다.

+ 참조할 만한 자료나 사례

• 사람의 몸과 혈관의 관계에 유추하여 다른 현상을 설명해 보자. 즉 몸에 대해서 혈관이 하는 기능과 작용을
하는 것과 유사하게 되어 있는 또 다른 현상을 찾아서 그 현상을 몸과 혈관의 관계처럼 설명해 보자.(여기서는
발상의 요지만 간략히 기술해 볼 것)

　　1) 혈관은 산소와 영양을 공급하는 작용을 한다.
　　2) 혈관은 인체 내의 탄산가스와 노폐물을 배출하는 기능 체계에 속한다.
　　3) 혈관은 공급과 배출의 순환 작용을 한다.

• 서로 유사한 속성, 구조, 기능을 가진 것으로 미루어 보아서 또 다른 요소의 유사성을 찾아내어 설명하는 것
을 유추라고 한다. 다음 유추의 사례들에 대해서 생각해 보자.

　　1) 인체 혈관의 구조와 작용으로 국토의 교통망 구조를 유추해 본다.
　　2) 둘째, 인체 혈관의 구조와 작용으로 도시의 상수도 하수도 작용을 유추해 본다.

3.6.3 어휘 능력

이 능력은 어떤 능력?

― 토론에서 어휘 능력은 발언 전체의 유창성과 발언 내용의 정확성
　을 보장해 주는 기본 능력이다. 어휘력이야말로 하루아침에 길러
　지는 능력이 아니다. 풍부한 독서 경험과 많은 작문 경험이 어휘력
　을 높이는 데 가장 큰 역할을 한다.
― 토론에서는 개념이 정확한 어휘를 사용해야 한다. 특히 토론 주제
　와 밀접한 연관을 가지는 핵심어들은 토론자가 그 뜻을 명확하게

알고 써야 한다. 개념이 정확한 말을 쓰려고 노력하면 발언의 논리력이 함께 살아난다.

— 토론하는 사람의 태도가 반듯하고 좋은 인상을 주려면, 정중하면서도 진정성이 담긴 어휘들을 골라 쓰도록 해야 한다. 감정 통제가 잘되지 않으면, 사용하는 어휘들이 거칠고 상대에게 모욕을 주는 말을 쓰게 된다. 말이 감정의 지배를 받지 않도록 해야 한다.

이 능력을 기르는 방법

— 발언을 할 때 "저는 이 말은 이런 뜻으로 쓰고자 합니다." 하고 전제를 붙이는 훈련을 자주 하도록 한다. 상대가 같은 말을 두고도 개념을 서로 다르게 사용하면, 상대의 개념과 나의 개념 차이를 확인시켜 주는 것도 어휘력이 있어야 가능하다.

— 토론에서 정확한 어휘를 중심으로 주장이나 논거를 정리해야 한다. 정확한 어휘로 된 문장으로 주장이나 논거를 먼저 써 보고, 반복해서 연습해 두는 것이 좋다. 실수 없는 토론 발언을 위해 사전에 준비하는 노력이 필요하다. 즉 주장 내용을 먼저 문자 언어로 써 보기도 하고, 그것을 바탕으로 구두 작문(oral composition)을 해 본 다음에, 실제 토론에서 구사하도록 한다.

— 어휘 능력은 꾸준한 독서를 통해서 길러진다. 독서 내용을 요약하고 비평하는 연습을 평소에 해 둔다.

— 중요 토론 장면을 견학하거나 그것을 동영상 자료로 보고 적절치 못하게 사용된 어휘를 골라내고, 그것을 대체하는 어휘를 채워넣어 보도록 한다.

• 단어를 논리에 맞게 사용한다는 것은 무엇을 말하는 것일까? 그것은 낱말과 낱말, 즉 사물과 사물들 간의 관계를 논리적으로 이해하고 사용하는 것을 말한다. 사물들을 논리적으로 이해하고 표현한다는 것은 사물들끼리 맺고 있는 질서를 이해한다는 것을 의미한다.

학교라는 말을 안다는 것은 '대학교-고등학교-중학교-초등학교'라는 학교의 위상이 어떤 질서에 따라 있음을 아는 것이다. 토론이라는 말을 아는 능력에는 '토의'라는 말을 서로 관계 지어 아는 능력이 함께 들어가는 것이다. 우리는 단어를 하나하나씩 배워가지만 사실은 낱말 사이의 질서, 여기서는 '낱말 사이의 포함 관계'를 배워 가는 것이다. 그것이 토론에서 요구되는 진정한 어휘력이다.

어휘력을 기르기 위해서는 다음과 같은 종류의 활동들을 개발하여 학생들이 자주 시도해 보고 틀리면 틀린 이유를 찾아보도록 한다.

1. 다음 〈보기〉에 짝지어진 낱말과 같은 관계에 있는 것을 고르시오.

〈보기〉 곡식 – 쌀

① 비행기 – 전투기   ② 오대양 – 육대주   ③ 토론 – 토의

④ 교통사고 – 추락사고   ⑤ 대한민국 – 고조선

2. 다음에 짝지어진 말들의 관계가 나머지 셋과 다른 것 두 개를 고르시오.

① 하늘 – 땅   ② 빨강 – 노랑   ③ 시간 – 공

④ 남편 – 아내   ⑤ 외교관 – 심판관

3. 다음에 짝지어진 말들의 관계가 나머지 셋과 다른 것을 고르시오.

① 호랑이 – 길짐승   ② 낙동강 – 한국의 산   ③ 부산 – 한국 제2의 도시

④ 일본 – 섬으로 되어 있는 나라   ⑤ 국수 – 음식

정답 **1.** ① **2.** ②⑤ **3.** ③

3.6.4 어조(문체) 능력

이 능력은 어떤 능력?

— 말하는 사람이 말하는 대상에 대해서 취하는 태도를 어조(tone)라고 한다.

— 토론에서 토론자의 어조도 역시 태도를 나타내는데, 여기에는 두 가지가 있다. 1) 하나는 현재 논의하고 있는 문제(내용)를 대하는 태도를 나타낼 수도 있고, 2) 다른 하나는 토론의 상대를 향한 태도일 수도 있다. 예를 들어서 1)의 경우 학교폭력이 심한 것을 두고 토론을 할 때 학교폭력이라는 문제(내용)를 부정하는 어조, 비판하는 어조, 개탄하는 어조를 나타낼 수도 있고, 2)의 경우라면 이 문제를 너무 가볍게 보고 있는 상대 토론자를 향해서 설득하는 어조나 나무라는 어조 등을 보여 줄 수도 있다.

— 어조는 토론의 상황 맥락에 맞아야 하고, 토론자의 발언 내용을 보다 효과적으로 나타낼 수 있는 데 기여하는 능력이다. 토론자의 발언 내용은 어조에 의해서 비로소 실제로 살아 움직이는 말로 솟아오른다고 할 수 있다.

이 능력을 기르는 방법

— 토론에 자주 사용되는 어조에는 여러 가지가 있다. 모두 토론 상황에 어울리게 사용하면 일정한 효과를 낼 수 있는 것이다. 물론 상황에 어울리지 못하면 사용하지 않은 것만 못할 때도 있다. 어조는 다음에 열거한 대로 서로 대조되는 것끼리 짝을 이루어 익혀 두고 연습해 두면 좋다.

— 가능하면 실제 토론 원고를 가져와서 다음의 어조들이 어떤 지점에서 구사되면 좋을지 미리 표시하여 생각해 보고, 반복해서 연습

하도록 한다. 이때 자신의 목소리 특성에 잘 맞는 어조를 중심으로 훈련하도록 한다.

설득하는 어조 – 설명하는 어조

반박하는 어조 – 동조하는 어조

호소하는 어조 – 거절하는 어조

긍정하는 어조 – 부정하는 어조

친화적인 어조 – 냉소적인 어조

담백한 어조 – 감정이 이입된 어조

건조한 어조 – 화려한 어조

강경한 어조 – 부드러운 어조

길게 부연하는 어조 – 짧고 간결한 어조

재촉하는 어조 – 물러서는 어조

심각한 어조 – 여유 만만한 어조

일관된 어조 – 변화감이 있는 어조

몸짓이 따라붙는 어조 – 몸짓 없는 어조

높은 목소리의 어조 – 낮은 목소리의 어조

빠른 목소리의 어조 – 느린 목소리의 어조

또렷한 목소리의 어조 – 흐린 목소리의 어조

남성적인 어조 – 여성적인 어조

'~합니다.'체의 어조(당당하고 논리적인 어조) – '~해요.'체의 어조(친밀하고 정감적인 어조)

- 정감적인 어조 훈련은 본래 시 낭독에서 많이 사용한다. 그러나 토론은 시와는 성격이 다르므로 논리성과 설득력에 초점을 두고 어조 연습을 하도록 한다.

- 어조는 구두 언어에서는 실제의 음성 실현으로 나타나고, 문자 언어로 된 글에서는 문체와 연관되어 나타나기도 한다. 따라서 문체를 이해하고 파악하는 노력이 필요하기도 하다.

- 토론자가 자기의 발언 내용을 논리적으로 감정적으로 잘 파악하고 있을 때 효과적인 어조가 나타난다. 또한 토론 내용을 말할 때는 토론자의 감정이 잘 조정되는 가운데 그 진정성을 담아야 하고, 토론의 자세가 진지할 때 어조도 살아난다.

- 일반적으로 빠른 어조, 높은 어조, 여린 어조, 몸짓 없는 어조, 변화 없이 일관된 어조, 길게 부연하는 어조 등은 피하는 것이 좋다.

4.0 토론의 맥락 활용 능력

토론 안에는 여러 개의 구조(structure)들이 서로 맞물려 있다. 찬성과 반대의 구조도 있고, 공격과 방어의 구조도 있고, 시작과 끝의 구조도 있고, 승리와 패배의 구조도 있고, 주장과 근거의 구조도 있고, 일관성과 변화성의 구조도 있다. 그런가 하면 토론에 참여하는 사람들 사이에 각자의 논리, 인지 스타일, 표현 특징, 감정, 심리, 팀워크 등이 토론 진행 간에 끊임없이 상호작용하면서 토론은 섬세하고도 풍부한 변화를 가진다. 이렇듯 토론을 움직이는 요소들이 상호작용하면서 '토론의 흐름'을 만들어 나간다.

토론이 진행되다 보면, 토론 안팎의 여러 요소들이 빚어내는 어떤 분위기가 생긴다. 또 토론의 흐름에 영향을 주는 어떤 계기들이 만들어지기도 한다. 이것을 토론의 맥락이라 할 수 있다. 그러니까 토론의 맥락은 토론이 진행됨으로써 만들어지는 것이라 할 수 있다. 토론이 아닌 일반 대화에도 대화의 흐름에 관여하는 맥락이 있다. 대화가 이어져 나가는 과정에서 대화 안팎으로 생겨나는 대화의 분위기나 대화자의 심리, 대화의 새로운 배경 생성 등이 대화의 맥락이 되는 것과 같은 이치이다.

유능한 토론자는 토론의 흐름을 맥락 면에서 잘 포착하고 이것을 자기의 토론 수행에 잘 활용할 수 있는 사람이다. 예컨대 상대의 심리적 맥락을 잘 포착하여 상대를 반박하는 상황에 활용할 수 있을 것이다. 토론의 내용과 방법이 미리 정해져 있다고 하더라도 토론의 맥락에 따라서는 조금씩 영향을 받게 되는 것이다. 토론의 맥락은 쉽게 예측되는 것이라기보다는 토론의 여러 요소들이 만들어 가는 것이기 때문에 순간적인 민감성이 필요하다. 이 능력은 토론 상황을 상위 인지하는 능력이라 할 수 있다. 또 토론의 맥락은 그 자체가 변화되기 쉬운 것이기 때문에 시간적 특성을 잘 살려서 활용해야 한다.

4.1 토론 상황 조정 능력

이 능력은 어떤 능력?

— 토론이 흐름을 이루며 전개되어 나갈 때, 여러 가지 토론 상황이 생겨난다. 예컨대 찬반 양측이 모두 주장을 반복하면서 토론의 새로운 국면을 만들어 내지 못하고, 청중들이 보기에는 매우 지루하고 답답한 상황을 만들고 있다고 하자. 이 상황을 어떻게 활용하면 우리측의 주장과 호소가 더 설득력을 발휘할까 고민하면서, 종전 논거를 거두고 새로운 논거를 꺼내기로 했다면 이는 일종의 상황 조정 능력을 발휘한 것이다.

— 토론 상황을 조정하려는 노력은 다양하게 시도될 수 있다. 그러나

이들 시도가 반드시 성공한다고 보장할 수는 없다. 만약 상대도 똑같은 판단으로 상황 조정 전략을 사용하고, 그 구체적인 방법이 우리측의 것보다 더 효과적인 것이라면, 우리측의 상황 조정 능력은 상대의 것보다 부족한 것이 되는 셈이다.

— 토론의 상황을 전체적으로 판별하는 능력은 상당히 고차원적인 능력이다. 분석력과 종합력이 뛰어난 가운데 일종의 평가력까지 함께 발동되는 능력이기 때문이다. 그러나 '토론의 맥락을 활용하는 능력'이라는 측면에서 볼 때, 이 능력이 토론 내용의 본질에 관여되는 지식 능력이라기보다는 토론의 흐름과 상황에 대한 민감성을 발휘하는 능력으로 보는 것이 적절하다.

이 능력을 구체적으로 발휘하기

— 토론이 뚜렷한 전개 양상을 발전적으로 보이지 못하고 답보 상황에 있을 때, 그것을 깨뜨리는 돌파구를 먼저 만들어 내는 능력을 발휘한다.

— 이대로는 토론의 우위를 잡지 못하고, 청중들에게 의미 있는 주장과 논리를 보여주지 못하여 토론에 이기기 어렵다고 판단되는 상황에서, 결정적 승기를 잡기 위해 새로운 토론거리를 추가하거나, 더 설득력 있는 논리를 펼치는 등 특별한 토론 전략을 투입하는 능력을 발휘한다.

— 상대가 방심하고 있거나 아무런 예측을 하고 있지 못한 상황에서, 예기치 못한 토론의 내용으로, 또는 예기치 못한 토론의 방법이나 예기치 못한 심리적 태도로 상대를 역습하는 능력을 발휘한다.

— 지금까지 유지해 온 논지로는 상대의 주장과 논리를 이겨내지 못하게 되는 상황이거나, 상대에게 토론 흐름상의 혼동을 주기 위해

서 자신의 논지 흐름을 기술적으로 바꾸는 능력을 발휘한다. 그러나 이런 능력은 자기 꾀에 자기가 빠질 수 있는 허점도 있다.

— 다른 것으로 논점 이동하기 능력을 들 수 있다. 이 역시 토론의 유리한 입지를 가지고 상대를 곤경에 몰기 위한 상황에서 논의의 핵심, 즉 토론의 내용 포인트를 다른 쪽으로 살짝 이동하는 능력이다. 그러나 이것 역시 잘못하면 상대로부터 논점을 벗어난 '논점 일탈'의 토론이라는 비판과 역습을 받을 수 있다.

4.2 새로운 제안 능력

이 능력은 어떤 능력?

— 토론의 흐름을 의미 있게, 또는 유리하게 바꾸어야 할 상황에서 새로운 제안을 해내는 능력을 갖추는 것이 좋다. 이 역시 토론의 맥락을 활용하는 능력이기 때문에, 새로운 제안이 효과를 얻을 수 있는 상황 맥락이 어디쯤인지를 아는 안목이 갖추어져 있어야 한다.

— 토론 맥락 활용하기에서 토론 중에 새로운 제안을 하는 경우는 1) 토론 내용에 대한 새로운 제안, 2) 토론 방법에 대한 새로운 제안, 3) 토론 자료에 대한 새로운 제안 등이 있고, 제안의 대상에 대해서는 1) 상대방에 대한 압박형 제안, 2) 스스로에 대한 자기 강화형 제안, 3) 사회자에 대한 진행 제안 등으로 구분할 수 있다.

이 능력을 구체적으로 발휘하기

— 상대의 주장에 대해서 기존 근거의 부족함과 미흡함을 제시하고

더 강력한 근거를 요구할 수 있는 능력을 발휘한다. 상대 압박형 제안이다.

— 상대의 주장에 대한 부분적 동의하기 능력을 발휘한다. 이는 상대 주장을 막무가내 식으로 무조건 반대하고 비논리적으로 압박하는 것이 전체적으로는 오히려 더 손해라는 것을 맥락상으로 파악했을 때 발휘하는 능력이다. 자신감 있는 유능한 토론자들이 잘 활용한다. 그리고 이 부분적 동의는 나중에 더 결정적인 반박을 하기 위한 전제로 활용하는 고차원적 토론 전략으로 연결되기도 한다.

— 유지해 온 주장에 대한 수정된 주장 내어놓기 능력을 발휘할 수도 있다. 얼핏 보면 물러서는 것처럼 보일 수도 있으나 그렇지 않다. 다소 수세에 몰린 우리측 주장과 논거를 약점을 줄이는 쪽으로 정리하고, 상대를 새롭게 공격하기 위한 새로운 입지를 마련하는 능력이라 할 수 있다. 그러나 이런 능력은 높은 수준의 지력과 토론 주제 장악력을 가져야 한다.

— 토론에 동원하는 참고 자료를 다채롭게 활용하는 능력도 새로운 제안 능력에 해당된다. 정상적으로 준비된 토론이라면 준비한 자료를 다 활용하지 못한다. 토론 흐름이 상대의 반박에 갇히거나 우리측 주장이 탄력을 잃어버리게 되는 맥락에서는 토론에 동원하는 자료들을 새롭게 배치하여 활용한다. 새 자료는 주장과 근거를 새롭게 강화할 수 있다.

— 결론을 유보하는 것도 기술적으로 효과를 거둘 수 있다. 토론 상대가 보기에는 무언가 예측하지 못한 새로운 제안을 하고 있는 것이 될 수 있다. 상대가 몰아치며 요구하는 결론은 응당 피해야 하겠지만, 상대가 기대하는 결론을 유보하거나 지연시키며 쉽사리 밝히지 않는 것도 상대를 심리적으로 불안정하게 하고 상대 논리

의 맥을 끊을 수 있다.

— 여기에 언급한 능력(전략)들은 모두 고차원의 토론 기술들이다. 일 정한 상위 인지 능력을 기르고, 실제 토론에서의 기술적 요령을 습 득하는 가운데 몸에 배게 할 수 있을 것이다.

4.3 감정 관리하기 능력

이 능력은 어떤 능력?

— 토론에서 토론자의 감정을 고조시키는 상황 맥락은 여러 가지이 다. 토론 자체는 대단히 이성적인 흐름과 활동에 의지하는 것이지 만, 실제 토론에서는 감정의 개입과 감정의 작용이 상당히 중요한 영향을 미친다. 따라서 토론을 성공적으로 수행하기 위해서는 감 정을 다스리는 능력이 반드시 필요하다. 나의 감정을 잘 통제하고 다스리는 능력이 소극적 능력이라면, 상대의 감정을 혼란에 빠트 리거나 고조시키는 것은 토론의 맥락을 적극적으로 활용하는 전 술적 능력이라 할 수 있겠다.

이 능력을 구체적으로 발휘하기

— 감정을 절제할 수 있는 능력은 토론의 일반 능력으로도 강조되는 것이지만, 토론의 맥락을 잘 활용해야 한다는 관점에서는 특별한 능력으로 강조된다. 평상적인 감정이 유지되지 못하면서 행해지는 주장과 논거는 토론 전체 흐름을 불안정하게 하고, 청중의 신뢰를 받지 못하게 한다. 토론자 자신도 자신감을 잃게 되는 상황으로 빠 질 수 있다.

― 감정 표현의 이상적 경지는 어떤 경지인가. 그것은 자기의 주장 내용을 적절한 몸짓과 표정으로 반영하는 능력을 보여 주는 것이다. 이 자체가 감정 조절을 잘 하고 있음을 보여 준다. 이는 물론 그때그때 분위기에 편승하여 내는 몸짓 표정이 아니라, 사전에 차분하게 계획한 연출 의지에 따른 것이다. 그렇기 때문에 감정 연출이지만 대단히 이지적 능력(활동)이라 할 수 있다.

― 반박과 반대 심문 토론 시에는 토론자들의 심리적 맥락이 묘하게 출렁거리는 지점이다. 이런 때일수록 스스로 고조되기 쉬운 감정을 특별히 잘 조절하고 관리해야 하는 능력이 필요하다. 상대가 흥분하거나 비상식적이라고 해서 같이 흥분하는 것은 토론의 좋은 기회를 스스로 내다버리는 것과 같다. 반박하는 반대 토론자의 냉정함과 차분함이 상대를 감정적으로 더욱 곤경에 빠트리는 상황 맥락을 만들어낸다.

― 상대방의 심리적·감정적 맥락을 읽고, 그것을 나에게 유리하게 활용하도록 한다. 감정이 고조되거나 지나치게 흥분된 상태에서는 논리적 토론 능력을 기대하기는 어렵다. 저절로 실수를 하거나 곤경을 불러들이게 된다. 상대가 그렇게 되도록 감정을 건드리는 기술적 능력을 발휘하는 경우가 더러 있다. 그러나 이런 기술이 지나쳐서 도를 넘으면 오히려 당당하지 못한 토론 태도로 비판받을 수 있다. 상대가 이 점을 부각하여 지적하면서 토론의 윤리가 모자란다고 비판하면 오히려 내쪽에서 곤경을 맞는다.

이 능력은 어떤 능력?

— 토론의 태도는 엄밀하게 말하면 토론의 능력이라고 말하기는 어렵다. 토론자가 갖추어야 할 덕성이나 자세에 관한 것이기 때문이다. 그럼에도 불구하고 이러한 자세와 품성이 토론의 수준과 성패를 결정하는 데 큰 영향을 미치기 때문에 능력 범주에 함께 넣어 생각해 볼 수 있다.

— 앞부분에서 언급한 수십 개의 분절된 각각의 토론 능력들은 인지적 훈련과 기술적 반복을 통해서 어느 정도 눈에 보이게 향상시킬 수 있는 능력들이다. 그러나 여기의 태도 능력은 여간 노력을 해도 그 성과를 금방 확인하기는 어렵다.

— 태도 능력은 품성과 도덕성을 연마해 나가는 인성 교육의 노력을 통해서 길러진다. 그런 점에서 토론 교육 또는 토론 능력에 인성 교육적 요소가 잠복되어 있다는 것을 주목해야 한다.

이 능력을 구체적으로 발휘하기

— **정중한 태도**

토론 참여자는 발표와 논박의 모든 과정에서 정중해야 한다. 토론에서 정중한 태도는 상대를 인격적으로 존중하고 배려함을 나타내는 태도이다. 토론을 지나치게 승패의 구조로만 인식하면 정중함을 잃기 쉽다. 정중하면서도 날카로운 논리력을 발휘하는 모습이 토론자의 매력적 모습이다. 일부 인사들이 방송 등 공개 토론 장소에서 정중함을 내팽개치는 모습을 보여주는 것은 배울 바가 못 된다.

진지한 태도

넓게 보면 토론도 탐구의 한 과정이고 배움의 마당이다. 토론의 주제를 다룰 때나 자신의 주장을 드러낼 때는 진실하고 진지해야 한다. 진지해야만 신뢰를 얻을 수 있다. 토론에서 마치 장난치듯 하는 태도는 금물이다. 분위기를 가볍게 여기거나 개인적 농담을 하는 것도 피해야 한다. 이런 태도는 토론을 제대로 할 의지가 없다는 인상을 준다. 상대방으로부터 공식적인 항의를 받을 수도 있다.

소통을 지향하는 태도

상대의 말을 잘 듣고, 그것을 기반으로 나의 주장을 하려는 자세가 나타나야 한다. 토론에서 상대의 말과 조금도 섞이지 않고 오로지 눈감고 자기의 말만 하는 경우를 더러 보게 되는데 이는 모두 소통성이 떨어지는 나쁜 태도의 토론이다. 토론은 소통성을 서로 발휘함으로써 무언가 가치 있는 결과를 만들어 내며 앞으로 진전하는 것이다.

규칙을 지키는 태도

토론의 규칙을 잘 지키는 것은 태도이기도 하지만, 토론의 규칙을 아는 지적 능력을 포함한다. 규칙을 몰라서 못 지키는 경우가 학생들의 토론에서는 더러 나타난다. 큰 규칙들도 중요하지만, 토론 상황에 따른 세세한 규칙들도 잘 지킬 수 있도록 한다. 토론을 진행하는 사회자 역할을 고루 맡아보면서 규칙을 지키는 태도를 기르도록 한다.

윤리적인 태도

토론자 자신이 토론의 동기 면이나 토론의 내용 면에서 윤리적으로 문제가 없어야 한다. 토론을 기술적으로는 잘하고도 윤리 면에서 실패하는 경우가 있다. 자신의 참된 동기를 명확히 알지 못하고 토론에 참여했다가 토론 중간에 그 동기가 윤리적이지 못함을 보여

주는 경우도 있다.

예를 들면, 음주 반대 운동을 비판하는 어떤 토론자가 있다고 하자. 그는 술을 과도하게 마시는 주당이다. 그가 비판하는 것의 실제 동기가 이기적인 것인데도 자기 자신은 그 점을 깨닫지 못할 수 있다. 주당으로서 그는 무의식적으로 모든 음주 비판을 자신의 행태에 대한 위협이라고 여긴다. 따라서 그에게 진짜 쟁점은 음주에 관한 원칙의 문제가 아니라 자신의 음주벽을 비난받기 싫어하는 데에 있다. 이를 남들에게는 몰라도 스스로에게는 정당화할 수 있어야 한다고 생각한다. 이런 경우에는 그가 하는 토론의 윤리성을 인정받기 어렵다.

5.0 토론 활동의 학습 전이 능력

'토론 활동의 학습 전이 능력'은 엄밀하게 말하면 토론 활동 그 자체의 능력이라고 하기는 어렵다. 토론에서 익힌 여러 인지적, 정의적, 사회적, 도덕적 경험 등은 학생들이 다른 교과학습을 할 때 잘 활용하는 능력이기 때문에 공부 방법(study skill)을 개발하고 익히는 능력에 가까운 것이라 할 수 있다. 그러나 이 책에서는 토론의 능력과 전략들이 교육 활동의 일반적인 것으로 확장되어야 함을 강조하였다. 토론의 능력과 전략들이 토론대회를 하는 것으로 끝나지 않고 학생들의 학습 능력과 소통 능력으로 확장되고 활용될 때, 토론 교육의 가치를 높이고 진정한 토론 능력의 본질에 다가가는 것이라 보았기 때문이다.

토론을 잘하기 위해서는, 즉 토론 능력을 온전하게 발휘하기 위해서는, 토론의 지식, 토론의 논리, 토론의 방법, 토론의 전략, 토론의 발상 등과 관련한 능력들을 길러야 한다. 그런데 이런 능력들은 토론에서는 물론이고, 학습 일반에서 모두 유효하게 활용할 수 있는 것들이다. 더구나 토론 활동 자체는 그대로 언제든지 모든 교과의 학습 활동으로 전이되어도 좋은 활동들이다. 따라서 '토론 활동을 학습 능력으로 전이할 수 있는 것'은 토론 교육이 길러줄 수 있는 궁극의 효과라 할 수 있다.

5.1 토론 정리·평가 능력

이 능력은 어떤 능력?

— 이 능력은 수행했던 토론을 종합적으로 정리하고 학생들 스스로 평가하는 활동이다. 어떤 교육 활동이든 마찬가지이지만, 그중에서도 토론 활동은 그것을 학생들 자신이 정리하고 평가하도록 하는 것이 특별히 중요하다.

— 토론 활동은 대단히 역동적이다. 그래서 토론 활동 속에 숨어 있는 여러 잠재적 요소를 그냥 지나치기 쉽다. 그렇기 때문에, 활동이 끝난 뒤 일종의 복기(復碁: 바둑에서 한 번 두었던 바둑을 그 경과를 검토하기 위해서 두었던 대로 다시 한 번 두어보는 것)를 하듯이 토론 활동의 역동적 경과를 그대로 복원해 가며 검토해 보아야 한다.

— 그렇게 함으로써 새롭게 알게 되는 것들이 진정한 토론 능력으로 자리 잡는다. 또 이렇게 생성되는 능력은 토론에서뿐만 아니라 다른 교과학습 능력으로도 전이될 수 있다.

이 능력을 구체적으로 발휘하기

— 수행했던 토론 활동을 자세하게 복원하듯 정리하는 능력을 발휘

해야 한다. 토론 활동 정리는 1) 토론의 과정을 정리하는 것과 2) 토론의 내용을 정리하는 것으로 구분하면 정리의 효율성을 기할 수 있다.

수행했던 토론 활동을 정리하는 활동은, 토론 활동을 스스로 평가하기 위한 전 단계 능력이라 할 수 있다. 중요한 것은 수행했던 토론 활동을 평가하는 능력이다. 토론 활동 평가는 다음과 같이 분절해서 시도하는 것이 바람직하다.

1) 토론 과정 평가 능력

　　→ 토론 준비 과정 평가하기

　　→ 토론 수행 과정 평가하기

2) 토론 내용 평가 능력

　　→ 토론 자료 평가하기

　　→ 토론 내용(발표 및 심문 내용) 평가하기

　　→ 토론에서 구사했던 논리 전략 평가하기

3) 토론 태도 평가 능력

토론 능력에 대한 자기 평가 항목과 각 항목별 5단계 평점 평균

		토론 능력 항목	평균
커뮤니케이션 기술 능력	적응 능력	1. 나는 다양한 토론 상황에 적응한다.	3.37
		2. 나는 다른 사람과 토론하는 상황을 회피한다.	3.59
	주장 능력	3. 나는 토론 시 주장을 논리적으로 분명하게 전달하지 못한다.	3.37
		4. 나는 토론 시 다른 사람이 옳다고 인정할 수 있는 증거를 가지고 주장을 한다.	3.56
	비언어적 커뮤니케이션 능력	5. 나는 토론 시 목소리와 몸동작을 효과적으로 사용한다.	3.21
		6. 나는 토론 시 목소리가 커지고 몸이 뻣뻣해진다.	3.37
비판적 사고 능력	문제 정의 능력	7. 나는 토론 시 나오는 개념들을 혼동한다.	3.40
		8. 나는 토론 시 나오는 개념들을 명확하게 정의한다.	3.04
	분석 능력	9. 나는 토론 시 상대방 주장의 핵심을 파악한다.	3.76
		10. 나는 토론 시 상대방의 논리적 약점을 파악한다.	3.36
	판단 능력	11. 나는 토론 시 제기된 주장들의 논리적 오류를 판단하지 못한다.	3.40
		12. 나는 토론 시 증거가 제시된 주장과 그렇지 않은 주장을 구별한다.	3.46
	예측 능력	13. 나는 토론 시 상대방이 다음에 어떤 말을 할지 예측한다.	3.26
		14. 나는 토론 시 상대방이 다음에 어떤 말을 할지 예측하지 못한다.	3.39
듣기 능력		15. 나는 토론 시 상대방의 말에 집중하지 않는다.	3.90
		16. 나는 토론 시 상대방의 말을 집중해서 듣는다.	3.85
조사 능력		17. 나는 다양한 사회적 문제에 관해 양쪽의 입장을 모두 고려한다.	3.70
		18. 나는 다양한 사회적 문제에 관해 내 입장만을 고려한다.	3.80

* 출처: 박세환, 허경호, 「토론 능력의 구성 개념 및 척도의 타당성 연구 – 대학생 참여자를 대상으로」

이 능력은 어떤 능력?

— 이 능력은 토론하기를 자신의 학습 방법이나 학습 전략으로 활용
하는 능력이다.

— 토론 활동을 통해서 익히게 된 1) 토론의 지식, 2) 토론에 사용하
는 논리, 3) 토론의 방법, 4) 토론의 전략, 5) 토론의 발상 등과 관
련한 능력들을 일반 교과학습으로 옮겨와서 효과적으로 활용하는
능력을 말한다.

이 능력을 구체적으로 발휘하기

— 일정한 토론 활동을 다 마치고 난 뒤, 새로운 토론을 자신의 힘으
로 계획할 수 있는 능력을 발휘한다. 새로운 토론 계획 능력은 가
급적 교과학습을 하는 데에 필요한 것이 되면 좋다. 따라서 새로운
토론 계획에는 1) 새로운 토론 주제, 2) 새로운 토론 방법 등이 구
체적으로 드러날 수 있도록 해야 한다.

— 토론 경험을 바탕으로 읽기 능력을 더 발전시킬 수 있는 방법을
스스로 개발할 수 있게 하고, 토론 경험을 바탕으로 쓰기 능력을
더 발전시킬 수 있는 방법을 스스로 마련할 수 있게 한다.

— 토론 주제와 교과학습을 연결할 수 있는 능력을 기른다. 반대로
교과학습의 장면에서 적절한 토론 활동을 생각해 낼 수 있도록 한
다. 토론 지도교사의 경우도 이 능력을 향상시키는 노력을 해야 한
다.

• 다음의 토론 주제들을 일반 교과학습 활동에 활용한다면 무슨 교과의 무슨 학습 활동에 전이해서 쓰면 좋을지 생각해 보고, 서로의 아이디어를 비교해 보자.

1) 자기 집 앞 눈을 치우지 않으면 과태료를 내야 한다.

2) 남북통일에 대비하여 통일세를 내야 한다.

3) 욕설 댓글을 다는 사람은 처벌해야 한다.

4) 사형 제도는 폐지해야 한다.

5) 반장 선거에서 친한 친구에게 투표하는 것은 잘못이다.

6) 폭력은 절대로 쓰지 말아야 한다.

7) 한글날은 공휴일로 정하여 기념해야 한다.

8) 한국 사람은 공중도덕을 잘 지킨다.

9) 전통 놀이가 컴퓨터 게임보다 유익하다.

10) 미래에는 식량이 부족해질 것이다.

11) 슬픔의 감정은 필요하다.

12) 음주 운전자의 차는 몰수해야 한다.

13) 영어를 공용화하는 것이 바람직하다.

14) 흉악범의 얼굴은 공개해야 한다.

15) 경쟁은 반드시 있어야 한다.

16) 초등학생에게 스마트폰은 필요하다.

17) 구걸하는 사람에게 도움을 주어야 한다.

18) 초등학생이 화장하는 것은 허용할 수 없다.

19) 청소년들의 연예계 진출은 바람직하다.

20) 거짓말은 나쁘다.

21) 법을 어긴 아버지를 자식이 고발하는 것은 옳다.

22) 스마트폰을 가지고 있으면 공부에 도움이 된다.

· 토론을 교과수업 활동에 활용할 때 발견되는 어려움들

원인1 토론에 대한 인식 및 경험 부족

1) 교사 자신이 토론 문화에 대한 경험이 부족하다.

2) 교사와 학생 간의 일상적 대화에서 친밀감과 신뢰가 형성되지 않아 '토론' 수업에서도 소통이 활발하지 않다.

3) 교사의 권위가 지나치게 강조되면 학생들은 자신의 생각을 이야기하지 못한다.

4) 학교에서 다루는 토론 주제들은 학생들의 흥미를 끌지 못할 수 있다.

→ 토론 주제를 학생들로 하여금 선정하게 한다.

5) 자신의 의견을 명확하게 밝히는 것에 심리적 부담을 느끼는 경우가 많다. (어느 편의 의견에도 참여하지 않는 학생들이 있다.)

→ 신호등 토론 방법을 활용해 본다. (빨강, 노랑, 초록 세 가지 색상으로 자신의 의견을 드러내도록 한다. 특히 노랑이라는 유예 영역을 제공한다.)

6) 토론은 수업 시간에만 이루어지고 끝나는 것이지, 교실 밖에 실제로 영향을 미치지 않기 때문에 학생들은 '실제 토론'을 하고 싶은 동기를 갖지 못할 수 있다.

→ 토론의 결과가 학생들의 실제 생활에 영향을 미칠 수 있는 '실제 토론'을 기획할 필요가 있다.

원인2 토론 수행 능력의 부족

1) 공식적인 자리에서의 말하기 경험과 기능이 모두 부족하다.

→ 토론 이전에 공식적인 담화를 할 수 있는 기회를 더 많이 제공해야 한다.

2) 토론에 필요한 사전 지식이 부족하다.

→ 사전 지식을 충분히 숙지한 후에 토론이 시작될 수 있다는 생각은 어쩌면 선입견일 수 있다. 부족한 대로 토론을 거듭 연습하면서 필요한 사전 지식이 형성되거나 습득될 수 있다.

3) 상대방의 비판에 대응하는 기능이 부족하다. 상대방 비판에 대해서 ① 감정적 대응, ② 반박 포기, ③ 비아냥으로 대응하기 등이 두드러진다.

4) 토론에서 이기는 방법에만 치중하여, 토론에서 설득을 당하거나 상대방의 의견에 수긍하는 기능은 오히려 소홀히 다루어지고 있다.

→ 합리적으로 이기고 지는 방법, 특히 합리적으로 설득당하는 방법을 익힐 필요가 있다.

1) 교사가 학생들의 예상 논거와 반박에 대해 충분히 세밀하게 예상하지 못할 수 있다.

→ 유사한 토론 주제에 대한 토론자들의 다양한 반응과 발언에 대해 미리 조사·준비한다.

2) 토론이 제3의 결론으로 흘러가는 경우, 교사는 이것을 논지의 차원에서 관리하기보다는

권위로 통제하기가 쉽다.(또는 통제하려는 경향이 있다.)

→ 내 의견과 남의 의견이 합쳐지면서 새로운 효과를 낳는 경우, 그 시너지 효과를 모두가 공유할 수 있
도록 보상 체계를 설계한다.

3) 토론에서 이긴 편은 항상 더 좋은 점수를 받도록 교수학습이 설계되는 경향이 있다.

→ 청중 판정단이 있는 토론 수업을 운영한다.

* 출처: 이미숙, 『토론 수업의 어려움과 해결방안』

이론편

3부

토론 능력의 기초, 독서토론

01장

독서토론의 개념과 단계

1. 독서토론의 개념과 성격 이해하기
2. 독서토론의 단계와 지도

1. 독서토론의 개념과 성격 이해하기

　　문자 뜻 그대로만 보면 독서토론도 토론의 일종이다. 그러나 독서토론을 교육 활동의 중요한 방법으로 활용한다면, 독서토론은 좀 더 유연하고 융통성 있는 교육 활동으로 발전될 수 있다. 즉 함께 협의하고 탐구해서 문제를 해결해가는 '토의'의 성격을 띠어도 나쁠 것이 없다. 그래서 독서토론은 정통 토론 형식의 토론이 되어도 좋고, 다양하게 변용된 토의의 형식을 띠어도 좋다. 적어도 교육 활동으로서의 독서토론은 그러하다.

　　말이 나온 김에 토의(discussion)와 토론(debate)의 성격을 다시 한 번 환기해 두기로 하자. 토의와 토론은 큰 범주에서는 같은 것으로 묶이지만, 차차 다른 개념으로 분화되었다. 이 둘의 공통점은 여러 사람이 관여하는 의사소통 활동이라는 점이다. 또 상대를 설득하거나, 상대를 향하여 나의 생각을 주장하는 의사소통 활동이라는 점에서 공통적이다.

두 활동이 다른 점에 대해서 초등학교 국어과 교사용 지도서를 참조해 보기로 하자. 토론과 토의는 각각의 목적이나 참여자 특성 등 몇 가지 측면에서는 서로 다르다. 토의는 어떤 문제에 대하여 여러 사람이 다양한 의견이나 생각 등을 서로 나누면서 합의점이나 해결 방법을 찾는 협동적인 의사소통 과정이다. 반면, 토론은 찬반 양쪽이 나누어진 상태에서 양편이 각각 자기 쪽의 의견을 받아들이도록 상대편을 설득하는 경쟁적 의사소통 과정이다.

토의와 토론에 대한 규정이 서로 다른 만큼 토의나 토론의 주제를 정하는 방식도 다르다. 토의는 여러 사람이 서로 좋은 의견을 제시하여 합리적인 대안을 찾는 데 있으므로 찬성과 반대가 분명히 나누어지는 주제보다 문제 해결을 유도할 수 있는 주제가 적합하다. 토론 주제의 경우는 이와 다르다. 찬성과 반대로 분명히 나누어질 수 있는 주제여야 한다. 토의와 토론에 적합한 주제의 예를 비교해 보면 다음과 같다.

> **토의 주제**: 흡연 인구를 줄이려면 어떻게 해야 하는가?
> **토론 주제**: 흡연을 막기 위해서는 담뱃값 인상이 바람직하다.
> **토의 주제**: 학생회장이 갖추어야 할 조건은 어떤 것인가?
> **토론 주제**: 학생회장을 뽑을 때는 학업 성적을 기준으로 삼아야 한다.
> **토의 주제**: 외국어의 범람을 막을 수 있는 방법은 무엇인가?
> **토론 주제**: 영어 공용화 바람직하다.

이상에서 살펴본 대로 토론(debate)은 찬반의 대립과 차이를 논리적으로 부각시키는 활동인 것에 비하여, 토의(discussion)는 문제를 함께 생산적으로 풀어가는 과정상의 활동이라 할 수 있다. 독서토론에서 토론은 본래 좁은 뜻의 토론이었지만, 교육적으로 널리 활용되면서 포괄적이고 일반적인 토의의 의미로 확장되었다고 할 수 있다. 따라서 독서토론은 명칭은 토론이지만 사실상 '토의'의 개념까지도 포함하는 뜻으로 쓰인다.

독서토론의 정의

독서토론을 토론의 하위 개념으로 보면, 철저히 토론의 형식을 지키는 활동이 되어야 한다. 즉 독서한 내용에 바탕을 두고, 찬반의 입장이 분명한 토론 주제를 선정하여, 토론자 역시 찬반 양쪽이 나누어진 상태에서 양편이 각각 자기 쪽의 의견을 받아들이도록 상대편을 설득하는 경쟁적 의사소통 과정이 되어야 할 것이다.

그런가 하면 독서토론을 교육적 활동의 개념으로 보고, 독서토론이 좀 더 융통성 있는 학습 활동의 한 방식 또는 학습 활동의 한 수단으로 보려는 생각도 많다. 즉 독서토론은 책을 읽는 과정이나 책을 읽은 후, 학생들이 어떤 문제에 대해서 독서 내용을 바탕으로 서로의 경험과 지식과 의견을 소통하여 학습을 진전시켜 나가는, 그리해서 합리적으로 문제를 해결해 나가는 활동이라 할 수 있다.

독서교육 전문가들도 독서토론이 교육의 자리에서는 다양한 기능과 융통성을 발휘하는 것이 되어야 함을 인정하고 있다. 독서토론에 대한 정의는 다음과 같다.

"독서한 내용에 대해서, 학생들이 여러 가지 차원에서, 생각이나 느낌, 의견을 나누게 함으로써 더욱 수준 높은 독서가 되도록 지도하는 활동 일반을 독서토론이라 한다. 독서토론은 교사와 함께 이루어지는 활동이라는 점에서 교사의 지도 전략이 중요하다."

* 출처: 최미숙 외, 「국어교육의 이해」

이렇게 본다면 독서토론이라는 명칭에 지나치게 갇혀 있을 필요는 없다. 토론 지도를 더 잘하기 위해서는 '토론 지향의 독서토론'을 활용하고, 독서 지도를 더 잘하기 위해서는 '토의 지향의 독서토론'을 활용한다는 생각을 해 볼 수 있다. 독서토론의 개념을 더 명료하게 정리하기 위해서 필요한 인식이라 할 수 있다.

독서토론의 '활동'적 성격

읽기는 전통적으로, 문자를 지각하고 그 뜻을 아는 능력으로 인정되어 왔다. 이런 인식은 읽기를 단순한 기초 기능으로만 인식하는 것이다. 읽기의 개념을 문자 해독 기능이라고만 인식하는 것은 지나치게 좁은 개념이다. 이렇게 되면 읽기가 교육 전반에 얼마나 유익하게 쓰일 수 있는지를 깨닫지 못하게 된다. 학생들 역시 읽기를 자신의 유용한 학습 전략으로 삼을 생각을 하지 못하게 된다.

읽기가 문자를 해독하는 기능에 그치지 않고, 학생들로 하여금 인지 전략과 학습 전략을 생성하게 하고, 사고를 확장하고, 지식을 융합하며, 논리성과 심미성을 함께 익히는 데까지 나아갈 수 있음을 알아야 한다. 요컨대 교사는 '읽기의 전체 과정(whole process)'을 다양한 학습 장면에서 유익하게 활용할 수 있어야 하는 것이다. 이를 위해서는 읽기가 활동(activity)으로써 학습되어야 한다. 독서토론은 읽기를 '활동'으로 활용하는 데에 가장 중요하고도 큰 역할을 할 수 있다. 독서토론은 활동적 성격이 강한 '활동'이다. 이 점을 놓쳐서는 안된다.

'활동(activity)'이란 교육학의 교수·학습이론에 나오는 학술용어이다. 그러면 여기서 말하는 '활동'이란 무엇인가. 독서토론의 활동적 성격을 심도 있게 이해하기 위해서는 교육학에서 말하는 '활동'을 잘 알아 두어야 한다. 이는 특히 독서토론을 폭넓게 지도하려는 사람에게는 매우 중요하다.

가르치고 배우는 과정에서 '활동(activity)'은 다음과 같은 의미를 지닌다. 이들 의미를 독서토론과 관련해 이해해 두도록 한다.

첫째, '활동'이란 행동이나 행위와 밀접한 연관을 가지는 개념이다. 그런 점에서 독서토론은 움직임이 변화 있게 나타나는 활동이 되어야 한다. 독서토론의 내용에서나 독서토론을 운영하는 절차나 형식 속에 학생들의 활동이 다양하고 의욕적으로 발휘될 수 있는 것들을 포함해야 한다.

둘째, '활동'이란 하나의 목표를 지향하는 일련의 행동들이다. 교육에서 활동이란 반드시 목표를 가진 것이어야 한다. 따라서 '활동'은 잘 짜여진 체계적인 행동으로 설계되고 운영되어야 한다. 무조건 행동이 풍부하다고 좋은 활동이 되는 것은 아니다. 독서토론 역시 목표와 체계에 의하여 어떤 교육적 의도와 효과가 잘 녹아 있어야 하는 것이다. 독서토론 지도를 하는 사람들은 이 점을 특별히 유념해야 할 것이다.

셋째, '활동'이란, 학생들에게 어떤 의미 있는 경험을 학습하게 하되, 그 경험의 일부분이 아닌, 경험의 전체를 학습하도록 하는 학습 방법이다. 쉽게 말하면 무언가 의미 있는 것을 확실하게 배우게 할 때, 단순히 지식을 주입해서 배우는 것이 아니라, 어떤 주체적인 '활동'을 하게 함으로써 그것을 배우게 한다는 것이다. 학습 중에는 경험 중심의 활동보다는 단순히 지식을 암기하는 방식으로 학습하게 하는 것들도 있다. 독서토론은 학생들이 경험의 주체가 되어서 1) 읽은 책에 대해서 학습하게 하고, 2) 읽은 책으로 다른 그 무엇을 역동적으로 배우게 하는 활동이다.

넷째, '활동'이란, 학생들의 직접적 참여를 전제로 하는 학습 방법이다. 활동이 학생들에게는 학습 방법이 된다는 것을 이해하는 것은 중요하다. 동시에 활동은 교사에게는 지도 전략이 된다. 왜냐하면 어떤 활동이 학생들에게 좋은 '학습 방법'이 되도록 하려면, 교사는 그 활동을 학생들의 기대와 흥미와 수준에 맞추고, 학생들을 교육하려는 목표에 맞도록 머리를 짜서 그 활동을 만들어야 하기 때문이다. 그러자면 그것은 교사 입장에서는 가르치는 전략이 될 수밖에 없다. 만약 우리가 어떤 독서토론을 학생들의 학습 활동으로 설계한다면 그 독서토론은 이런 모든 특성을 반영해야 한다.

'활동 중심 독서교육'과 독서토론 지도 원리

앞에서 말한 대로 독서토론이 학생에게는 학습 방법이고 지도교사에게는 교수 전략이 될 수 있다. 왜냐하면 독서토론은 '잘 짜인 활동'으로 이루어지는 것이기 때문이다. 이런 독서토론으로 학생들이 학습할 수 있는 범주를 두 가지로 설정할 수 있다. 앞에서 말한 대로 하나는 읽은 책에 대해서 학습하게 하는 활동 범주이고, 다른 하나는 읽은 책으로 다른 그 무엇을 역동적으로 배우게 하는 활동 범주이다. 이 모두가 잘 되기 위해서는 독서토론도 '활동 중심 독서교육'으로 접근하고 실천해야 한다. 그 원리를 몇 가지 제시해 본다.

1) 독서토론은 토론의 내용이나 토론 주제가 학생들이 살고 있는 사회의 맥락, 학생들이 생활하고 소통하는 문화의 맥락을 잘 반영하는 것이 되어야 한다. 독서토론은 학생들의 삶, 문화, 발

달, 지식 등과 관련한 다양한 맥락에서 다루어질 수 있도록 해
야 한다.

2) 독서토론이 알차게 운영되고, 교육적 효과를 구체적으로 얻기
위해서는 목표가 구체적으로 설정되어 있어야 한다. 독서토론
에는 '독서'와 '토론'을 통해서 학생들이 얻고자 하는 지식, 기
능, 태도 등의 목표가 반드시 있어야 하며, 그것을 성취하기 위
한 적절하고도 학생들의 학습 상황에 맞는 지도 전략이 들어
있어야 한다.

3) 독서토론은 학생들로 하여금 보다 적극적인 동기와 흥미를 가
지고 책을 향하게 하는 과정이 되어야 한다. 즉 독서토론은 책
을 읽은 학생과 책의 내용(소재, 사실, 현상, 가치, 주제 등등)을 중
재하는 과정이 되어야 한다.

4) 독서토론에 참여하는 학생들은 주체적이어야 하며, 독서 행위
와 토론 행위 전 과정에 걸쳐서 자기 주도성을 드러내도록 해
야 한다. 독서토론 활동을 지속하는 동안 이러한 능동성과 자
기 주도성을 통해 자신을 포함하여 다른 참여자들을 변화시킬
수 있어야 한다. 독서토론 활동 뒤에 자신이 어떻게 변화되었
는지를 스스로 평가하고 확인하도록 한다.

5) 독서토론 프로그램은 그 과정을 지속적으로 전개·운영해 나
가는 것이 되어야 한다. 독서토론은 평상시에 반복하는 다른
학습 활동과 같다. 그만큼 학습 활동으로서의 보편적인 가치
를 가지는 활동이라는 것이다. 일회성 보여주기식 전시성 활
동으로 운영되어서는 효과가 없다. 또 이런 경험을 한 학생들
은 독서와 독서토론 모두에 대해서 부정적인 인식을 갖게 된
다.

6) 독서토론이 활동으로서 성공하려면, 목표 성취에 필요한 방법과 수단과 절차를 치밀하게 계획하고 이것을 학생들이 선택할 수 있어야 한다. 독서토론의 방법과 수단과 절차를 다양하고 치밀하게 설계하는 것은 학생들이 독서토론의 방법과 수단과 절차를 선택할 수 있는 폭을 넓히는 데도 도움을 준다.

7) 독서토론은 학생들에게 무언가를 내면화할 수 있는 활동이 되어야 한다. 독서의 효과를 정보나 지식을 얻는 데 두기도 하지만, 그 모두를 포함하여 독서의 궁극적인 효과는 독서 내용이 독자 학생의 인격과 가치관에 질적인 영향을 주는 것이다. 그러자면 독서토론은 토론에 참여하는 학생들의 개인적이고 심리적인 맥락과도 잘 호응이 되도록 해야 한다. 효과가 큰 독서토론 활동은 학생들의 개별 맥락에 맞도록 실행된다.

* 출처: 김명순, 「활동중심 읽기교육의 내용 연구」

2. 독서토론의 단계와 지도

현재의 독서토론 지도에서 가장 문제가 되는 것 두 가지가 있다. 하나는 독서토론을 지나치게 토론 형식 익히기로 몰고가는 것이고, 다른 하나는 독서토론을 토론의 승패에 집중하도록 지도하는 것이다. 두 가지 모두 독서토론의 교육적 본질을 발전시키는 데 도움을 주지 못한다. 독서토론을 매우 좁은 범위로만 다루고 있는 것이다. 그리고 독서토론을 기술적이고 기능적인 것으로만 배우게 하는 폐단이 있다. 독서토론이 토론을 배우는 것은 물론이고, 모든 학습의 방법과 전략과 활동으로 변용되고 확대되는 쪽으로 교수 아이디어를 개발해 나가야 할 것이다. 여기서는 이런 인식을 바탕으로 독서토론의 단계와 지도법을 살펴보도록 하자.

1단계: 독서토론의 방향(목표) 정하기

왜 독서토론 활동을 하는가. 이 물음에 확실한 답을 한 뒤에 독서토론 활동을 구체화하도록 한다. 이는 학생이나 교사나 마찬가지로 확인해야 할 사항이다. 독서토론의 방향과 목적을 분명히 정하는 일은 독서토론을 능동적이고 자기 주도적으로 할 수 있는 기반을 마련하는 일이다. 토론의 기술을 익히려고 하는 좁은 목표에서 벗어나서, 독서토론의 방법이 모든 학습의 전략적 활동이 될 수 있도록 하는 수준으로 넓고 크게 목표를 잡아야 한다.

이렇게 함으로써 독서토론이 현장 교육에서 다양한 양태로 발전할 수 있다. 독서토론의 방향과 목표에 따라 유형을 나누어 보면 다음과 같다. 물론 이 경우 반드시 정통의 토론(debate) 형식만 고집할 것은 아니다. 토의(discussion) 형식을 과감하게 활용한 독서토론을 할 수 있도록 한다.

1) 지식을 확장하기 위한 독서토론 유형

산업혁명, 대항해시대 관련 책을 읽은 후

→ "대항해시대에 세계 각지에서는 어떤 일이 벌어졌나. 그중에 어떤 일이 인류 발전에 가장 중요한 영향을 미쳤는가?" 라는 논제로 토론·토의하기

2) 가치나 태도를 탐구하기 위한 독서토론 유형

특정 인물의 전기를 두 권 이상 읽은 후

→ 인물이 보여준 태도와 가치를 비교하여 발견하고 그것을 옹호하기

또는 비판하기

3) 토론의 기능과 전략을 익히기 위한 독서토론 유형

대립이 첨예하게 나타나는 내용을 책 속에서 선정하여 찬반 구
분을 명료하게 분석한 후

→ 찬반 간의 주장을 논리적으로 전개하는 토론 형식으로 이끌어가
기

4) 작품의 주제를 다원적으로 해석하기 위한 독서토론 유형

주제가 다양하게 해석될 수 있는 장편 작품을 읽은 후

→ 주제 해석의 다양성을 발견하는 데 승패의 초점을 두는 토론·토
의하기

5) 경험의 통합을 위한 독서토론 유형

서로 이질적인 책(문학과 과학)을 연관하여 읽게 한 후

→ 두 텍스트의 융합을 통하여 새로운 발견과 해석을 얻게 하는 토론
·토의하기

6) 문제 해결을 위한 독서토론 유형

어떤 특정의 문제를 먼저 제시하고, 그 문제를 해결하기 위한 책
을 스스로 찾아서 읽게 한 후

→ 그 문제 해결의 방안을 두고 토론·토의하기

7) 심리적 치료를 위한 독서토론 유형

동일시하고 싶은 인물, 심리적 위안을 주는 인물 중심으로 독서
활동을 한 후

→ 심리적 치료 효과에 대한 토론·토의하기

8) 독서 동기를 강화하기 위한 독서토론 유형

동기를 강화했던 책, 동기를 약화시켰던 독서를 경험한 후

→ 강화와 약화의 과정을 분석하여 그 책들을 옹호하거나 비판하는

9) 기타 교수 · 학습 전략으로의 독서토론 유형

각 교과학습에 도움을 받았던 책을 읽은 후

→ 독서를 학습 전략으로 삼아서 성공한 경험 사례 중심의 토론·토의하기

2단계: 독서 자료 선정

독서토론에 사용할 독서 자료 선정은 독서토론을 성공으로 이끌수 있는 가장 중요한 매개물이다. 1단계에서 언급한 대로 독서토론의 목표에 부합하는 텍스트를 선정하는 것이 가장 중요하다. 그 밖에 토론의 맥락을 보다 풍성하게 해줄 수 있는 텍스트를 선정하는 것도 놓치지 말아야 한다. 특히 학생들이 좋아할 수 있는 텍스트를 우선적으로 고려한다.

텍스트에 대한 학생들의 호감이 처음에는 다소 떨어지더라도, 토론 활동 뒤에 텍스트에 대한 인식이나 호감이 올라갈 수 있도록 토론 주제를 잡고 토론의 형식이나 절차를 운영할 수 있도록 한다. 토론을 위한 독서 자료 선정의 기준을 아래에 제시한다. 물론 이것들만이 절대적인 기준은 아니다. 지도할 학생들을 잘 관찰하면 학생들로부터 자료 선정의 기준이 생겨난다. 현장에서는 이 점이 가장 중요하다.

독서토론 자료 선정 기준

1) 독서토론 목표에 타당한 텍스트인가.

2) 해당 주제를 잘 다루고 있는가.

3) 학생들의 경험 세계와 관련되어 있는가.

4) 학생들이 적극적으로 생각할 수 있고 스스로 주도하여 의견을

가질 만한가.

5) 독서토론에서 단일 텍스트 전략과 복합 텍스트 전략으로 할 것인가.

6) 독서토론에서 활자 텍스트와 미디어 텍스트를 동시에 쓸 것인가.

7) 독서토론에 운영할 텍스트를 교사 주도로 선정할 것인가, 학생 주도로 선정할 것인가, 아니면 복합적으로 선정할 것인가.

3단계: 독서토론 주제(제목) 선정하기

독서토론 주제 정하기는 토론의 내용과 범위를 정하는 것이라 할 수 있다. 같은 주제라도 학생들이 관심을 가지고 논의하기 좋은 쪽으로 토론 주제를 다듬을 필요가 있다. 예컨대 '심청전에서 효의 주제는 현재도 중요하다.'라는 논제로 찬반토론을 하는 것과 '심청이가 현대사회에 살았다면 아버지의 눈을 뜨게 하기 위해서 구체적으로 어떤 행동과 노력을 했을까?'로 토의형 토론 주제를 주는 것은 학생들의 흥미와 접근을 불러일으키는 데에 차이가 있을 수 있다.

독서토론 주제 선정하기에서 지도교사가 유의할 항목들을 제시해 본다.

1) 토론 관심이 집중될 수 있는 주제로 부각시킨다. 토론해 보고 싶은 관심은 개인적 관심사이기도 하지만, 학생들의 또래 세대가 가지는 관심사일 수도 있다. 더 나아가서는 학생들이 살고 있는 이 시대의 관심사 내지는 당대의 문화적 관심사 등으로 확장할 수 있다.

2) 대주제와 소주제로 구분하여 토론 진행의 원활한 효과를 도모한다. 주제가 너무 일반적이고 포괄적이면 학생들이 접근하기

어렵고 토론도 추상적으로 진행될 수 있다. 대주제를 구체화하는 소주제를 함께 부여하여 일반성과 구체성이 조화를 이루도록 한다.

3) 주제 선정 시기는 토론 활동 훨씬 이전에 잡는 것이 바람직하다. 토론 활동은 토론 주제를 접하는 것으로부터 시작되는 것이기 때문이다. 이처럼 주제 공개를 미리 하는 것은 토론 활동을 위한 충분한 준비를 갖출 수 있도록 한다는 데에 이점이 있다. 공식적인 토론대회에서는 토론에 임하여 비로소 토론 주제를 받는데 이는 어디까지나 대회 운영의 편의를 고려한 것이지 일반 학습 활동에서는 토론 주제를 일찌감치 선정 공개하는 것이 바람직하다.

4) 독서 자료(텍스트)의 내용 요소와 잘 조화를 이루는 주제로 뽑아낸다. 이는 너무도 당연한 원리이다. 그러나 특정 텍스트에 상투적으로 선정되는 토론 주제를 그대로 사용하는 것은 바람직하지 않다. 토론 주제가 텍스트 내용에 부합하는 것이기는 하되, 새롭고 참신한 발상이 토론 주제에 반영되도록 한다.

5) 학생들의 표현 감수성에 눈높이를 맞춘다. 토론해 보고 싶은 동기가 생기도록 학생들의 표현 감수성을 잘 건드려 줄 수 있는 토론 주제가 정해지도록 한다.

4단계: 독서토론 집단 구성

토론 집단 구성은 토론의 형식과 연관되는 것이다. 그러나 그보다는 오히려 독서토론의 목표와 밀접한 관련을 가진다. 이런 학습 목표를 달성하기 위해서 독서토론을 한다면, 토론 집단 구성을 어떻게 하는 것이 유효한지를 여러 모로 생각해 보아야 한다. 또 학생 수가 많을 때는 토론 활동에 직접 참여하지 않는 학생들에게도 자료 수집자, 자료 분석자, 배심원, 진행 기록자, 평가자 등의 적절한 역할을 줄 수 있도록 한다.

토론 집단 구성의 원칙을 제시해 보면 다음과 같다.

1) 수업 기준일 때는 4~6명으로 소집단을 구성하고 소집단 중심으로 토론을 운영한다.

2) 토론의 유형과 형식에 따라 토론 조는 3명 이내로 하고, 그 역할을 교대로 한다.

3) 토의에 소외되는 학생이 생기지 않도록 개별적으로 배려하고 적절한 역할을 부여한다.

4) 각 소집단별로 토론 사회자, 기록자, 발제자, 반대 토론자(심문자) 등을 정한다.

5) 경우에 따라서는 전체 토의 과정을 관찰하는 관찰자를 별도로 둘 수 있다.

6) 역할 배당은 토론·토의 주제를 바꾸어 가면서 번갈아 구성할 수 있다.

7) 가급적 학생들의 선택권을 존중해 준다.

5단계: 독서토론의 발제 내용 준비

토론의 발제 내용은 일단 글로 써서 준비하는 경우가 대부분이다. 물론 이렇게 글로 준비하고 가급적 주장하는 말하기의 형식으로 발제를 해야 하겠지만, 발제를 쓰기로 준비하는 과정에서 주장과 내용의 논리성을 더 명료하게 구성하고 확인할 수 있다. 토론의 형식에 따라서는 제1발제, 제2발제, 종합 정리 발표 등으로 역할이 구분되고, 각 역할마다 발표 내용을 미리 준비해 둔다. 이는 물론 토론 진행 흐름과 상황에 따라 수정되거나 추가되거나 삭제될 수 있다.

발제 내용을 준비하는 일반적 원칙은 다음과 같다.

1) 발제에 사용할 주장과 근거를 준비한다.

2) 발제 발표문의 분량, 내용, 발표자 선정은 학생들이 자율적으로 한다.

3) 발제 발표문 작성 시 토론 상황에 따라 교사가 적절히 돕는다.

4) 발제 발표문 내용은 독서토론의 목표에 따라 다르다.

　〔예〕소설일 경우: 내용 요약/인물에 대한 느낌/작가 정보 등등

　〔예〕논설일 경우: 논지 정리/비판 사항/의견/보충자료 등등

5) 독서토론을 시작할 때 발제발표문을 발표하면, 이후 의견을 엮어가는 데 도움이 된다.

교사 준비 사항

1) 지도교사는 책을 반드시 다시 읽는다.(이전에 읽은 책이라 하더라도)

2) 책의 내용에 관한 것이라면 어떤 세부적인 사항에 대한 질문도 답변이 가능해야 한다.

3) 토의 자료에 대해서는 미리 다양한 정보를 수집해 온다.

4) 교사는 학생들의 토의 과정에 발표를 보충하거나 도움을 제공한다.

5) 가급적 토의의 흐름을 해치지 않도록 한다.

6) 독서토론을 승패 결정의 대회 방식으로 할 때와 일반 학습 활동으로 할 때는 교사의 역할과 개입 정도가 다르다. 전자는 독서토론 진행 중 교사 개입을 최소화하고 대신 평가 활동을 강화한다. 후자는 가급적 자주 개입하여 학습 활동으로서의 기

술적 효과를 최대한 거둘 수 있도록 한다.

6단계: 토의 진행

독서토론 진행 과정에서 발제자들이 각자의 주장을 발표하고 다른 발제자들의 주장에 대한 자신의 해석이나 비판, 관점을 자유롭게 밝힐 수 있도록 하는 것이 중요하다. 서로 다른 생각이나 의견에 대해서는 이의를 제기하고 묻고 답하는 과정에서 근거를 말하고 논리적으로 판단하는 과정을 경험하게 된다.

문학 독서토론의 경우, 상상력의 고양이 드러나는 독서·토의가 바람직하다. 해석의 다양함을 경험하게 하고, 가치 판단의 여러 가지 방향을 맛보게 하고, 토론자들 간의 정서적 반응을 서로 살펴보고 확인해 보게 하는 토론이 되면 좋다. 그렇다고 문학 독서를 꼭 문학 능력으로만 다루어 문학 주제로만 가져갈 필요는 없다. 문학 텍스트를 읽고서도 현실적 문제를 논리적으로 이해하고 판단하는 토론 주제를 얼마든지 설정할 수 있다.

도입 활동

• 진행 방식: 사회자는 책명, 토론 주제, 필자, 글의 기본 정보 등을 알리며 진행한다.

> 1) 학생 활동: 각기 분담한 내용을 조사하면서 책 내용, 책에 대한 정보를 파악한다.
>
> 2) 교사 활동: 사전에 준비한 각종 정보를 알려 주며, 학생의 조사 내용을 보충한다.

전개 활동

• 진행 방식: '토론자 발제-사회자-토론자 간 의견 교환(반복)-기록자 정리' 순으로 진행한다.

  1) 학생 활동: 토론 팀별로 준비한 발제 내용을 발표하고, 상대 발제에 대해 충분히 의견을 교환하고 참여한다.

  2) 교사 활동: 발제가 원활하게 제시될 수 있도록 독려한다. 의견이 충분하게 표현될 수 있도록 도와준다. 발제 과정에서 제기되는 질문에 답한다.

정리 활동

• 진행 방식: 사회자는 발제 의견들을 정리하여 발표하고 다른 의견이 없는지 확인한다. 논의 내용과 논의 과정에 대해서 각자 반성과 평가를 하게 한다.

  1) 학생 활동: 사회자의 정리 내용을 듣고 의견이 더 있으면 발표한다. 각자 토론에 대해 반성하고 평가한다.

  2) 교사 활동: 지금까지의 과정 및 내용에 대해 평가한다.

7단계: 정리 및 평가

독서토론이 의미 있는 학습 활동이 되려면 토론에 대한 정리·평가가 대단히 중요하다. 토론을 잘하고도 정리·평가가 소홀한 토론 운영보다 토론을 다소 못하고도 정리·평가가 충실한 것이 교육적으로는 더 의미가 있다. 정리 및 평가의 일반적인 순서와 활동은 다음과 같다.

독서토론 후 토론 참여 학생들의 정리 평가 순서

  1) 사회자가 발제된 내용과 논의된 내용을 정리하여 발표한다.

  2) 못다 한 이야기가 있으면 팀별로 또는 개인별로 돌아가며 발
      표한다.

  3) 토론에서 나온 내용 중, 자신이 생각해 보지 않았던 것들에 대
      해 다시 생각해 본다.

  4) 자신의 의견과 관점을 되돌아보고 정리한다.

  5) 대한 교사의 전체적인 평가와 피드백(feedback)을 받는다.

교사의 역할

  1) 토론 과정에서 나온 여러 가지 의견들의 성향과 분포를 정리
      해 준다.

  2) 학생들의 막연한 평가를 찾아내어 토론의 성과를 구체적으로
      생각하도록 유도한다.

  3) 더 생각할 여지를 남기는 식으로 마무리를 하는 것이 좋다.

  4) 토론의 준비, 진행 등 토론 자체의 과정에 대해 평가해 준다.

  5) 더욱 발전적인 독서토론을 위해 차기 독서토론에 대한 기대를
      주문한다.

02장

독서토론의 유형과 지도 기술

1. 독서토론의 유형
2. 독서토론의 지도 기술(Teaching Skill)
3. 독서토론 지도의 역량 기르기

1. 독서토론의 유형

독서토론의 유형에 대해서는 특별히 정형화하여 너무 경직되게 고정시키지 않도록 한다. 그렇게 해야 독서토론을 창의적으로 운영하고 발전시킬 수 있기 때문이다. 이 책의 다른 장에서 토론의 여러 유형에 대해서 상세한 정보와 설명을 소개해 놓았다. 독서토론의 형식과 유형을 새롭게 개발하려 할 때는 일반 토론의 여러 형식과 유형을 참조하되, 독서토론의 목표와 상황을 보다 융통성 있게 반영하는 쪽으로 노력해야 할 것이다.

여기서는 그간 있어왔던 독서토론의 유형 몇 가지를 소개한다. 거듭 강조하지만 여기 소개하는 독서토론 유형에 고착되지 말고, 학생들에게 적합한 독서토론 유형을 부단히 새롭게 개발해 나가야 할 것이다.

양서탐구 독서토론

양서탐구 토론은 독자가 책을 읽고 해석하며 작가가 말하는 것이 무엇인지를 이해하려는 데 초점을 두는, 즉 해석적 과정을 중시하는 독서토론 유형이다.

독서 모임의 리더(교사, 학생 모두 가능)는 독서 모임의 구성원들에게 그들이 읽은 작품의 핵심 문제를 탐구해갈 수 있는 질문을 만들어 제공한다.

리더는 문제의 답을 주지는 않는다. 문제의 답은 토론을 통하여 구성원들이 찾는다. 리더는 답을 찾아가는 길을 질문을 통하여 안내할 뿐이다.

구성원들은 자신의 생각과 느낌을 가지고 토론에 임하며, 다른 사람의 생각을 존중하고 서로의 생각과 느낌을 교환한다.

대화식 독서토론

대화식 독서토론은 안락한 분위기에서 영화에 대해 자유로운 대화를 하듯이 읽은 책에 대하여 대화를 나누는 방식으로 이루어진다.

대화식 독서토론은 교사의 개입과 통제가 쉬운 교실 상황에서 모든 학생들의 참여를 우선 강조한다. 토론의 구체적인 과정은 다소 비형식적이다.

대화식 토론은 1) 규칙 소개하기, 2) 질문에 대해 토론하기, 3) 되짚어 보기(반성하기)의 세 단계로 진행된다.

토론 방식은 1) 구성원들이 작품의 문제에 몰입하기, 2) 독자 자신의 생각을 반성적으로 검토하기, 3) 모든 독자들이 참여하기, 4) 작품 이해의 과정이나 토의 과정에 대해 되짚어 보기(반성적으로 생각하기) 등으로 이루어진다.

토의방식 독서토론

토의방식 독서토론은 작품을 읽고 난 후 흔히 나타나는 견해의 불일치나 상반되는 생각을 보다 명료하게 하려는 데 목적이 있다.

이 토론은 작품에 대한 다양한 견해가 있을 때, 작품의 해석에 도움을 준다. 학생들은 다른 사람이 같은 작품을 어떻게 해석하고 이해했는지를 자신의 것과 비교해 봄으로써 그들의 해석을 보다 깊고 넓게 해석할 수 있는 것이다.

이 토론에서 학생들은 자신의 생각을 다시 한 번 검토하는 기회를 갖게 된다. 또한 특정 학생이나 교사가 토의를 주도하는 문제를 극복할 수 있게 해 준다.

독서 워크숍

실천적인 읽기 경험을 지속적으로 강조하는 방식이다. 이를 위해 읽기 학습의 상황을 워크숍 형태로 특정 기간 동안(1학기나 1년 과정으로) 조직할 수 있다. 독서 워크숍을 진행하기 위해 모둠별로 모여 앉도록 한다. 또 전체 토의를 위해서는 책상을 타원형이나 반원형으로 꾸미도록 해서 구성원에게 독서 공동체라는 소속감을 준다.

이런 워크숍에서는 학생의 실제적 독서 활동과 읽은 것에 반응하는 활동을 늘리도록 한다. 읽기는 숙련되어야 할 기능의 단순한 나열이 아니라 의사소통이며 동시에 사고를 공유하는 수단이다.

어떤 환경의 교실이건, 될 수 있는 한 많은 읽기 자료로 교실 환경을 조성한다. 가능한 많은 책들, 잡지들, 신문들을 이용 가능하게 한다. 게시판에 정보를 게시하고, 읽기를 촉진하는 분위기를 만든다. 이는 독서학습의 분위기를 이끌고 수업 내용을 충실하게 하기 위함이다.

독서 워크숍 활동일지를 작성하게 한다. 활동일지는 워크숍의 핵심 요소이다. 학생들은 읽은 것에 대한 자신의 반응을 적고, 질문에 대답하고, 메모하고, 의견이나 감정을 적고, 스스로 제기한 의문점을 적는다. 활동일지가 학생들의 반응과 메모를 포함하기 때문에 이것은 모둠 만남이나 토의에 필수적이다.

워크숍에 모둠 토의를 활용하는 방법은 다양하다. 학기 초에는 한 번에 한 모둠을 만날 수도 있고, 일단 학생들이 익숙해지면 동시에 여러 모둠을 만날 수도 있다.

모둠 토의는 필요에 따라 매일 하거나 일주일에 2~3회 하거나 주1회 등으로 할 수 있다. 중요한 것은 학생들이 읽는 자료가 토의할 가치가 있을때만 만나야 한다는 것이다.

모둠의 효율성을 높이기 위해 학생에게 특별한 임무를 줄 수 있다. 모둠을 토의 문제에 집중하게 하는 모둠장, 토의에서 나온 생각들을 받아 적을 기록자, 다른 그룹과 의견을 나눌 발표자를 선정할 수 있다. 모둠을 운영할 책임을 나누어 맡을 기회를 학생들이 각각 누릴 수 있도록 몇 번의 만남 뒤 이런 임무는 교체되어야 한다.

＊ 출처: 김명순, 「활동 중심 읽기교육의 내용 연구」
김라연, 「모둠 독서활동에서의 독서행동 변화 양상 연구」

2. 독서토론의 지도 기술(Teaching Skill)

　　독서토론의 지도 기술은 다양하지만 여기서는 일반적 절차에 따라 지도 시 교사가 챙겨야 할 사항들을 제시하였다. 독서토론 지도 시 교사의 준비 항목을 챙겨 보거나, 실제 독서토론 수행 시 교사의 구체적 행동 사항들을 점검하는 체크 리스트처럼 활용할 수 있을 것이다.

독서토론 예비 활동 지도

1) 읽을 텍스트를 선정하는 방식
- 자기 주도적 선정 방식
- 교사 주도적 선정 방식
- 절충적 선정 방식
- 선정 자체를 독서토론의 형식으로 처리하기

2) 토론용 텍스트 완독시키기
- 완독의 수준과 읽기의 밀도 정하기(학생들에게 미리 공지)
- 완독으로 유도하는 전략 개발하기
- 완독 시 독서 과정에서 특별히 유의할 점 제공하기
- 완독 여부 진단하기

3) 토론 목표와 결부하여 읽기
- 토론 주제별로 주장과 논거 선정하기
- 논거들을 체계적으로 범주화하기
- 논거의 우선순위 매기기

- 심층 논거를 댈 때 논거들 간의 관계에 따른 '논거의 구조' 만
  들기
- 개인별 독서 수준과 모둠별 독서 수준 구별하여 진단하기

4) 토론 자료 노트 만들기
- 해당 텍스트와 연관되는 생활 경험 수집하기
- 연관되는 다른 텍스트 연결하여 토론 내용 강화하기
- 예상 반론 설정 및 반박하기
- 같은 토론 조끼리 토론 자료 노트 공유하기

실제 토론 활동 수행 지도

실제 토론 활동 수행을 지도할 때는 지도교사 자신만의 고유한 지도안을 반드시 마련해 두어야 한다. 이 지도안이 반드시 모범적일 필요는 없다. 지도교사가 이 독서토론을 실제로 조정하고 지도하는 데 유용하면 그만이다. 토론 진행을 위한 것으로 방송 프로그램 진행 시의 콘티 같은 것으로 생각하면 좋다. 토론 지도 수업은 자칫하면 교사의 기획 통제에서 벗어나기 쉽다. 학생들의 자발성과 창의성은 존중하되, 지도의 방향과 기본 통제력은 교사가 확실하게 이끌 수 있어야 하기 때문이다. 지금 진행하고자 하는 독서토론과 유사한 토론 활동의 사례를 미리 학생들에게 보여 주는 것도 효과적이다.

1) 도입 단계 지도
- 토론 목표 확인시키기
- 평가 목표 및 평가 내용 공지하기
- 텍스트를 읽고 수용·소화한 수준 진단하기

•　토론 진행 규칙 지침(매뉴얼)을 학생들 요구에 맞추어 조정하
　　고 공지하기
— 토론 진행 규칙은 공식적 규칙 지침과 비공식적 규칙 지침을 각각
　상정해 보고, 그 중간에 있는 어떤 수준의 것을 정하되, 학생들과
　의논하여 정한다. 토론 진행 규칙은 '지금 여기'의 내 수업 상황과
　내 학생들의 교육 목표에 가장 부합되는 것으로 만들도록 한다.

2) 토론 진행 시 교사의 지도 기술

— 교사는 학생들에게 토론 진행 사회자의 역할을 보여줌으로써 토
　론의 형식과 절차를 학생들이 잘 체득하도록 한다. 또한 교사는 토
　론 진행 사회자의 역할 모델을 다양하게 보여 주어야 한다. 독서토
　론이 교육적 효과를 얻기 위한 것이라면 토의와 토론을 병행 운영
　할 수 있다.
— 교사는 토론과 관련하여 텍스트 내용을 언급하되 양측 토론자들
　에게 객관성과 공정성을 유지한다. 텍스트를 해석하는 방법을 가
　르치거나 텍스트의 내용에서 자신의 주장과 논리를 이끌어 내는
　요령 등을 주로 지도한다.
— 텍스트 상호성을 풍부하게 끌어들인다. 독서토론도 더 많은 독서
　를 하게 하는 데에 기여하기 위한 중간 활동이다. 따라서 독서토
　론 지도 과정에서는 독서토론에서 읽도록 한 본 텍스트와 높은 상
　관성을 가지는 그밖의 읽을거리들에 대해서도 자연스럽게 흥미와
　동기를 가지도록 유도한다.
— 토론이 교착 상태에 빠지거나, 토론 규칙을 어기는 일이 생기면
　이를 효과적으로 수습한다. 토론이 교착 상태에서 맴돌고 있거나
　토론 학생들이 토론 전체의 흐름을 바르게 이끌어 나가지 못할 때,

토론의 맥을 살릴 수 있는 적절한 방향과 내용거리를 제시해 준다.

— 토론 발표자들의 발언 내용을 효과적으로 종합하고 이를 여타 학생들에게 분배할 수 있어야 한다. 교실 내에서 바람직한 독서토론 지도는 토론자들 사이에 다소 불충분하고 불명료하게 제시되고 발표된 내용을 교사가 요령 있게 정리하고 재현하여 다른 학생들에게 알려 주는 것이다. 가능하면 요령부득의 발표 내용을 복구하고 정리하여 학생 전체에 제공해준다. 예컨대 "네가 말하려는 것이 이런 내용이라고 보면 되겠니?"하고 정리해 주는 것이다.

— 진행 간 또는 진행 후 적절한 피드백을 다채롭게 제공해 주어야 한다. 독서토론 지도교사는 토론에 참여하여 발표하고 활동한 학생에 대해서 일정한 평가와 피드백을 반드시 해 주어야 한다. 이 대목에서 학생들은 실질적인 토론 학습 능력이 형성된다.

— 실제 토론에서 시간 규칙은 매우 엄중하다. 토론자들은 주장 내용이나 반박 내용을 정해진 시간 내에서 효과적으로 말하고 처리하는 능력을 가져야 한다. 따라서 교사는 사용 시간 예고제를 실시하여 유연하고도 합리적으로 시간 통제를 하도록 한다.

— 토론의 방해 요소를 제압할 수 있는 능력을 가져야 한다. 토론 방해사항이 생기면 이를 경고할 별도의 진행적 장치가 필요하다. 이를 위해서 벌점 제도를 사전에 정하여, 이를 토론 시에 적용하도록 한다.

— 학생들이 토론에 활용할 자료를 교사가 별도로 준비할 수도 있다. 이는 물론 의도적인 제공이며, 이 경우 제공하는 시기가 중요하다. 토론에 참여하는 찬반 양측의 사람에게 공평한 시기에 공평한 자료가 되도록 한다.

독서토론 지도에서 범하기 쉬운 지도상의 오류

- 주장과 논거를 평가하고 지도할 때 범할 수 있는 논리적 오류
- 토론 진행 간 잘못된 피드백을 주는 오류
- 텍스트 내용 정보를 잘못 파악하고 있는 데서 범하는 오류
- 토론 활동 평가에 대한 오류
- 공지된 규정(매뉴얼) 불이행의 오류
- 토론 진행 시 시간 통제의 오류
- 토론을 진행하거나 토론 발언을 정리할 때의 언어적 오류
- 공정성을 어기는 오류

3) 토론 지도의 효율을 위한 여러 운영 장치들

— 텍스트에 바탕을 둔 토론 논제를 정할 때는 가급적 참가자가 함께 참여하도록 한다.

— 토론 전 약간의 비공식적 연습 활동으로 토론 활동에 대한 자연스러운 숙련이 필요하다.

— 토론 활동에 긍정적 암시를 주기 위해 우수 사례 및 실패 사례를 준비하여 소개한다.

— 배심원 모둠을 운영할 것인지를 미리 결정한다.

— 배심원들에게는 평가 목표를 상세화하여 미리 공지하고, 이에 따라 평가하도록 한다.

— 토론 진행 간 전략 회의 시간 운영을 통해서 독서토론 학습의 효과를 높인다.

— 문제 해결식 토의 방식에서 찬반 토론 방식에 이르기까지 다양한 토의토론 모둠을 구성한다.

— 토론 진행 방식을 먼저 결정하여 각 토론팀(모둠)별로 적절한 역할

을 분담하도록 한다.

— 토론 효과로서 사고력과 언어 기능의 향상을 학생들이 체감할 수 있도록 한다.

— 토론이 끝났을 때 또 다른 독서 욕구를 강화할 수 있도록 한다.

— 토론 활동에 따라서는 기록을 담당하는 서기의 역할이 중요하다.

— 적절한 미디어 자료를 독서토론에 활용한다.

— 인터넷 검색을 해가며 독서토론하기 훈련을 시도해 본다. 이는 독서토론이 학습 활동으로서의 토론 효과를 극대화하는 데에 도움이 되기 때문이다.

— 토론의 결말을 양측이 공동 선언 발표 형식으로 할 수도 있다. 이렇게 함으로써 독서토론을 통해서 학생들의 종합적 사고력을 높이고, 독서토론 활동과 쓰기 활동과의 연계를 강화할 수 있다.

4) 토론 목표와 결부하여 독서 유도하기
— 토론 활동 기록자 정하기
— 토론 과업에서 어디가 얼마나 어려운지 분석해 보기
— 토론의 성공 포인트 찾기 또는 토론에 기여한 사람 선정하기
— 독서토론에서 나타난 원래 텍스트 읽기의 잘잘못 따져 보기
— 토론 주제와 관련된 경험의 적절성 따져 보기
— 이 토론에 연속되는 독서토론 주제 정해 보기
— 교사에 대한 요구 수렴하기
— 다음 단계 독서토론 과업 구체적으로 설계하고 공지하기

독서토론의 평가 지도

독서토론에 대한 학생들의 자기 평가 항목

- 책을 다 읽었는가.

- 발제 준비는 충실했는가.

- 이전의 다른 독서 경험을 동원했는가.

- 토론 주제에서 벗어나지 않았는가.

- 토론의 내용과 과정을 잘 정리하고, 반성점을 찾았는가.

독서토론 참여 학생에 대한 교사의 평가 항목

1) 사전 준비도

- 토론을 위해 선정한 텍스트를 제대로 읽었는가.

- 토론 주제를 적극적으로 이해하려고 하는가.

- 토론의 흐름을 잘 파악하면서 적응하는가.

2) 독서토론을 위해 선정해 둔 텍스트 이해

- 읽은 텍스트 내용을 자신의 경험과 연결하여 잘 해석하고 있는가.

- 읽은 텍스트 내용에서 주장과 논거를 충분히 끌어내고 있는가.

- 읽은 텍스트와 상호성을 지닌 다른 텍스트를 적절하게 활용하고 있는가.

3) 토론에서의 주장과 논거

- 의견을 말할 때 논리적인가.

- 근거는 타당한가.

- 예시는 적절한가.

- 논지에서 벗어나지 않는가.
- 상대방의 관점을 정확히 읽었는가.

4) 토론의 평가

- 토론에 참여하는 태도는 적극적이었는가.
- 토론 결과, 잘 한 점과 부족한 점을 정리하였는가.
- 자기 평가와 동료 평가를 하였는가.
- 새로운 독서토론에 의욕을 가지는가.

3. 독서토론 지도의 역량 기르기

독서 능력에 대한 관점을 확실히 해두어라

독서토론은 일차적으로 독서 능력을 길러 주는 데 있다. 이들은 서로 순환적 관계이어서 독서 능력을 길러 주면 독서토론도 잘 할 수 있다. 이 두 가지 방향을 교사는 다 인식하고 있어야 한다. 지금 내가 지도하고 있는 것이 독서 능력을 길러 주기 위한 독서토론인가, 아니면 독서토론 능력을 길러 주기 위해서 독서 능력을 환기하는 것인가. 이 점을 항상 분명히 해야 한다. 그 어느 쪽이 되든 '독서 능력'의 개념을 확실히 인식해 두자. 이 책 3장에서는 독서토론 능력이 어떤 능력인지를 소상히 밝혀 설명해 두었다. 독서 능력과 독서토론 능력은 서로 공유하는 요소들도 있지만 서로 다른 점도 있다. 이 점을 잘 파악해 두도록 하자.

1) 독서 능력은 이해하는 능력이다.

2) 독서 능력은 의미를 구성하는 능력이다.

3) 독서 능력은 읽기 전략을 생성하는 능력이다.

4) 독서 능력은 앎을 통합하는 능력이다.

5) 독서 능력은 읽기로 문제를 해결하는 능력이다.

6) 독서 능력은 책을 읽을 때, 이전의 지식과 경험들을 잘 동원하
   는 능력이다.

7) 독서 능력은 책의 내용들과 나누는 대화 능력이다.

8) 독서 능력은 쓰기 능력과 밀접한 관련이 있는 능력이다.

독서 동기 강화를 독서토론으로 하라

처음부터 본격적인 독서토론으로 들어가지 말고, 학생들의 독서 동기를 강화해 주는 것이 중요하다. 독서 동기가 강화되면 독서토론에 대한 동기도 함께 강화될 수 있다. 그런데 독서 동기를 강화하는 방법(활동)으로서 바로 독서토론을 활용하라는 것이다. 이때의 독서토론은 형식이나 운영에서 약간의 변용을 필요로 한다.

→ 다음 주제들을 가지고 독서토론(독서토의)을 해 보도록 하자.

1) 나는 지식에 대한 목마름을 이렇게 겪어 보았다.(중등)

2) 나는 알고 싶은 것을 해결하고 신명이 났던 적이 있다.(초등)

3) 나는 외부에서 주는 자극(용돈, 칭찬 등) 때문에 책을 읽어야 한
   다고 생각한 적이 있다.

4) 나는 외부 자극이 아닌 내 마음에서부터 책을 읽고 싶은 생각
   이 들 때가 있다.

5) 내가 현재 알고 있는 것에서 더 넓혀서 알고 싶은 분야는 무엇
   인가.

6) 나의 직업 포부는 무엇이고 그것을 위해서 나는 어떤 독서 계획을 가지고 있는가.

7) 나의 지식 탐구나 전문성 계발에 내가 본받고 싶은 인물을 말해 보자.(복수 인물 가능)

8) 내가 닮고 싶은 지식 위인들의 전기를 읽어 본 경험들에 대해 토의해 보자.

9) 독서와 관련해서 내가 가지고 있는 동기는 무엇인가.

+ 지도 길잡이

• 이들 주제를 발표하는 사람은 반드시 발표 내용 가운데 간략한 독서 경험(성공이든 실패든 상관없음)을 포함하여 발표한다. 발표 시간은 2~5분으로 정하고, 발달 단계나 상황에 맞게 조정한다.

이 독서토론(토의)은 상담 형식처럼 진행한다. 멘토조와 멘티조로 모둠을 나눈다. 3명 1개 조 편성을 할 수 있다. 멘티조가 먼저 위의 주제에 맞추어 자신의 독서 경험과 독서 동기에 관한 고백적 발표를 한다. 그러면 멘토조가 조언과 격려를 해주는 방식으로 독서토론을 진행한다. 멘토조가 특별한 조언 능력이 없더라도 일단은 즉석에서 진행을 해 보면, 그 과정에서 많은 것을 깨닫게 된다. 최종적인 지도 조언은 물론 교사에 의해서 이루어 지도록 한다.

자신의 독서 경험을 재발견하게 하는 독서토론을 하라

이전의 독서 경험을 끄집어내어 그것을 다른 친구들과 비교하고 서로 공유해 보이는 과정을 경험하는 것은 독서 능력을 기르는 데 중요하다. 그러는 과정에서 나의 독서 경험을 재발견하고, 자부심과 반성할 점을 확인함으로써, 새로운 독서 전략과 독서 정체감을 기를 수

있다. 그런데 이 모두를 독서토론(독서토의)의 방식으로 시도해 보자
는 것이다.

→ 다음 주제들을 가지고 독서토론(독서토의)을 해 보자.

1) 나의 독서 경험 중 성공적이었던 독서는? 실패했던 독서는?
   이유는?
2) 나는 삼국지(특정 텍스트를 상황에 맞게 정할 것)를 읽을 때 이런
   전략으로 읽는다.
3) 나는 삼국지를 읽을 때 어떤 지식을 어떻게 동원하여 지금 이
   독서에 연결하는가?
4) 내가 자주 설정하는 독서의 목적은 무엇인가?(세 가지 예시하
   기)
5) 나의 독서 전략은 문종(장르)에 따라 어떻게 다른가.
6) 텔레비전 볼 때와 책 읽을 때의 자세를 비교해 보기
7) 나의 독서 경력을 지도로 나타내어서 소상하게 설명하기

위에 제시한 토론 주제를 한 가지 선정하여 한 모둠의 구성원들
이 각기 자신의 독서 정체성을 발표하면, 다른 모둠이 '조언조'가 되
어서 역할을 한다. 이 과정에서 발표조와 조언조는 서로의 독서 습관
이나 독서 방법을 비교해 볼 수 있다. 최종적인 지도 조언은 물론 교
사에 의해서 이루어 지도록 한다.

문학 독서와 비문학 독서를 통합하는 독서토론을 하라

독서토론의 일반적 관행에 문학 텍스트는 문학토론의 방식으로
만 하는 경향이 있다. 문학 능력을 길러주는 데 초점을 두는 것이라

면 그러한 독서토론을 할 수 있을 것이다. 그러나 독서토론의 일반적 능력을 길러주는 것이라면 문학과 비문학을 과감하게 통합하는 독서 토론을 기획하고 적용하는 노력을 더 강화해야 한다. 이렇게 함으로 써 토론 활동을 통해서 자기 주도적으로 앎을 구성하는 능력을 기를 수 있다.

→ 이를 위해서 다음의 방법들을 활용한다.

1) 문학 독서와 일반 독서를 지나치게 구별하지 말라.
2) 문학 작품을 너무 고립적으로 읽지 말라.
3) 문학과 비문학은 우리의 삶과 사고 속에서는 서로 융합되어 있다.
4) 문학 작품은 역사, 문화, 법률, 과학, 지리, 풍속, 심리 등의 분 야와 깊은 연관을 가진다.
5) 문학을 읽고 그 내용을 비문학적으로 논하는 독서토론을 시도 해 보라.
6) 비문학을 읽고 그 내용을 가장 문학적으로 논하는 독서토론을 시도해 보라.
7) 문학은 다른 분야를 향해 무한정 개방될 수 있다. 이처럼 문학 독서를 바탕으로 개방된 토론 주제를 만들자.
8) 문학 독서에 초점을 둔 독서토론의 경우, 문학 상상력 기르기 에만 초점을 둔 독서토론을 기획·실천해 보자.

해석 능력을 길러 주는 독서토론이 되게 하라

일반 토론과 달리 독서토론의 핵심은 텍스트를 해석(解釋)하는 능력이 핵심을 이룬다. 독서토론에서 능력 있는 토론자는 해석 능력을 갖춘 사람이다. 논지의 흐름을 바꾸고, 상대의 주장과 논거를 더 강력한 논거로 전복시키는 힘은 텍스트를 남보다 더 통찰력 있게 해석하는 힘에서 나온다. 특히 문학 텍스트를 중심으로 하는 독서토론에서는 해석 능력을 길러야 한다.

해석이란 '언어 표현이 지니는 숨은 의미를 명확히 하는 것'을 말한다. 해석에는 일정한 입장이 있어야 하고, 해석을 하는 방법이 있어야 한다. 입장과 방법으로 텍스트의 의미를 명확히 하려는 것을 해석이라 한다.

→ 이를 위해서 다음의 원리와 방법들을 독서토론 시 적용해 보자.

해석의 이해

- 책을 읽고 그 표현과 의미를 해석하는 것은 가장 적극적인 독서이다.
- 해석은 객관성을 지향하지만 주관성을 피할 수 없다.
- 주관성도 객관성 못지않게 중요하다. 주관성은 정당화될 수 있는가.
- 독서하는 동안 나와 다른 주관적 해석들을 수용하거나 반박해 가면서, 내 생각의 변화를 스스로 관찰해 보자.

해석의 방법

- 해석의 방법 ① — 언어 자체를 분석하라.
- 해석의 방법 ② — 체험에 비추어 보라.
- 해석의 방법 ③ — 일반적으로 통용되는 상식이나 지식에 비추어 보라.

- 해석의 방법 ④ — 이전의 다른 해석과 비교해 보라.
- 해석의 방법 ⑤ — 새로운 해석을 시도해 보라.
- 해석의 방법 ⑥ — 네가 해석한 그 의미가 맞는지 다시 생각해 보라.
- 해석의 방법 ⑦ — 텍스트에 숨어 있는 상징을 찾아내 보라.(신화 해석)

융합과 통섭의 경험을 강화하는 독서토론이 되게 하라

독서토론의 과정에서 토론 참여자는 필연적으로 알고 있는 지식들 간의 융합을 경험하게 된다. 독서로 얻는 지식이 나의 지식에 새롭게 녹아 들어온다. 그리고 독서토론을 하다 보면 이전에 나의 내부에 있던 지식들끼리도 내가 모르는 사이에 다시 새롭게 연결되고 통합되는 것이다.

토론 활동 이전까지만 해도 따로따로 분리되어 있던 지식들이 이제는 서로 만나서 상호작용을 하게 되는 것이다. 이는 토론이 활발해지면서 유효한 주장과 유효한 반박을 하려는 과정에서 일어나는 지극히 당연한 인지적 활동이다. 그뿐 아니라 상대의 주장과 반박에 등장하는 지식들도 내 안의 지식으로 들어와 그 나름의 상호작용을 하게 된다.

바로 이런 작용들 때문에 독서토론이 학생들에게 다양한 인지 전략을 개발해 주고, 총체적인 지력 발달에 큰 기여를 하는 것이다. 융합되고 통합된 지식은 융합되기 전 지식의 합이 아니다. 그보다 훨씬 크고 새로운 '제3의 지식'으로 태어나 작동하는 것이다. 특히 창의적 지식과 사고는 융합과 총합의 과정에서 생겨나는 경우가 많다.

→ 다음의 원리와 방법들을 독서토론 시 적용해 보자.

1) 모든 책은 다른 책을 향해 열려 있다. 텍스트 상호성(inter textuality) 원리를 적용하라.

2) 특정 교과목의 경계선 안에 내 지식을 가두어 두지 말라.

3) 지식에도 잡종 강세의 법칙이 적용된다. 융합하는 노력을 하라.

4) 모든 창의성의 바탕에는 융합의 작용이 있다.

5) 토론이나 논술 능력의 핵심은 지식을 통합하는 능력이다.

6) 인문·예술 분야 전문성을 높이는 데 과학 지식이 필요하다.

7) 지식 통합력은 새로운 아이디어를 생성시킨다. 그리고 지적 자존감을 높인다.

8) 지식 통합의 실천 핵심은 '글쓰기'이다. 독서토론 활동 안에 쓰기 요소를 포함시켜라.

9) 우수 다큐멘터리 텍스트의 구성 방식을 토론 전략으로 참조하라. 지식 통합의 모델이 들어 있다.

03장
교과학습과 독서토론

1. 교과학습 활동으로서의 독서토론
2. 독서토론을 돕는 외연적 활동들

1. 교과학습 활동으로서의 독서토론

교과학습 활동에 유용한 독서토론

독서토론은 독서의 과정과 결과를 더 충실하고 심도 있게 해 준다. 그런데 독서토론은 독서 활동을 넘어선다는 점에 주목해야 한다. 독서토론은 독서 활동이기도 하지만 학습을 역동적으로 만들어 주는 학습 활동이다. 이런 인식은 매우 중요하다. 독서토론이 교과를 학습하는 방법이나 활동에 유익하게 활용될 수 있도록 해야 한다. 이는 독서토론을 학습 전략으로 확대할 수 있는 좋은 방법이다. 지금까지의 독서토론이 독서 활동 그 자체를 위한 것이었다면, 독서토론을 국어 교과는 물론 사회, 윤리, 과학, 예술 등 일반 교과의 학습까지 더 유용하게 할 수 있는 방법(전략, 활동)으로 확장시키는 시도를 해야 할 것이다.

그런데 자세히 살펴보면 교과학습에서의 토론은 그냥 토론만 하는 것이 아니라, 자연스럽게 독서토론의 모습을 띠지 않을 수 없다. 우선 어떤 교과학습이든 교과서를 사용한다. 교과서를 읽지 않고서 이루어지는 교과학습은 없다. 교과학습에서 토론 활동은 교과서라는 책을 읽는 것과 관련한 독서토론 활동이다. 물론 교과서만을 염두에 두는 독서토론은 융통성이 없는 교육 활동이다. 교과서 단원과 잘 연계되는, 유익하고 흥미 있는 관련 텍스트를 선정하고 그것과 교과서를 함께 읽는 과정에 대한 연구와 실천이 필요할 것이다. 앞으로의 교과학습에서는 독서토론의 역할과 가능성이 한층 증대되고, 독서토론을 통한 학습 효과는 더 강화될 것이다.

주제 중심의 독서토론

특정한 주제를 두고 이 주제와 관련되는 모든 종류의 지식과 경험을, 그야말로 범교과적으로 동원하여 통합적으로 학습하는 것을 주제 중심 학습이라고 한다. 독서토론은 주제 중심의 통합 학습을 하는 데에 매우 유용하다. 그러기 위해서는 독서토론을 그냥 독서 활동으로만 보는 좁은 안목을 넘어서야 한다.

독서토론을 학습 활동으로 사용할 때 가장 큰 장점은 학생들이 학습한 작게 분절된 지식(기능)들을 통합해 보게 한다는 점이다. 예를 들면 과학에 대한 책, 역사에 대한 책을 읽고 각기 얻게 된 과학 지식이나 역사 지식을 분리해서 가지지 않고, '진화'라는 주제로 독서토론을 하게 한다면 과학 지식과 역사 지식이 학생들의 인지 구조 안에서 서로 작용하고 통합되는 효과를 얻게 되는 것이다. 생물의 진화, 인간의 진화 등이 과학 지식에서 얻은 것이라면, 역사의 진화, 민주주의의 진화, 전쟁의 진화 등을 함께 묶어서 통합적으로 사고하고 학습

할 수 있게 되는 것이다.

도덕 덕목을 독서토론의 주제로 설정한다면 '인내'나, '용기'라는 주제로 문학, 역사, 경제, 예술, 스포츠, 과학 등의 지식 내용이 얼마든지 이 주제 안으로 들어와 서로 통섭하고 상호작용하는 경험을 할 수 있다. 이를 주제 중심 학습이라 하는데, 독서토론은 주제 중심 학습을 구체적 활동으로 가능하게 해 주는 대표적인 활동이다. 이처럼 독서토론은 교과와 교과를 전략적으로 통합할 수 있게도 해 주고, 인지와 정의를 자연스럽게 통합시켜 주기도 한다.

학생들의 지식을 구조화하게 하는 독서토론

독서토론은 지식(기능) 경험을 통합하게 해 준다. 이 말을 달리 생각하면 독서토론을 통해서 학생들은 자신이 그동안 가지고 있었던 분절된 지식, 파편화된 지식을 의미 있게 모으게 되고, 살아 있는 지식이 되도록 의미 있게 재구성하게 된다. 사실 학습이 발달하려면 그냥 지식을 많이 아는 것만으로는 안 된다. 그 지식이 어떤 질서와 맥을 이루면서 지식으로서의 계열성과 통합성을 가져야 하는 것이다. '단편적 지식'에서 잘 '구조화된 지식'으로 발달해야 하는 것이다. 구조화된 지식은 그 스스로가 어떤 새로운 사고와 새로운 탐구와 새로운 문제 해결을 만들어 낸다. 그래서 가치가 있는 것이다. 독서토론은 지식과 지식을 네트워킹 해 준다.

자기 주도적 탐구 과정으로서의 독서토론

독서토론은 토론 참여자의 활동으로 이루어진다. 교사의 지도와 개입이 있을 수는 있지만 토론 행위 자체에 끼어들기에는 제한이 있다. 그것은 어디까지나 토론 활동 전후에 가능한 것이다. 토론 활동 그 자체는 마치 스포츠 활동과도 같다. 선수들은 무언가 열심히 움직여야 하고, 공격과 방어가 있고, 지켜야 할 규칙도 있다. 이처럼 독서토론은 참여 학생의 자발성이 없이는 한 걸음도 앞으로 나아갈 수 없는 활동이다. 이 과정에서 학생들은 책 읽기(또는 읽은 책의 이해)를 매우 적극적으로 해야 한다. 더구나 책 읽기에서 자신이 토론할 거리를 왕성하게 만들어 내야 한다. 이 과정은 누가 대신해 줄 수 없다. 당연히 자기 주도적 활동이 될 수밖에 없다. 자신이 독서에서 가져와 자신의 것으로 만들어야 할 내용들은, 토론에서 주장하고 설득하고 반박하기 위한 내용들이다. 당연히 이 내용은 그럴 만한 힘을 가져야 한다.

교과학습에서 독서토론을 활용할 때는 자기 주도성을 강조하고, 탐구 과정으로서의 독서토론을 강조해야 한다. 교과 독서를 통해 토론 내용을 스스로 탐구하여 형성해 내지 않으면 토론에서 힘을 발휘할 수 없다. 탐구를 부실하게 하면 토론에서 이길 수 없다. 자신이 가진 최대의 지력과 최대의 논리력과 최대의 창의력을 다 동원해야 한다. 그리하여 토론에 성공한다면 자기 주도성과 탐구 능력도 성공적이었음을 확인하게 된다. 토론에 실패한다면 자신이 보인 논리력, 창의성, 자기 주도성 등이 약했음을 깨닫고 그것을 강화하기 위해 노력할 것이다. 자신이 잘못 구사한 탐구 과정은 새로운 수정과 보완을 하게 될 것이다. 독서토론을 지도할 때 이런 점을 강조하고, 성공과 실패 요인으로 자기 주도성과 탐구 노력을 짚어 주도록 한다.

모르는 것에 대한 접근 과정으로서의 독서토론

교과학습은 대부분 모르는 것을 알아가는 과정이다. 모르는 것을 알게 되는 데에도 그 과정이 중요하다. 교사가 '이것을 알아야 한다.'

라고 제시해 주어서 아는 것은 활성이 약한 앎의 과정이다. 양질의 앎(지식)은 그것을 알게 되는 과정이 역동적이고, 그만큼 여러 단계를 거쳐서 터득하는 앎이다. 알게 되는 과정에서 여러 사람(또는 여러 책과)과 대화를 많이 함으로써 얻는 앎이다. 그래서 시행착오를 거치면서 알게 되는 지식은 살아 있는 지식이고, 그런 과정을 거친 앎은 활성이 강한 앎이다. 활성이 강한 앎이란 내가 필요할 때 자유자재로 확실히 사용할 수 있는 앎이다. 즉, 그 앎으로부터 또 다른 앎을 만들어내는 앎이다.

독서토론의 과정은 이런 앎의 모든 과정을 거치게 해 준다. 일단 내가 모르고 있는 것이 무엇인지를 깨닫게 해 준다. 토론 과정에서 내가 모르고 있는 것을 자연스럽게 확인할 수 있기 때문이다. 내가 알고 있는 것이 이런 정도, 이런 위상의 것이었구나 하는 것을 깨닫게 해 준다. 그리고 내가 알고 있는 것들이 다른 앎들과 어떻게 연결될 수 있는지를 배우게 해 준다. 토론 과정에서 상대측과 의견을 주고받는 것이 인지 과정 측면에서 다 이러한 과정들이라 할 수 있다. 즉 내 지식이 어떤 방향으로 어떻게 열려야 할 것인지를 터득하게 되는 것이다. 이는 일방적 주입식 학습에서는 절대로 얻을 수 없는 학습 경험인 것이다.

교과학습으로서 독서토론 활동을 했을 때는 학생들로 하여금 '모르는 것에서 아는 것으로 나아가게 되었던 구체적 경험'을 말해 보도록 지도하는 것을 잊지 말아야 할 것이다.

체험 학습과 잘 연계되는 독서토론

독서토론이 교과학습에서 효과를 나타내자면 독서와 체험과 지식이 서로 연관되는 독서토론이 바람직하다. 독서토론을 통해서 얻게 되는 교과 용과 관련된 체험 학습이 강조되고, 그 체험 학습과 깊은 연관을 가지는 독서를 하고, 그런 연후에 교과학습의 효과를 높일 수 있는 독서토론을 기획해 보도록 한다.

체험 학습은 겉으로 보면 학습 밀도가 떨어지는 것 같지만, 학생들의 앎을 자발성 있게 형성하는 데에는 효과적이다. 체험 학습은 교과에서 배우기는 하되 진정으로 나의 지식이 되지 못하고 겉도는 지식을 몰아낼 수 있다. 많은 분량의 지식을 배우지는 못해도 체험을 통해 질적으로 정련된 지식을 익혀두면, 그 지식의 힘으로 다른 지식을 스스로 발견하고 습득하는 경지로 나아갈 수 있다. 특히 체험과 독서를 잘 연계시켜 주면 학생들로 하여금 능동적인 독서를 하도록 만든다. 체험은 독서토론을 활성화한다. 체험 내용과 독서 내용을 연결할 때 자기 주도성이 강화되는 토론을 하게 만들고, 이것이 교과 지식을 습득해 갈 때, 학습 전략을 스스로 개발해 나가도록 하는 것이다.

NIE(신문 읽기를 통한 교육)를 활용한 독서토론

교과학습에 독서토론 활동이 도움을 준다고 했을 때, 우리는 흔히 단행본으로 나온 완결된 한 권의 책(물론 이 책은 교과 내용과 밀접한 연관을 가진 책이다)을 전제로 독서토론을 구상하는 것이 올바른 방식이라고 여긴다. 그러나 요즘 학생들이 경험하는 읽기의 환경이나 읽기 자료의 역동성 등을 고려한다면, 신문 읽기를 교과학습에 가져오는 것은 상당히 현실적이고 지혜로운 방법이라 할 수 있다. 사실 텍스트로서의 신문은 교과가 구분하여 조직해 놓은 지식(지식의 범주나 구조나 형식 면에서)과 잘 호응된다. 그리고 신문 텍스트는 구체적 사건과 현상을 다루기 때문에 교과 지식을 적용하기에 적합하다. 그리고 신문 텍스트는 현실 이슈들을 다루기 때문에 그것을 토론의 현실적 주제로 옮겨오기에 적합하다. 또한 신문의 내용들은 학생 개개인의 현실적 삶에 연동되는 것이기 때문에, 학생들이 흥미를 가지고 토론에 참여할 수 있다. 따라서 'NIE(신문 읽기를 통한 교육)를 활용한 독서토론'을 독서토론의 특별한 양태로 개발하고 활용해 보기를 권장한다. 이 경우 독서토론을 하기 위해서 읽어야 할 내용으로 '신문+별개의 도서'의 방식을 동원할 수도 있다.

2. 독서토론을 돕는 외연적 활동들

독서토론과 병행할 수 있는 독서놀이(reading play)**의 개념**

초등학교 학생들의 경우 독서토론과 병행하거나 독서토론 전 단계에 독서와 친화되는 활동이 필요하다. 독서토론이 아주 부드러운 연성의 독서 활동들과 연계되어 이루지면 효과를 얻을 수 있다. 독서놀이도 책을 전제로 해서 이루어지도록 한다는 점에서 독서토론과 유사하다. 그러나 책을 관심 항목으로 두되 독서 행위 자체는 강조하지 않는다.

물론 이런 활동을 독서토론의 범주에 넣을 수는 없을 것이다. 그러나 독서토론이라는 배움의 형식이 날로 딱딱해지고 흥미를 감소시키는 쪽으로 운영되는 것에 대한 교육적 반성이 필요하다. 텍스트 바깥에서 텍스트와 친화되는 경험을 쌓아두면 언젠가는 의미 있는 독서 활동으로 연착륙할 수 있는 기제를 만들어 줄 수 있기 때문이다. 강제로 독후감을 쓰고 강제로 독서토론에 참여하게 하여 독서로부터 심정적으로 소원해지는 경우가 의외로 많기 때문에 책이나 독서를 놀이의 수준에서 꾸준히 접근하고 친화하려는 노력은 의미가 있다.

독서놀이의 지도 본질은 다음과 같다.

첫째, 책 읽기를 싫어하는 아이들에게 책의 속성을 경험적으로 느끼게 해 준다.

둘째, 책에 대한 친화감을 익혀 궁극에는 구체적인 책을 읽도록 유도한다.

셋째, 책과 관련한 다양한 참여 활동을 구안하여 독서토론 전 단계의 활동으로 활용한다.

독서놀이의 방법들

1) 출판사 경영하기 활동

2) 모의 우수도서 선정 위원회 활동

3) 모의 도서윤리위원회 활동

4) 나의 독서 목록 베스트 10 활동

5) 도서/독서 광고 만들기 활동

6) 나의 생일잔치, 책으로 장식하기 활동

7) 나를 도운 책들에게 감사장 수여하기 활동

8) 베스트셀러 도서 조사하기 활동

9) 독서 표어 선정하기 활동

10) 책 바꾸기 행사 활동

11) 내가 좋아하는 책 표지 디자인 설명하기 활동

12) 아버지(어머니)가 어렸을 때 읽었던 책 조사하기 활동

13) 선물하고 싶은 책, 선물 받고 싶은 책 친구끼리 맞추기 활동

14) 책 이름 맞추기 스무고개 활동

15) 우리 집에서 가장 오래된 책 소개하기 활동

16) 책값과 다른 물가 비교하기 활동

17) 오늘의 신문 기사 중 가장 좋은 기사 선정하기 활동

18) 그림책에 등장하는 인물 캐릭터에 대해 인기투표하기 활동

19) 출판사 사훈 우수작 선정하기 활동

20) 책 표지 그림 바꾸어 그려 보기 활동

+ 지도 길잡이

• 이들 독서놀이들은 구체화하기에 따라서는 비교적 단순한 수준에서 상당히 복합적이고 정교한 수준으로 다양하게 설계하여 활동할 수 있을 것이다. 비록 놀이 모드의 활동들이지만, 이 안에 토의 토론의 요소나 장치를 알게 모르게 반영해줄 수 있다. 그리고 이런 독서놀이 활동들을 본격적인 독서토론 활동의 전 단계로 운영하거나 병행 활동으로 시도해 보는 것도 좋다.

독서놀이의 한 예시: 출판사 경영하기 활동

1) 한 모둠 한 출판사 방식으로 출판사 조직하고 설립하기 활동

2) 출판사 이름 정하기 활동

3) 회사 조직 및 역할 갖추기 활동

4) 사훈(社訓) 정하기 활동

5) 우리 출판사가 나아갈 출판 전문 분야 정하기 활동

6) 각 출판사별로 각자 출판해 보고 싶은 이상적 도서 견본 보이

　기 활동

7) 올해의 야심작 도서 다섯 편 기획하기(제목만) 활동

8) 유능 필자 섭외하기 활동

9) 기획 도서 목차 정해 보기 활동

10) 도서 광고하기(텔레비전/신문 광고) 활동

11) 개발한 책과 유사한 실제 책 찾아보기 활동

12) 책 값 매기기 활동

13) 우리가 개발한 책 남에게 추천하기 활동

14) 방문 판매원들에게 강조할 사항 준비하기 활동

15) 이 책과 함께 읽으면(읽고 난 후 읽으면) 좋은 책 선정하여 권

하기 활동

16) 이 책이 학교 공부에 어떤 도움을 주는지 알리기 활동

+ **지도** 길잡이

• 이런 하위 활동들은 일정한 질서와 연속성을 가진다. 이들 활동을 한 시간 내에 다할 수는 없다. 일종의 프로
젝트 학습 차원에서 매일 한 가지씩 해도 좋고, 한 분기, 한 학기 또는 한 학년 내내 조금씩 지속적으로 해도
좋다. 그런가 하면 위의 것들 중 특정 활동만을 전략적으로 부각하여, 독서토론 활동 속에 이들 놀이들을 녹
여넣어도 좋다.

책과 독서를 일상생활 맥락에서 관심 갖도록 하기 활동

1) 일상의 흥미 · 관심사의 맥락에 독서를 끌어들이기

• 유행어에 책(독서) 끌어들이기

• 게임에 책(독서) 끌어들이기

• 스포츠에 책(독서) 끌어들이기

• 대중 스타에 책(독서) 끌어들이기

• 인기 텔레비전 프로그램(연속극/다큐멘타리)에 책(독서)끌어들

이기

2) 일상의 생활 경험과 책의 내용을 연결짓기

• 책 속의 요리들/생활 속의 요리들

• 책 속의 옷/내 경험 속의 옷

• 책 속의 시험/내 경험 속의 시험

• 책 속의 재앙/내 경험 속의 재앙

• 책 속의 잔치(파티)/이야기 속의 잔치(파티)

4부

토론 수업 전
준비 운동

01장

토론에 필요한 기본 기술

1. 토론의 다섯 가지 기본기

토론은 엄격한 규칙과 형식을 통해 가장 합리적이고 설득력 있는 대안을 찾고자 하는 효율적인 의사소통 방법이라고 할 수 있다. 토론 참가자들은 찬성과 반대로 대립되는 토론 논제, 토론 단계에 따른 형식과 규칙, 정해진 시간, 발언순서 제약 등을 지켜야 한다. 때로는 이러한 토론의 규칙과 형식을 지키는 것이 위압적이고 까다롭게 느껴질 수도 있다. 그러나 이러한 규칙과 형식은 더욱 효과적으로 의사소통할 수 있도록 하는 토론의 조건이다. 일정한 규칙을 정해 참가자 모두 같은 조건과 상황에서 토론을 하면 보다 공정하고 정확하게 서로의 능력을 비교할 수 있기 때문이다. 토론을 하기 위해서는 많은 능력이 필요하지만 그중 대표적인 기본기를 살펴보면 다음과 같다.

모든 학습의 기본, 읽기 능력

읽기(reading) 능력은 모든 학습의 기본이라고 할 수 있다. 토론을 하기 위해서는 논리와 그 논리를 뒷받침할 수 있는 지식이 있어야 한다. 따라서 토론 주제에 대해 논리적으로 사고하고 필요한 지식을 갖추기 위해서는 비판적이고 창의적인 독서 기술이 필요하다. 배경지식의 양이 많은 팀과 그렇지 않은 팀이 승부를 겨룬다면 당연히 토론 논제와 관련된 많은 정보를 알고 있는 팀이 승자가 될 수밖에 없다. 토론 주제에 대해 배경지식이 부족하면 반박은 커녕 자신의 입장조차 논리정연하게 발표하기 힘들 것이다.

토론을 잘 하기 위해서는 개념 정의를 잘 해야 하고 이를 위해서는 평소 어휘의 의미를 정확하게 알아두는 것이 필요하다. 어휘의 의미를 정확하게 알기 위해서는 사전적 의미와 맥락적 의미를 파악할 수 있어야 한다. 사전적 의미란 어휘가 가지고 있는 본래의 뜻을 말한다. 맥락적 의미는 한 단어가 문장 속에서 갖게 되는 뜻을 말한다. 따라서 토론을 잘 하기 위해서는 책을 읽으면서 다양한 표현 방법과 요약하기, 관점 바꾸어 생각해 보기 등의 훈련을 하는 것도 좋은 방법이다.

　정보 선별 능력이란 주제에 적합한 자료를 가려 내고, 자료를 읽으면서 자료가 제시하는 근거, 사례 등을 찾아 토론에서 활용할 수 있는 능력을 말한다.

　찬 · 반 대립토론에서는 주어진 논제에 대해 합리적인 판단을 내리기 위한 조사와 주장의 과정이 있어야 한다. 토론을 하기 위해서는 주제에 맞고 신뢰도 있는 자료를 먼저 찾아야 하기 때문에 조사 능력을 갖추는 것이 필수적이다. 토론 시간이 길수록 관련 자료는 더욱 많이 필요하므로 자료를 통해 주제와 관련된 정보와 그 중요도를 선별하는 능력이 필요하다.

　자료를 찾을 때에는 많은 양의 자료를 찾기만 하는 것이 아니라 적합한 자료를 제대로 선별할 수 있어야 한다. 인터넷 검색, 관련도서, 통계 자료 등 다양한 방법을 통해 자신이 원하는 자료를 찾는 습관이 우선되어야 한다.

　설득력 있는 발언을 하기 위해서는 자신의 주장을 뒷받침하는 공신력 있는 증거가 필요하다. 예를 들어, 이러한 식의 주장을 펼친다고 가정해 보자.

"요즘 교통사고 사망률보다 자살률이 훨씬 높다고 합니다. TV 뉴스에서도 보도된 적이 있고 제 주변 사람들 역시 그렇게 판단하고 있습니다."

　막연히 TV 뉴스를 운운하거나 주변 사람들 이야기를 한다면 상대방과 청중(심사위원)을 설득할 수도 없고 상대방의 반박을 받게 된다.

"○○년도 ○○ 통계에 따르면 우리 나라의 한 해 교통사고 사망률은 ○%, 자살률은 ○%입니다."

이와 같은 식으로 정확하게 증거를 제시해야 다른 사람들이 주장을 신뢰할 수 있고 그만큼 설득력이 높아지게 된다.

자료 조사는 토론의 목적과 주제에 대한 배경지식을 쌓을 수 있고 토론의 구체적인 내용을 조직할 수 있기 때문에 최선을 다해 준비해야 한다. 논제에서 다루는 영역과 관련된 전문서적, 정보 등을 통해 자료를 모아 가치 있는 정보를 선별하여 자신의 지식과 연결시킬 수 있어야 한다. 특히 자신의 주장에 대한 근거나 쟁점에 관한 여론조사 결과 등을 미리 파악해 놓는다면 토론 시 적절하게 활용할 수 있다.

따라서 정보 선별에 도움이 되는 자료 조사 방법을 정확히 익힐 필요가 있다.

자료 조사 방법

1) 자료 찾기의 초점 맞추기

자료에 초점을 맞추어 찾는 전략이 필요하다. 토론 주제를 다루고 있는 내용뿐만 아니라 자신의 입장과 상대측 입장을 다루는 내용, 자신의 주장을 뒷받침할 수 있는 사례 및 통계 자료, 전문가의 견해, 주제와 관련지어 청중(심사위원)에게 감동을 줄 수 있는 구절이나 표현 등 토론에 활용할 수 있는 적절한 자료가 무엇인지 찾아본다.

2) 주제 관련 자료 검토하기

토론 주제와 밀접한 자료를 선별한다. 논제에서 다루고 있는 문제가 일어난 배경은 무엇인지, 문제의 원인과 결과는 무엇인지 찬성과 반대 입장에서 자료를 찾아본다. 토론 주제에 대한 찬반의 입장에서 문제점을 다루는 자료를 정리했다면 그 문제의 중요도에 따라 분류한다. 예를 들어 '동물실험은 비윤리적이다.'라는 토론 주제를 준비해야 한다면 동물실험을 다루고 있는 정보들 중 공신력 있는 자료들을 선별해야 한다. 그리고 동물실험에 따른 문제의 심각성을 다루는 자료, 혹은 동물실험을 지지하는 자료 등을 구분해서 체계적으로 정리해 본다.

3) 주장을 뒷받침할 자료 선정하기

자신의 주장과 상대측 주장을 정리해 보고 그 주장을 뒷받침할 수 있는 자료를 찾아본다. 자신의 주장이 옳음을 입증할 수 있는 통계 자료, 전문가의 인터뷰, 신문기사, 전문도서 등 근거 자료를 세분화한다.

자료 정리 양식

자료의 종류	내용	자료 출처	중요도 표시
신문	중고생의 휴대폰 중독 원인	○○신문 ○○년 ○월○일 ○○○기자	* * *
도서	휴대폰에 빠진 내아이 구하기	고재학, 예담	* * * *

조사한 자료들을 바탕으로 지식을 통합하고 자신의 논리로 개발할 수 있어야 한다. 논제에 맞는 토론을 준비하기 위해서는 논점 분석을 하고 필요한 자료를 모은 뒤 자신의 주장, 상대방의 주장, 반박과 지지 내용 등 토론 순서에 따라 정보를 선별한 후 내용을 조직할 수 있어야 한다. 이를 위해서 자신의 생각을 틈틈이 정리해 보는 것이 필요하다. 글을 쓸 때는 두괄식으로 쓰는 것이 좋다. 자신의 논점을 소주제문으로 만들고 이에 따른 뒷받침 문장을 만든다. 특히 입론 부분은 사전 준비를 철저히 해서 쓴다.

최종 발언에서는 상대측 오류를 간략히 부각시키면서 내용을 마무리하는 능력이 필요하다. 이때 상대측이 토론할 때 발표하는 내용 중 반박할 내용을 간략하게 요약하는 기술이 필요하다. 이처럼 토론을 할 때에는 논리적인 글쓰기 능력을 갖추는 것이 반드시 필요하다.

또한 다음과 같이 메모하는 효과적인 방법을 익히면 알찬 토론 내용을 구성할 수 있다. 이렇게 기록한 메모는 반박하거나 질의 시 유용하게 사용할 수 있다.

토론 시 효과적으로 메모하는 방법

- 나의 주장과 핵심 내용을 적는다.
- 상대방의 주장과 핵심 내용을 나의 주장 옆에 비교하면서 간략하게 적는다.
- 다 적은 후, 상대방 주장과 근거, 사례가 적절한지 살핀다.
- 동의하는 의견과 그렇지 않은 의견으로 구분한다.
- 동의하지 않는 의견인 경우 그 이유가 무엇인지 간략히 메모한다.

토론 메모 양식

	찬성측	동의 여부	반대측	동의 여부
1. 주장: 　근거: 　증명:				
2. 주장: 　근거: 　증명:				
3. 주장: 　근거: 　증명:				
4. 주장: 　근거: 　증명:				

경청 능력

　　토론자는 자신의 입장만 발표하고 끝나는 것이 아니라 토론이 벌어지는 내내 토론에 집중해야 한다. 상대측 발언과 동료의 발언 내용을 분석하면서 중요한 표현이나 상대측의 오류를 찾기 위해서는 뛰어난 경청 능력이 필요하다. 상대측의 발언 시간은 곧 자기측의 적극적인 듣기 시간이다. 토론을 잘 하기 위해서는 상대방의 이야기를 잘 듣고 이해를 잘 하는 것이 기본이다. 이처럼 토론에서는 '말을 잘 듣는' 능력이 곧 '말을 잘할 수 있는' 능력이 된다. 자기측 순서의 발언이 끝났다고 마음놓고 있다가는 바로 다음 순서로 진행되는 반박이나 질의시 제대로 발표를 할 수 없기 때문이다. 토론에서는 자신의 논리를 발표하는 것만큼이나 질의, 반박을 통해 상대방 논리에 대한 문제점을 찾아내는 것을 중요하게 판단하고 있다. 따라서 상대측의 발언을 들으며 분석을 잘 해야 질의, 반박 등 다음 순서에서 상대방의 논리에 어떠한 허점과 모순이 있는지 드러낼 수 있다. 다시 말하면 토론에서 상대방에서 이야기를 주의 깊게 듣지 못한다면 단연코 승리를 장담할 수 없다.

상대방이 발언할 때에는 적극적으로 듣기 위해 노력해야 한다. 상대방의 발표를 들으며 중심 내용이 무엇인지 파악하고 이를 지지하는 근거는 무엇인지 차근차근 정리한다. 이를 통해 상대방이 어떠한 내용을 말했는지 전체적인 윤곽을 잡은 후 핵심 요지를 자신의 언어로 표현할 수 있어야 한다.

경청 능력을 높이려면
- 상대방 발언 내용의 핵심이 무엇인지 파악한다.
- 핵심 내용을 파악했다면 내용을 지지하는 근거 혹은 사례를 찾는다.
- 상대방 의견을 자신의 언어로 표현해 본다.

말하기 능력

토론을 할 때에는 자신의 생각을 정리해서 발언해야 한다. 이를 위해서는 정확한 표현, 목소리의 높낮이, 명료한 발음 등을 통해 토론에 참여한 사람들에게 음성언어로 설득할 수 있어야 한다. 발언 시에는 자신이 전달하고자 하는 내용의 요지를 먼저 말한 후 설명과 근거를 뒷받침하는 두괄식 형식으로 말하는 것이 좋다. 또한 자기측의 사안에 대해 먼저 정확히 이해를 한 후 발표 내용에 대한 자신감이 있어야 상대방을 설득시킬 수 있다. 자신이 말하고자 하는 내용을 제대로 숙지하지 못하고 원고를 읽거나 외워서 하려고 하면 자신감도 부족해 보이고 청중과 심사위원의 지지를 얻을 수 없을 것이다.

토론은 한편으로는 논리의 경기이기도 하지만 감성과 설득의 경기이기도 하다. 내용이 논리적으로 탄탄하다고 할지라도 전달 능력이 부족하면 승리를 기대하기 어렵다. 같은 내용이라도 발표하는 사람의 전달 능력에 따라 토론의 효과가 판이하게 달라질 수 있다. 토론은 결국 토론 참여자(청중이나 심판)의 마음을 움직여서 자신의 논리를 지지하게 만드는 설득의 과정이라는 점을 알고 효과적으로 전달하기 위해 노력해야 한다.

2. 토론을 매끄럽게 이끌어가는 말하기 방법

흔히 '토론' 하면 말을 잘 해야 한다고 한다. 토론은 말로 논리를 전달하는 방식이지만, 유창하고 매끄럽게 말을 잘 하는 능력과 토론에서의 말하기 능력은 차이가 있다. 토론은 논제의 핵심을 잘 파악하고 문제를 해결하는 데 가장 효과적인 방법이 무엇인지 모색하는 과정을 통해 자신의 주장을 설득력 있게 전달해야 하는 공식적·집단적 말하기이다. 또한 토론은 상대방과 반론, 질의가 오가는 역동적인 말하기 형태이자 합리적인 의사결정 형태라고 할 수 있다. 결론적으로 토론에서의 말하기 능력은 사적인 자리에서 하는 말하기 형태가 아닌 공적인 말하기이기 때문에 더욱 예의 있고 절제된 언어, 명료한 언어와 설득력 있는 언어구사가 필요하다.

자연스럽게 말하기

토론은 논리적인 근거를 제시하면서 상대를 설득하는 것이 목적이다. 또한 토론은 상대편과 청중(심사위원)을 대상으로 설득하고 평가받는 경쟁적인 의사소통이라고 할 수 있다. 따라서 감정 전달에 적합한 말하기 형태인 구어체를 사용해야 한다. 글로 표현하는 데 적합한 문어체는 현장에서 감정을 살리며 효과적으로 전달하는 데 적합하지 않다. 가끔 토론 현장에서 문어체 형식으로 준비된 원고를 그대로 읽는 경우도 있는데 이는 감점의 대상이 되기도 하며 토론을 지루하게 만드는 요인 중 하나이다. 평소 신문 사설이나 책을 읽고 그 내용을 구어체 형식으로 바꾸어 써 보고, 발표하는 연습을 한다면 많은 도움이 될 것이다.

> 자연스럽게 말하는 능력을 높이려면
> • 읽은 책의 내용을 친구에게 이야기하듯 말해 보기
> • 신문 사설을 구어체로 써 보기

충분하게 준비하여 말하기와 순발력 있게 말하기

대부분의 토론 참여자의 경우 입론 원고는 토론대회 전 상당히 정성들여 준비한다. 그렇기 때문에 보통 준비된 원고를 읽는 경우가 많다. 입론처럼 사전 준비가 가능한 경우에는 원고를 준비할 수 있지만 이를 그대로 읽으며 발표하는 것이 아니라 청중과 눈을 맞추며 공감하면서 말을 할 수 있어야 한다. 토론은 읽기가 아닌 상대측과 말하기이자 청중(심사위원)을 설득하는 말하기임을 반드시 기억해야 한다.

토론에서 가장 말하기의 어려움을 느끼는 때가 바로 반론(반박)인데, 이것은 상대측이 무엇을 말하는지에 따라 내용이 달라지기 때문이다. 자신의 주장인 경우 미리 원고를 내면화시킬 수 있는 충분한 시간이 있지만 상대방의 반론은 자신측이 예측하지 못하는 내용이

나올 수 있기 때문이다. 또한 토론 주제에 관한 논리를 완전히 이해하고 상대방 반론까지 준비하는 것도 중요하지만 토론 진행 중 발생하는 돌발 상황에 대처할 수 있는 순발력 있는 말하기도 중요하다.

3. 발표 불안증을 극복하고 당당하게 스피치를 할 수 있는 방법

스피치(speech)란 '말' 또는 '말하는 능력'이다. 이는 내가 발표하고자 하는 내용을 효과적으로 표현해서 상대방을 설득하는 말하기라고 할 수 있다. 스피치 능력은 타고난 것이 아닌 연습과 다양한 경험을 통해 키울 수 있다.

말은 자신의 지식과 정보, 감정의 표현도구이다. 아무리 뛰어난 발상과 남다른 경험을 가지고 있다 할지라도 그 표현을 말로 표현하지 못하면 주위로부터 인정받는 데 한계가 있을 수밖에 없다. 스피치 능력은 학교뿐만 아니라 사회에서 필요한 설득과 협상 능력이다. 먼저 스피치를 잘 하기 위해서는 발표 불안증을 극복할 수 있어야 한다.

발표 불안증

무대 공포증이라고도 한다. 막상 발표를 하려면 갑자기 심장 소리가 크게 들리고 초조하고 얼굴이 굳어버리거나 다리가 후들거릴 수 있다. 이는 어느 누구에게나 일어날 수 있는 자연스러운 현상이다. 발표 불안증은 물리적 상황, 심리적 상황, 사회적 상황 등에 의해 나타난다.

물리적 상황이란 장소, 시간 등 물리적인 영향을 말한다. 평소 자신의 교실을 벗어나 토론을 한다든지, 규모가 큰 대회에서 발표를 하는 등의 공식적인 상황에서는 긴장감이 더욱 클 것이다.

심리적 상황은 말하는 사람 스스로가 안고 있는 긴장감이다. 자신이 누군가에게 평가받는다는 압박감, 자주 경험해 보지 못한 환경, 발표에 대한 자신감 여부, 발표 경험 부족, 발표 주제에 대한 확신 등이 영향을 미치게 된다.

사회적 상황이란 청중의 나이, 지위, 성 등의 요인을 말한다. 나의 발표를 듣는 사람들의 숫자, 또래가 아닌 다양한 청중 등 평소와는 다른 사람들 앞에서는 더욱 불안감을 느낄 수 있다. 자주 보는 친구와 선생님 앞에서 발표하는 것과 낯선 청중 수백 명 앞에서 발표하는 것은 부담과 긴장감 면에서 확연하게 차이가 날 것이다.

자신이 편안하게 생각하는 곳을 안전지대라고 한다. 날마다 보는 편안하고 익숙한 장소, 친밀한 사람 등 안전지대에서만 발표한다면 발표력이 키워지기 힘들다. 새로운 곳, 낯선 환경을 극복하면서 발표하는 힘을 키워야 어느 곳에서나 당당하게 자신의 생각을 발표할 수 있을 것이다.

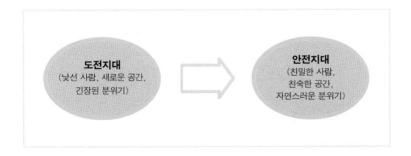

나의 발표 불안증을 점검해 보자

순서	다양한 상황에서 의사소통을 할 때 내가 느끼는 감정	매우 그렇다 (5점)	그렇다 (4점)	보통 이다 (3점)	약간 그렇지 않다 (2점)	매우 그렇지 않다 (1점)
1	발표하는 동안 편안하다.					
2	토론 시 침착하다.					
3	토론 참여시 반박을 잘 하는 편이다.					
4	토론대회에 자주 나가고 싶다.					
5	나는 자주 발표하고 싶다.					
6	나는 적극적으로 발표한다.					
7	나는 의견을 발표할 때 마음이 차분하다.					
8	낯선 사람과 새로운 환경에서도 잘 발표한다.					
9	친구들과 대화할 때 주도적이다.					
10	나는 청중들과 눈맞춤하면서 느긋하게 발표할 수 있다.					
총계						

*35점 이상: 의사소통에 자신감이 있음.
*34~29점: 조금만 노력하면 우수한 실력임.
*28점 이하: 체계적인 훈련을 통해 의사소통 실력을 키울 수 있음.

* 출처: 맥크로스키, 「자기 보고식 의사소통 불안감 척도(Personal Report of Communication Apprehension)」, 참고

발표 불안증 극복하기

발표 불안증은 누구에게나 있는 것이며, 당연한 것이다. 누구나 익숙하지 못한 환경에 부딪치게 되면 겪는 심리적인 과정일 뿐이다. 대중연설가들도 발표를 할 때에는 심장박동이 빨라지고 얼굴 근육이 경직되고 경련이 일어나는 경우가 많다. 1974년 캐나다 토론토대

학에서 사람이 가질 수 있는 두려움의 종류와 강도에 대해 조사를 하였는데, 그 결과 대중 앞에서 연설이 41%, 금전 문제 22%, 죽음 19%, 어두움 8% 순이었다. 이를 통해 대중 앞에서 발표하는 것은 누구에게나 심각하게 부담을 느끼게 하는 활동임을 알 수 있다. 발표 불안증을 극복하기 위한 방법에는 다음과 같은 것들이 있다.

발표 불안증을 극복하는 방법

- 발표 전 몸의 긴장을 풀어 준다.

  긴장하면 몸이 굳게 된다. 크게 웃으면서 얼굴 근육도 풀어주고 가벼운 운동을 통해 몸의 긴장을 풀어 준다.

- 연습, 또 연습을 한다.

  발표하는 것이 두려운 것은 공식적으로 평가받는 말하기 행위나, 타인 앞에서 이야기하는 것에 익숙하지 않은 경우가 많다. 이러한 두려움을 극복하는 방법은 성실한 자료 준비와 타인 앞에서 발표를 많이 해 보는 것밖에 없다. 발표할 기회를 만들어서 늘 연습하는 것이 최상의 극복 방법이다.

- 멋진 발표를 하는 자신의 모습을 상상한다.

  청중 앞에서 거침없이 유창하게 발표하는 모습을 상상하면서 자신감을 갖는다. 할 수 있다고 생각하면 할 수 있고 할 수 없다고 생각하면 할 수 없다. 나는 훌륭한 연사가 될 수 있다는 자기 주문을 외우는 것도 좋은 방법이다.

- 발표 실력을 키울 수 있도록 스피치 목표를 세운다.

  발표를 잘 하기 위해서는 스피치를 잘 하고자 하는 목표 의식이 분명하고 정해진 기간과 이에 맞는 실행 계획을 세운다면 자연스럽게 발표 불안증을 극복할 수 있을 것이다.

유창한 연사가 되기 위한 스피치 계획을 세워보자

스피치 목표를 세우는 이유는?

스피치 목표 연습 기간

구체적인 실천 계획

실천 결과 (내가 원하는 비전이 이루어진 모습)

스피치 계획 작성 사례

스피치 목표를 세우는 이유는?

평상시 대화는 잘 하는 편이지만 공식적인 자리에서 나의 견해를 확실하게 표현하지 못한다. 많은 사람 앞에서 자신 있는 태도로 논리정연하게 발표하고 싶다. 말을 잘 한다는 것은 꿈을 이루는 데 반드시 필요한 능력이라고 생각한다. 나의 생각을 조리 있고 당당하게 표현해서 어디서나 자신 있는 유정이가 되고 싶다.

스피치 목표 연습 기간

2014년 3월~2015년 3월

구체적인 실천 계획

1) 하루에 한 번씩 1쪽 이상 소리 내어 확실한 발음으로 책을 읽을 것이다.
2) 발표 시간이 있을 때에는 자신 있게 손을 들고 발표할 것이다.
3) 1년에 한 번 이상 토론대회에 참가하여 나의 기량을 확인할 것이다.
4) 매일 환한 얼굴과 음성으로 만나는 사람마다 크게 인사할 것이다.
5) 일주일에 한 권 이상 책을 읽으면서 '인상 깊은 구절 노트'를 만들 것이다.

실천 결과 (내가 원하는 비전이 이루어진 모습)

2015년 1월 10일

지금 믿을 수 없는 일이 일어났다

최유정

중학교 때부터 단짝인 혜영이와 함께 전국 토론대회에 나갔는데 대상을 받게 되었다. 믿기지 않는다. 학교에서 책을 읽을 때에도 큰 소리로 읽지 못하고 선생님께 소리가 잘 들리지 않는다고 지적을 곧잘 받았었다. 혜영이는 나보다 더 발표를 잘 하지 않던 친구였다. 고등학생이 되자 우리는 내성적인 성격도 바꾸고 보다 자신 있는 삶을 위해 도전 목표를 만들었다. 그것은 바로 독서토론대회에 나가는 것이었다. 그동안 한 번도 경험해 보지 않은 독서토론대회를 위해 자료도 찾고 함께 만나 연습도 했다. 예선에 붙은 것만으로도 목표 달성이라고 생각했는데 본선대회에서 상을 받을 줄이야. 정말 기쁘다. 이제 수많은 사람 앞에서 발표하고 설득하는 것이 두렵지 않다. 이제 좀 더 큰 무대에서 발표할 기회를 만들어야겠다.

토론 스피치 실력을 높이는 방법

1. 말하기 구조와 특징을 활용하는 방법

말을 잘 하는 것과 효과적으로 전달하는 것은 다르다. 어떤 사람은 말을 많이 하지만 중언부언하고 어떤 사람은 짧지만 핵심적인 내용을 전달한다. 당연히 상대방에게 주요 메시지를 부각시키면서 말을 하는 사람이 설득력이 높을 수밖에 없다.

토론이 어렵게 느껴지는 이유 중 하나는 말을 어떻게 해야 할지 모르기 때문이다. 토론에서 말하기는 주로 두괄식과 양괄식의 구조를 사용하여 말하는 경우가 많다. 두괄식의 말하기 구조는 자신의 의견을 정확하고 명확하게 드러내기에 좋다.

양괄식 구조의 문장은 자신의 주장을 반복하여 강조할 때 효과적이어서 상대방과 청중(심사위원)에게 강한 확신을 보여주어야 할 때 사용하는 것이 좋다. 그러나 모호하거나 확신이 없는 주장을 계속적으로 반복하다 보면 횡설수설, 억지 주장이 되기 쉽다.

　토론의 과정은 일회성이다. 글쓰기처럼 다시 수정하기 위해 되돌아갈 수도 없고, 한번 한 발언을 정정하기도 힘들다. 따라서 자신의 주장을 맨 앞에 놓거나 앞과 뒤에 놓아서 상대측과 청중이 내가 어떠한 내용을 전달하는지 이해하기 쉽게 표현해야 토론의 생산성을 높일 수 있다.

> **말하기 구조 형식**
> - **두괄식**: 내용 앞부분에 주제가 있다.
> - **중괄식**: 내용 중 한가운데 주제가 있다.
> - **양괄식**: 내용 맨 앞과 맨 끝에 주제가 있다.
> - **미괄식**: 내용 끝부분에 주제가 있다.

　반론을 펼칠 때에도 말하기 구조는 상당한 영향을 미친다. 상대방 발언에 대해 반론을 할 때에는 먼저 상대방 주장의 핵심 먼저 파악할 수 있어야 한다. 상대방 주장의 주요 논점을 말한 후 무엇이 문제인지 밝히고 나의 주장과 근거를 제시한다. 반론은 상대방과 청중(심사위원)을 설득시키기 위한 것이지 반론을 위한 반론을 하는 것은 아니다. 반론은 상대방 주장에 어떤 문제점이 있는지 밝히면서 나의 주장이 더 타당함을 설득시키기 위한 목적으로 하는 것이기 때문에 상대방 주장이 타당하지 않은 이유를 적절하게 제시하는 능력이 필요하다. 따라서 주장과 근거의 적합성을 따져보는 것이 중요하다.

> **반론 시 따져봐야 할 것**
> - 상대측에서 공신력 있는 출처, 데이터를 제시했는지 여부
> - 상대방이 자료를 제시했으나, 주장과 긴밀한 연관이 있는지 여부
> - 상대방의 주장에 따를 때, 어떠한 문제가 있는지를 반박할 수 있는지 여부

효과적인 단어 선택으로 설득력 높이기

자신의 주장을 설득력 있게 전달하기 위해서는 내용을 잘 아는 것뿐만 아니라 자신의 주장을 내면화시켜 자연스럽게 표현할 수 있어야 한다. 자신도 잘 알지 못하는 용어나 어려운 용어, 잘 쓰지 않는 표현 등을 사용하면 오히려 역효과가 나기 쉽다. 따라서 단어를 선택해야 할 때에는 모두가 알기 쉽고 설명이 따로 필요하지 않는 용어를 사용하는 것이 바람직하다. 간혹 토론대회 참가자들이 전문가들도 알기 힘든 용어를 사용하는 경우가 있는데 이 경우에는 오히려 전달력이 떨어져 감점요인으로 작용한다.

한 문장으로 표현할 때 역시 쉽고 간결하게 해야 한다. 한 문장에 연결어구를 사용하여 말을 길게 늘어뜨리는 경우가 많은데, 이는 자신감이 부족해 보일 수 있고 심사위원과 청중이 논점을 파악하기 어렵기 때문에 좋은 점수를 받기 힘들다.

토론은 상대방과 청중(심사위원)을 말로 설득하는 과정이다. 따라서 가장 정확한 단어와 관용어구를 사용하고 주어와 술어를 분명하게 표현할 수 있어야 한다.

> 자신의 주장을 발표할 때
> * 큰 소리로 말한다.
> * 자연스럽게 말한다.
> * 또박또박 말한다.
> * 쉽게 말한다.

아리스토텔레스의 설득 방법 활용하기

아리스토텔레스는 수사학에서 효과적인 의사소통을 위해서 세

가지를 강조하였다.

첫 번째, 논리적(logos)일 것.

내용은 논리적이고 이성적이어야 한다.

사례, 통계 자료 등을 활용할 수 있는 지적인 능력이 필요하다.

두 번째, 감성적(pathos)일 것.

표현하는 면은 감성적이어야 한다.

말하는 사람의 열정, 상대방과 공감할 수 있는 능력이 필요하다.

세 번째, 인격적(ethos)일 것.

말하는 사람이 진정성이 있어야 한다.

자신이 말하는 분야에 대한 전문성과 함께 진실한 마음이 바탕이 되어야 한다.

이를 통해 스피치의 내용은 논리적으로 탄탄하게, 표현은 열정적으로 확신 있게, 말하는 사람은 진정성과 전문성을 갖추고 믿음직스럽게 발표하는 것이 효과적임을 알 수 있다.

설득력 있는 메시지 구성하기

발표자는 어떻게 말하느냐 하는 것보다 무엇을 말할 것인가에 초점을 맞추어야 한다. 아는 만큼 느끼고 느낀 만큼 표현한다는 말이 있다. 다음과 같은 간략한 구조로 메시지를 만드는 훈련을 해 보면 조리 있게 표현할 수 있다.

설득력 있는 메시지는 무엇을 이야기하는지 핵심 주제와 결론이 분명하게 제시되어야 한다. 중요한 정보나 그것을 입증할 증거, 논리 정연한 내용으로 서론, 본론, 결론의 구조가 명확해야 이해하기 쉽다. 단순하게 주장만 내세우거나 일방적으로 설명하는 것이 아닌 주요 메세지와 내용 구성을 체계적으로 조직해야 한다. 이처럼 스피치의 성공 여부는 말하고자 하는 목적이 분명하게 나타나 있는지, 내용 구성이 탄탄한지에 달려있다고 할 수 있다.

스피치 메시지 만드는 방법

서론
주제를 말하는 이유
(처음이므로 사람들이 호기심을 갖고 집중할 수 있는 내용을 선택한다.)

본론
주장과 근거 혹은 증거 사례
(원인을 밝히고 결과를 찾아가는 방법 등 말하기 목적에 따라 내용 구성을 다르게 한다.)

결론
마무리 요약
(발표한 내용을 간략하게 정리한 후 청중에게 호감을 줄 수 있는 말로 마무리한다.)

- 스피치 메시지 작성 사례

발명, 어렵지 않습니다.

서론

여러분, 발명이 특별한 사람들만 하는 것이라 생각하십니까? 발명, 알고 보면 어렵지 않습니다. 특정한 인물, 지식이 풍부한 사람, 연구자 등 나와 거리가 먼 사람들이 발명을 할 것 같은데 전혀 그렇지 않습니다. 여러분 모두가 발명가가 될 수 있고 미래 산업 발전에 기여할 수 있는 사람이 될 수 있습니다. 또한 벤처 창업을 통해 부자가 될 수도 있습니다. 저는 오늘 여러분도 발명가가 될 수 있는 방법을 알려드리고자 합니다.

본론

발명이란 '자연법칙을 이용한 기술적 사상의 창작으로서 고도의 것'을 말하는데, 사전적 의미는 어렵지만 여러분이 가지고 있는 휴대폰, 옷, 의자 등 모든 것이 발명이라고 할 수 있습니다.

여러분이 앉아 있는 의자를 한번 보세요. 책상과 의자가 떨어진 것도 있지만 책상과 의자가 하나의 형태로 되어 있는 것도 있고 높낮이 조절이 되는 것도 있습니다. 이것 또한 발명입니다.

여러분이 아침에 바르고 나온 로션, 간식으로 먹는 라면이나 과자도 발명품입니다. 이렇게 여러분이 사용하거나 먹거나 하는 제품 모두가 발명입니다. 발명은 누구나 한번쯤은 만져 보았고, 느껴 보았고, 사용해 본 것들입니다.

결론

여러분 곁에 있는 제품들을 다시 한 번 살펴보세요. 어떠한가요? 이제는 발명품이 보이시나요? 여러분, 지금부터 주변 사물을 관찰해 보세요. 그리고 아이디어를 생각해 보세요. 내가 어떠한 발명품을 만들지 주위의 사물을 보며 생각하기 시작한다면 여러분은 이미 발명가가 될 수 있는 충분한 자질이 있으십니다. 제2의 에디슨, 제2의 스티브 잡스처럼 우리 삶의 많은 발전을 도와 주는 발명가가 되어 멋진 삶을 살아가시기 바랍니다.

　　말은 단순히 그 내용만 중요한 것이 아니라 발음과 발성, 말투도 중요하다. 또한 그것을 전하는 이미지, 즉 말하는 사람의 외모, 의상, 몸짓, 표정 등 비언어적 요소도 설득력에 큰 영향을 미친다. 미국 캘리포니아 대학의 심리학자 앨버트 메라비안 교수는 의사소통을 구성하는 요소 세 가지를 강조하면서 그 중요도를 다음과 같이 제시하였다.

의사소통을 구성하는 세 가지 요소
- **내용면**: 무엇을 말하는가 7%
- **청각적**: 어떻게 들리는가 38%
- **시각적**: 비언어 55% (visual, 태도, 자세, 몸짓, 손짓, 복장 등)

말하기의 구성 요소

언어 요인	**음성 요인**	**내용면**
	정확하게 / 분명하게 / 유창하게 말하느냐	이치에 맞게 체계적으로 잘 표현하는지 여부
비언어 요인	**외형면**	**표현면**
	보여지는 외형 상황에 적합한 옷, 자세	자연스러운 표정, 사람들을 보면서 적절하게 몸짓을 하는지 여부

　　이러한 결과에서 보여주는 것은 바로 내용도 중요하지만 그것을 전달하는 목소리와 자세도 중요하다는 것이다. 즉 전문적인 내용(콘텐츠)도 중요하지만 그것을 전달하는 기술도 중요한 것이다.

말소리의 고저장단 활용하기

목소리는 사람의 외모로 비유하자면 그 사람을 대표하는 얼굴과 같다. 기어들어가는 말소리로 듣는 사람을 답답하게 만드는 개미 목소리, 뭉뚱그려서 무슨 말인지 제대로 알아듣기 힘든 목소리, 불안하게 떨리는 목소리, 무조건 쩌렁쩌렁 크게 울리는 목소리, 나지막하고 지루한 목소리, 공격적인 목소리 등은 공감을 방해하고 전달력을 떨어뜨린다.

청중은 발표자의 음성행동을 통해 발표자가 내용을 어느 정도 알고 있는지 뿐만 아니라 내용에 관해 어느 정도 확신을 가지고 있으며 어떠한 감정 상태인지 알 수 있다. 음성행동에는 말의 속도, 크기, 어조, 강약 등이 포함되는데 이를 다른 말로 반(半)언어(parlanguage)라고 한다.

목소리의 크기 조절하기

전체적인 내용의 흐름 속에서 강조할 부분은 크게 읽는다. 모두 똑같은 소리로 발표하면 단조롭게 되고 어느 부분이 중요한지 청중이 놓치기 쉽다. 내용을 분석해 보고 자신의 의도를 잘 살리기 위해 목소리의 크기를 어떻게 해야 할지 조절하면서 효과적으로 전달할 수 있도록 연습한다.

말하기의 속도 조절하기

사람은 누구나 긴장을 하게 되면 말의 속도가 빨라진다. 청중은 단순히 토론을 듣는 것이 아니라 토론을 통해 합리적인 의사결정을 하고자 한다. 따라서 청중과 심사위원도 함께 생각하면서 완급을 조절하여 토론의 흐름을 따라올 수 있게 해야 한다. 앞에서 말했던 내용이거나 모두가 아는 내용은 빨리 말하고 중요한 내용, 이해가 필요한 내용은 천천히 또박또박 말한다.

쉬기를 적절하게 조절하기

쉬기란 말과 말 사이 잠깐씩 멈추는 것을 말한다. 자신 있는 사람은 발표를 하면서 청중의 반응을 보며 적절하게 쉴 줄 안다. 경험이 부족하거나 긴장한 사람은 쉼 없이 말을 하는 경우가 많다. 그러다 보니 청중의 반응을 살펴볼 수 있는 여유가 부족해 더욱 떨게 되는 악순환이 일어나게 된다. 따라서 중요한 부분 앞에서는 쉴 수 있는 마음의 여유를 갖는 것이 필요하다.

특히 상대방의 질문에 대한 답변을 할 때 답변 도중에 말이 꼬이거나 내용이 생각나지 않는데도 괜히 어영부영, 중언부언 말을 이어가는 경우가 많다. 이럴 때에는 잠시 숨 고르기를 하면서 자신의 생각을 정리해 보고 상대방의 의도를 생각해 보는 것이 좋다. 또한 말의 화제가 달라지거나 다른 맥락의 말을 할 때에는 다른 토론자나 청중이 내용의 앞뒤를 구분할 수 있고 내용을 정리할 수 있도록 잠시 쉬기를 통해 시간을 주는 것이 좋다.

중요한 구절 강조하기

우리말은 영어와 다르게 강약이 적어서 단조롭게 이야기 한다면 무미건조하게 들리고 졸리기 쉽다. 강조해야 할 개념이나 어구는 힘주어 표현하거나 더욱 낮추어 표현하면서 리듬감을 준다면 전달력이 높아질 것이다. 흔히 강조를 하라고 하면 큰 소리로 말하는데, 한 단어에서도 높낮이가 다를 수 있고 중요한 부분을 보통의 어조보다 목소리를 더욱 낮추어 표현하는 방법도 있다. 음의 높낮이를 다르게 하면서 리듬감을 준다면 더욱 설득력 있게 들릴 것이다.

이처럼 문자가 아닌 음성언어는 다른 사람들이 나의 메시지를 쉽게 듣고 이해할 수 있도록 말하는 것이 중요하다. 또한 열의와 확신이 가득한 말투로 발표해야 한다. 왜냐하면 발언자의 마음가짐이 말투에서 드러나게 되고 이는 그대로 청중들에게 전달되기 때문이다.

발음 훈련 제대로 하기

정확하고 분명한 발음을 위해서 먼저 조음기관인 혀와 아래턱의 움직임이 부드러워야 한다. 이를 위해서 입을 다물고 턱을 상하 좌우, 전후로 변화 있게 움직이는 훈련이 도움이 된다. 아래 표를 가로세로로 한 번씩 큰 소리로 읽어 보자. 읽을 때에는 가능한 가장 크게 입을 벌리고 읽는다.

다음 음절표를 보고 정확한 발음을 연습해 보자

갸	괴	겨	귀	교	궤	규	계	과	괘	궈	걔
냐	뇌	녀	뉘	뇨	눼	뉴	녜	놔	놰	눠	냬
댜	되	뎌	뒤	됴	뒈	듀	뎨	돠	돼	둬	댸
랴	뢰	려	뤼	료	뤠	류	례	롸	뢔	뤄	럐
먀	뫼	며	뮈	묘	뭬	뮤	몌	뫄	뫠	뭐	먜
뱌	뵈	벼	뷔	뵤	붸	뷰	볘	봐	봬	붜	배
샤	쇠	셔	쉬	쇼	쉐	슈	셰	솨	쇄	쉬	섀
야	외	여	위	요	웨	유	예	와	왜	워	얘
쟈	죄	져	쥐	죠	줴	쥬	졔	좌	좨	줘	재
챠	최	쳐	취	쵸	췌	츄	체	촤	쵀	춰	채
캬	쾨	켜	퀴	쿄	퀘	큐	케	콰	쾌	퀴	캐
탸	퇴	텨	튀	툐	퉤	튜	테	톼	퇘	퉈	태
퍄	푀	펴	퓌	표	풰	퓨	폐	퐈	퐤	풔	패
햐	회	혀	휘	효	훼	휴	혜	화	홰	휘	해

발음이 정확해야 또렷하게 전달될 수 있다. 전달력이 높아질수록 이해도도 높아지는데, 이러한 능력을 키우기 위해서는 정확한 발음이 필수적이다. 말을 얼버무리거나 발음이 부정확하면 상대방은 내용을 이해하는데 어려움을 겪게 된다. 따라서 평소에 대화를 할 때에도 대충 말하거나 우물쭈물하면서 말하지 않고 분명하게 발음할 수 있도록 주의를 기울이도록 한다.

좋은 음성을 내기 위한 방법 익히기

좋은 음성은 설득력을 뒷받침한다. 말할 때 듣기 좋은 음성은 신뢰감과 매력적인 이미지를 심어주기 때문이다. 우리는 대부분 말하는 사람의 음성을 통해 감정과 기분을 느끼는 경우가 많다. 따라서 자신이 전하고자 하는 메시지의 내용에 맞게 음성에 변화를 주면서 맑고 생동감있는 목소리를 내기 위해 연습해야 한다. 목이 잠겨서 나오는 소리, 갈라지는 목소리, 쉰 소리 등은 관심있는 내용일지라도 전달력을 떨어뜨리게 되고 발표자에 대한 신뢰감까지 떨어질 수 있다.

좋은 음성을 내려면

- 어깨를 펴고 허리를 세운 상태에서 말한다.
- 발음하기 어려운 단어와 문장을 선택해서 발음 연습을 한다.
- 천천히 읽기, 빠르게 읽기, 슬픈 마음으로 읽기, 기쁜 마음으로 읽기 등 속도 조절과 감정을 넣어서 표현하는 연습을 한다.
- 자세를 바르게 하고 복식 호흡을 꾸준히 연습한다.
- 내용과 분위기에 맞게 음성을 표현한다.

3. 몸짓언어의 효과를 활용하는 방법

몸짓언어는 청중의 시각에 호소하는 것이다. 청중은 내용만 듣는 것이 아니라 발표자의 말과 몸짓을 보면서 내용을 이해한다. 즉 귀로 들으면서 메시지를 이해하는 논리적인 과정과 발표자의 동작을 눈으로 보면서 감정적으로 판단하는 과정을 거치게 된다. 내용이 논리적일지라도 바르지 않은 자세, 예의 바르지 않은 태도, 단정하지 않은 용모 등은 내용을 집중하는 데 방해가 된다. 내용을 강조하거나, 메시지를 부각시킬 때 목소리에 변화를 주는 것만으로는 부족하다. 몸짓과 동작을 통해 청중의 지각 과정에 좋은 '인상'을 주는 것으로써 내용을 뒷받침해 줄 수 있어야 한다.

설득력 차원에서 토론자가 당당한 자세와 확신에 찬 음성으로 청중과 눈을 맞추며 입장을 발표할 때에는 내용에 대해서도 신뢰감이 든다. 하지만 청중을 바라보지 못하고 굳은 표정과 긴장된 자세, 불안정한 시선으로 입장을 발표하는 경우에는 청중 역시 내용에 대해 선뜻 확신을 갖지 못할 것이다.

> **발표자로서 피해야 할 행동**
> - 단상에 몸을 기대는 행위
> - 연필을 잡고 흔들거나 연속적으로 연필을 들고 발표하는 행위
> - 상대를 향해 손가락질 하는 행위
> - 몸을 좌우, 앞뒤로 흔드는 행위
> - 머리를 긁적이거나 이마 등을 만지작거리는 행위

단정한 외모로 시선 끌기

사람의 외모는 다른 사람에게 좋은 이미지를 심어주는 데 큰 역

할을 한다. 멋있고 화려하게 차려입으라는 것이 아니라 장소와 상황에 맞게 깔끔하게 입고 머리 등을 가지런히 해야 한다는 의미이다. 이처럼 단정한 옷차림과 용모는 신중하고 준비가 잘 된 사람으로 평가받을 수 있다. 그러나 청중들이 발표자의 비스듬한 자세, 지저분한 옷차림, 헝클어진 머리 등을 보게 되면 내용을 말하기도 전에 이미 호감을 떨어뜨리게 된다.

바른 자세로 분위기 잡기

심사위원과 청중은 발표하기 전, 어떤 사람이 어떻게 발표할지 궁금증을 갖고 기다린다. 발표자가 나서는 순간부터 자리에 앉기까지 모든 과정이 발표에 해당한다. 발표를 하기 위해 연단에 서야 할 때에는 힘찬 걸음걸이로 걸어야 하며 연단의 중심에 서서 바른 자세를 유지한다. 이때 바른 자세란 일관되게 꼿꼿한 자세가 아닌 편안하고 침착한 자세를 말한다. 보편적으로 발표자는 서서 이야기하고 청중은 앉아서 듣는다. 특히 연단에서 멀게 앉은 청중일수록 발표자의 몸 전체가 눈에 들어오게 된다. 발표자가 자주 움직이거나 한쪽으로 기울어진 자세, 손을 흔들거나 볼펜을 까닥이는 등 잦은 움직임이 있으면 좋은 인상을 남길 수 없게 된다. 두 발을 어깨 넓이만큼 벌리고 허리와 어깨를 곧게 편 자세가 좋다. 양발은 11자 모양으로 하고 한 발을 약간 앞으로 더 내미는 것이 보기에 안정감이 있다.

> 발표할 때 좋은 자세는
> - **어깨**: 자연스럽게 편다.
> - **손**: 달걀을 쥔 듯이 가볍게 말아 쥐어 자연스럽게 옆으로 내린다.
> - **발**: 자기의 어깨 넓이보다 약간 좁게 11자 모양으로 벌린다.

자연스러운 표정으로 몰입하기

얼굴 표정을 통해 그 사람의 감정 상태를 알 수 있다. 경직된 표정이나 무표정한 얼굴은 발표자가 긴장되어 있음을, 지나칠 정도로 흥분한 표정은 인내심이 부족하다는 이미지를 줄 수 있다. 발표하다가 실수를 해서 쑥스러운 표정이나 머쓱한 표정을 짓게 되면 실수가 필요이상 확대될 수 있다. 질의응답 시간에는 진지한 표정으로, 자신의 주장을 발표할 때에는 열정적이고 확신에 찬 표정으로 말을 하는 것이 좋다. 특히 질의는 예상치 못한 내용이 나올 수 있다. 제대로 답변하지 못하는 상황이 오더라도 침착한 표정으로 "다음에 답변드리겠습니다." 혹은 "생각해 보고 말씀드리겠습니다."와 같은 식으로 여유 있게 대처하는 것이 좋다. 또한 미소를 짓는 것이 좋다고 해서 어느 상황에서나 미소를 짓게 되면 상대방 입장에서는 비웃는 것으로 비추어질 수 있다. 긴장을 풀기 위해 노력하고 상황에 맞게 자연스러운 표정을 짓기 위해 노력해야 한다.

시선으로 집중력 높이기

시선으로 청중의 집중력을 높일 수 있다. 특히 토론은 상대측과의 대화이지, 혼자만의 입장 발표는 아니다. 청중 혹은 상대측과 눈을 맞추지 않고 준비한 자료만을 읽는다면 그 어느 누구도 자신을 향해 말하고 있다고 생각하지 않을 것이다. 시선이 마주치지 않을수록 상대방은 그만큼 자신에게 관심을 갖지 않는다고 느끼고 거리감을 갖게 될 수 있다. 자신의 생각을 최대한 듣는 사람들에게 전달하려는 마음가짐으로 청중 또는 심사위원과 눈을 마주치며 발표해야 효과적으로 내용을 전달할 수 있다. 또한 청중 혹은 심사위원의 반응을 살피며 자신의 발언을 조절하기 위해서라도 자연스러우면서도 천천히 그리고 골고루 바라보는 것이 좋다.

몸짓으로 흐름 조절하기

특별한 목적을 위해 행동하는 것은 무의식적인 행동이나 버릇과는 구별되어야 한다. 만약 발표 도중 "세 가지 중요한 논거를 말씀드리겠습니다."라고 말하며 손가락 세 개를 세운다면 청중은 자연스럽게 세 가지 논거가 무엇인지 궁금해질 것이다. 제스처는 자신이 말하고자 하는 단어나 구절을 강조하거나 어떤 개념을 생생하게 묘사하기 위해 의도적으로 손짓, 팔짓 등을 하는 것을 말한다. 다시 말하면 자신의 말에 더욱 청중의 시선을 모으기 위해 연출하는 행위라고 할 수 있다. 말하기에 자신있는 사람은 제스처도 잘 사용한다.

제스처는 어색하지 않고 자연스럽게 하는 것이 좋다. 자신의 주장을 강조한다고 단상을 쾅쾅 친다든지 발표 내용과 관련 없는 제스처나 내용에 비해 지나치게 많은 제스처를 취하는 것은 오히려 전달력을 떨어뜨리게 된다. 특히 상대방을 향한 손가락질이나 볼펜, 연필 등 필기구를 드는 행위는 상대방을 불쾌하게 만들 수 있으므로 반드시 피해야 한다. 그러므로 내용 중 강조해야 할 부분이 어디인지 생각해 보고 그에 맞는 적절한 동작을 취해야 한다.

상황에 맞는 태도 갖추기

토론을 할 때에는 상대방에 대한 태도가 특히 중요하다. 여기에서 태도란 신체적인 것이 아닌 토론에 임하는 자세를 말한다. 토론 참여자는 토론 주최측의 지시에 따라 주어진 진행 순서와 발언 시간을 지켜야 한다. 발언시 상대방에게 예의를 갖추어 말하되 단호하게 자신의 주장을 전달할 수 있어야 한다. 상대방을 배려한다고 해서 과도하게 친절하거나 유약하게 비추어지는 모습은 피해야 한다. 또한 상대방을 가르치려 들거나 무시하는 태도, 혹은 견해가 다르다고 해서 비웃거나 코웃음을 치는 행동, 감정적으로 발언하는 것은 삼가야 한다. 이처럼 토론은 매 순간 자신있는 태도와 상대를 배려하고 존중하는 태도가 필요하다.

4. 정보 전달 스피치 방법

토론을 할 때 가장 많이 사용하는 말하기 형태 중 하나는 정보를 전달하는 말하기이다. 자신이 말하고자 할 때에는 주제에 대해 철저히 준비하고 자신이 말하고자 하는 부분에 확신을 가져야 한다. 이처럼 자신이 발표하고자 하는 내용에 확신을 갖기 위해서는 무엇보다 먼저 내가 왜 발표하고자 하는지 그 목적이 분명해야 한다. 또한 발표하고자 하는 열망이 강렬해야 청중을 사로잡을 수 있는 발언을 할 수 있다.

> 발표할 때에는
> - 발표 주제에 대해 철저히 준비한다.
> - 발표할 내용에 대해 확신을 갖는다.
> - 발표하는 순간을 열망한다.
> - 자신 있는 말투로 발언한다.

정보 전달 스피치란 내가 잘 아는 정보를 듣는 사람이 잘 모르거나 불충분하게 알고 있을 때, 쉽고 정확하게 알 수 있도록 이해시키는 것을 말한다. 상대방을 자신이 원하는 대로 이해시키는 것은 쉽지 않다. 토론, 토의, 연설 등 모든 형태의 말하기에서는 설명을 얼마나 잘 하느냐에 따라 청중의 이해도가 달라진다. 또한 우리 일상에서도 정보를 전달해야 하는 일은 자주 일어나고 있다. 따라서 어떻게 해야 설명을 잘 하는지 알아둔다면 많은 도움이 될 것이다.

어떤 대상이나 사건, 과정 또는 개념에 대해 '알리는' 정보, 즉 아이디어를 듣는 사람에게 보다 자세하게 설명하는 것이 바로 '세부 내용'이다. 세부 내용을 일일이 자세하게 설명한다면 장황한 설명이 되어 논점이 흐려질 우려가 있다. 일반적으로 설명하는 방법에는 정의, 기술, 묘사, 분석 등이 있다. 세부 내용을 효과적으로 전달하기 위해서는 내용을 완벽하게 숙지하고 어떠한 방법으로 표현할지 선택해야 한다.

용어나 문제를 정의하기

토론을 시작할 때 듣는 이들이 이해하고 공감할 수 있도록 용어의 정의, 즉 용어 풀이를 하는 순서가 있다. 예를 들어 논제가 '안락사를 허용해야 한다.'라면 '안락사란 죽음을 앞 둔 중환자의 고통을 덜어주기 위해서 더 이상 회복할 수 없다는 의사의 소견에 따라 환자의 생명을 단축시키는 것을 의미한다.'는 식으로 용어의 개념을 풀이해 주는 것을 말한다.

자신은 잘 알고 있지만 듣는 사람도 자신의 의견에 수긍할 수 있도록, 혹은 듣는 사람도 잘 알것이라 예상되지만 보다 확실하게 개념을 짚고 넘어가기 위해서 용어나 문제를 명확하게 정의해 주는 것이 필요하다. '이 점은 A와 같고 이 점은 A와 다르다.'는 식으로 대조의 방법을 사용하거나 비슷한 예를 들어주면서 자세히 설명해 주는 방법도 있다.

구체적으로 묘사하기

묘사는 주어진 대상이나 사물, 장면, 사건, 행위 등을 구체적으로 '무엇이 어떠하다'는 식으로 표현하는 것이다. 마치 그 장면이나 상황을 그림 그리듯 생생하게 표현해 주기 때문에 자신의 관점을 밝히면서 설명하면 좋다. 특히 있는 그대로 직접적으로 풀이를 해 주는 것보다 비슷한 사물이나 사건에 빗대어 표현하면 이해를 도울 수 있다.

관계 분석하기

설명을 하는 내용은 대부분 분석이 들어가게 된다. 분석의 경우 '왜 그 현상이 그렇게 되었는가?'와 같은 식으로 문제와 현상과의 관련성을 밝히게 된다. 하나의 대상을 분석하게 되면 이 현상을 일으킨 다른 대상이 나오기 마련이다. 이 때 두 대상 사이가 유사관계인지, 인과관계인지 살펴서 세부 내용으로 삼는다.

청중과 공감대 형성하기

설명을 하기 전 상대방과의 공감대를 형성하기 위한 질문을 하거나 주목을 끌기 위해 듣는 사람의 관심사를 연결시킬 수 있어야 한다. 만약 같은 연령의 청중이라면 그 나이에 생각할 수 있는 관심사를 질문을 통해 연결시키는 것도 효과적이다.

이해하기 쉽게 설명하기

정보를 제공하려면 상대방 눈높이에 맞추어 이야기를 해야 한다. 정보에 대해 명확하게 설명할 수 있어야 듣는 사람의 공감을 이끌어 낼 수 있다. 그렇게 하기 위해서는 자신이 그 내용을 확실히 이해하고 있어야 한다. 자신이 무슨 이야기를 하고 있는지 스스로 갈피를 잡지 못한다면 상대방을 이해시킬 수 없다. 따라서 자신이 말하고자 하는 핵심 메시지를 정확히 알고 그 내용을 요약할 수 있어야 상대방에게 분명한 논조로 전달할 수 있고 이해하기 쉽게 전달할 수 있다.

말하기 전 생각의 순서 정하기

대부분의 주제는 시간이나 공간 등의 논리적인 순서를 이용해서 발전시킬 수 있다. 전체에서 부분으로 설명하는 방법도 있고 부분에서 전체를 설명하는 방법도 있다.

시간적인 순서를 따른다면 과거, 현재, 미래 등 시간의 순서에 따라 진전시킬 수 있을 것이다. 공간의 상관관계에서는 동서남북, 혹은 한 방향 중심점을 정해 두고 그것을 기준으로 정리하면 된다.

전달할 내용이 어느 정도 준비되면 머릿속에 전체 그림을 그리고, 어떠한 순서로 설명할 것인지 떠올려 보면서 적합한 방법을 찾아보는 것이 효과적이다.

시각적인 보조 수단 사용하기

시각적 자극이 청각적 자극보다 효과적으로 주의력을 집중시킨다는 주장이 있다. 우리말 속담에도 '백문이 불여일견'이라는 표현이 있듯이 내용을 명확하게 전달하기 위해서는 시각적인 보조 자료를 사용하는 것이 좋다.

시각적인 자료는 이야기하고자 하는 바를 청중에게 이해시키면서 집중력을 높이게 하는 확실한 방법 중 하나다.

도표나 그림, 사진은 색상이 선명하고 크기가 적절해서 청중에게 잘 보일 수 있어야 한다. 그러나 이를 지나치게 사용하면 오히려 싫증이 나게 되므로 반드시 필요한 경우에만 보조 자료를 사용하는 것이 좋다. 발표자가 도표 등을 보여줄 때에는 내용물만 보며 설명하는 것이 아니라 청중의 반응을 살펴보면서 적절하게 설명해야 청중과의 거리감을 좁힐 수 있고 공감대를 이끌어내기 쉽다.

+ **지도** 길잡이

• 정보 전달 스피치는 설명을 필요로 하는 모든 곳에서 사용한다. 토론을 할 때에는 특히 입론의 과정에서 많이 사용한다.

정보 전달 스피치를 위해 다음 내용을 써 보자 ①

1) 내가 전달하고자 하는 정보 전달 스피치의 주제는 무엇입니까?

2) 이 주제를 선택한 이유는 무엇입니까?

3) 이 주제에 대해 대략적으로 알고 있는 점은 무엇입니까?

4) 이 주제를 구체적으로 전달하기 위해서 어떠한 자료를 이용할 계획입니까?

  〔예〕 인터넷 자료 혹은 도서명, 인터뷰 내용 등

5) 내가 말하고자 하는 정보 전달 스피치의 핵심 주제와 중심생각을 구성하는 소주제는 무엇입니까?

  〔예〕 아침 10분 운동의 중요성에 대해서 말하고자 합니다. 저는 첫 번째로 아침 운동의 필요성, 두 번째로 아침 10분을 활용해 운동하는 방법, 마지막으로 아침 운동의 효과에 대해 말씀드리고자 합니다.

6) 내가 말하고자 하는 주제가 청중들에게 어떤 도움을 줄 수 있다고 생각합니까?

7) 내가 기대하는 청중들의 반응은 무엇입니까?

8) 내가 원하는 청중들의 반응을 이끌어 내기 위해 지금 보완해야 할 점은 무엇이라고 생각합니까?

9) 효과적인 전달을 위해 필요한 시각 보조 자료가 있다면 무엇인가요? 필요하지 않다면 그 이유는 무엇인가요?

10) 위의 질문을 바탕으로 정보 전달 스피치의 내용을 써 보세요.

*출처: 허경호, 『창의적 소통』 참고

정보 전달 스피치를 위해 다음 내용을 써 보자 ②

단계	내용	참고
서론 (도입부)		• 인사 및 처음 한마디 • 이 주제가 중요한 이유 • 청중과의 관련성 • 연설의 목적과 전개되는 순서 • 이 연설을 들으면 청중에게 이익이 되는 점 소개
본론		소주제 1: 핵심 메시지와 사례 소주제 2: 핵심 메시지와 사례 소주제 3: 핵심 메시지와 사례
결론		지금까지 말한 핵심 논점 요약, 강조
시각 자료, 참고 매체		

정보 전달 스피치를 한 후, 평가해 보자

- **발표자 이름:**
- **스피치의 주제:**

단계	내용	점수		
		1 (그렇지 않다)	2 (보통이다)	3 (그렇다)
도입부	주제를 분명히 소개했습니까?			
	중심생각과 소주제를 이야기했습니까?			
본론	주된 논점을 표현했습니까?			
	적합한 근거자료를 사용했습니까?			
결론	핵심 내용을 요약했습니까?			
	인상적으로 끝맺음을 했습니까?			
총계	개인 점수 합계			

5. 설득 스피치 방법

'설득'이란 내가 믿고 있는 것을 다른 사람도 믿도록 만들고 더 나아가 상대방이 그렇게 행동하도록 만드는 것이다. 따라서 설득에서는 정보를 전달하는 것뿐만 아니라 주장을 통해 듣는 사람의 기존 태도나 신념에 새로운 정보와 주장을 주입해 발표자의 내용을 수용 혹은 행동화할 것을 일깨워 주는 효과를 노릴 수 있어야 한다. 세계화, 국제화 시대인 요즘 나의 의견을 효과적으로 표현하고 다른 사람을 설득할 수 있는 힘이 중요한 능력으로 평가받고 있다. 설득 스피치는 정보 전달 스피치와 함께 토론에서 많이 사용하고 있는 말하기 방식 중 하나이다.

> 설득 스피치
> * 자신이 판단하고 정리한 정보 + 주장

설득하는 목적 알기

지피지기면 백전백승이라는 말이 있다. 먼저 설득의 목적과 그 대상에 대해서 잘 알아야 상대방을 설득할 수 있다. 무턱대고 자신의 주장을 한다고 해서 상대방이 설득되는 것은 아니다. 내가 어떠한 내용으로, 왜 설득하고자 하는지 차근차근 점검해보고 상대방을 설득할 수 있는 전략을 세워야 한다.

주장의 성격 파악하기

보편적으로 설득을 하기 위한 아이디어를 주장이라고 하고 이 주장의 당위성을 증명하는 것을 입증이라 한다. 자신이 제시하는 주장의 성격을 잘 파악해야 적절한 근거를 제시할 수 있다. 주장의 성격에 따라 이를 뒷받침하는 근거도 달라지기 때문이다.

> **주장의 성격별 분류**
> - **사실적 주장**: 사실 여부에 대한 자신의 판단을 내세우는 주장
> - **가치적 주장**: 어떤 대상에 대한 평가를 제시하는 주장
> - **정책적 주장**: 무엇을 어떻게 해야 하는지 정책과 실천에 대한 결론을 제시하는 주장

자신의 주장대로 따르는 것이 이익임을 알려주기

논리만으로 사람을 설득할 수는 없다. 듣는 사람들은 발언자의 의견을 그대로 받아들이는 것이 아니라 자신의 신념이나 가치관에 따라 받아들이게 된다. 다시 말해 주관적으로 판단해서 자기 방식대로 받아들이게 된다. 이때 발언자의 주장대로 한다면 어떠한 변화가 있는지, 어떠한 보상이 있는지 그 유익함을 확실하게 말해 준다면 듣는 사람의 마음을 움직일 수 있다.

> **주장의 세 가지 기본 요소**
> - **단언(Assertion)**: 증명 혹은 지지가 없는 진술문
> - **추론(Reasoning)**: 주장이 옳은 이유
> - **증거(Evidence)**: 이유를 증명할 수 있는 통계, 사례와 같은 자료

증거를 적절히 제시하기

증거를 제시할 때 '예를 들면' 하고 시작한다. 예를 들 때에는 '~주장에 대한 좋은 사례로', ' ~에 제시되었듯이', ' ~의 자료를 보면' 등의 표현을 하면서 정보원이나 출처를 밝힌다.

청중(심사위원)과 연결고리를 만드는 것도 공감대 형성에 좋다. '여러분도 겪어 보셨겠지만', '여러분도 ○○일자 TV보도를 통해 익히 알고 계시겠지만' 하는 식으로 청중을 끌어들이는 것도 효과적이다.

논리적으로 말하기

논리적으로 말한다는 것은 명확한 근거를 가지고 말하는 것이다. 근거는 듣는 사람이 믿을 만하고 타당한 것이어야 한다. 주장하는 판단의 '정당성', '확실성'을 증명하는 증거가 필요하다. 나의 주장을 논증하기 위해서는 여러 근거와 이에 따른 증거를 제시해야 하는데, 이를 위해서는 철저한 준비가 필요하다. 증거는 주장의 공신력을 좌우한다. 논증에서는 구체적인 사례, 사실, 통계 자료, 전문가의 의견 등을 제시한다.

논리적 말하기 과정

• 문제 제기 → 자신의 주장 → 이유 → 증거 제시 → 행동 요구

근거를 판단하는 방법

판단 기준	판단 요소
근거의 연관성	주장과 상관관계가 밀접한 근거인지 여부
근거의 일관성	주장을 지지하는 일관된 근거인지 여부
근거의 타당성	근거가 이치에 맞는지 여부
근거의 충분성	주장을 뒷받침하는 자료가 알차고 풍부한지 여부
근거의 표현성	근거를 참신하고 효과적으로 표현했는지 여부

설득 스피치를 위해 다음 내용을 써 보자 ①

1) 내가 전달하고자 하는 설득 스피치의 주제는 무엇입니까?

2) 이 주제를 선택한 이유는 무엇입니까?

3) 이 주제에 대해 대략적으로 알고 있는 점은 무엇입니까?

4) 이 주제를 구체적으로 전달하기 위해서 어떠한 자료를 이용할 계획입니까?

　〔예〕 인터넷 자료 혹은 도서명, 인터뷰 내용 등

5) 내가 말하고자 하는 설득 스피치의 핵심 주제와 중심생각을 구성하는 소주제는 무엇입니까?

　〔예〕 하루 한 줄 이상 글쓰기 지금 바로 시작하십시오. 저는 첫 번째로 글쓰기의 중요성에 대해 말씀드리고, 두 번째로 쉽게 글쓰는 방법, 세 번째로 지금 바로 시작해야 하는 이유에 대해 말씀드리고자 합니다.

6) 내가 말하고자 하는 주제가 청중들에게 어떤 도움을 줄 수 있다고 생각합니까?

7) 내가 기대하는 청중들의 반응은 무엇입니까?

8) 내가 원하는 청중들의 반응을 이끌어 내기 위해 지금 보완해야 할 점은 무엇이라고 생각합니까?

9) 효과적인 전달을 위해 필요한 시각 보조 자료가 있다면 무엇인가요? 필요하지 않다면 그 이유는 무엇인가요?

10) 위의 질문을 바탕으로 설득 스피치의 내용을 써 보세요.

* 출처: 허경호, 『창의적 소통』 참고

설득 스피치를 위해 다음 내용을 써 보자 ②

단계	내용	참고
서론 (도입부)		• 인사 및 처음 한마디 • 이 주제가 중요한 이유 • 청중과의 관련성 • 연설의 목적과 전개되는 순서 • 이 연설을 들으면 청중에게 이익이 되는 점 소개
본론		소주제 1: 핵심 메시지와 사례 소주제 2: 핵심 메시지와 사례 소주제 3: 핵심 메시지와 사례
결론		지금까지 말한 핵심 논점 요약, 강조
시각 자료, 참고 매체		

설득 스피치를 한 후, 평가해 보자

• **발표자 이름:**

• **스피치의 주제:**

단계	내용	점수		
		1 (그렇지 않다)	2 (보통이다)	3 (그렇다)
도입부	주제를 분명히 소개했습니까?			
	중심생각과 소주제를 이야기했습니까?			
본론	주된 논점을 표현했습니까?			
	적합한 근거자료를 사용했습니까?			
결론	핵심 내용을 요약했습니까?			
	인상적으로 끝맺음을 했습니까?			
총계	**개인 점수 합계**			

6. 즉흥 스피치 방법

　　말하기 연습을 할 때에는 수업 시작 전이나 평소에 틈틈이 즉흥 스피치를 연습하면 언어 능력을 더욱 탄탄하게 키울 수 있다. 즉흥 스피치는 어떠한 방법에 의한 능력이라기보다 준비하지 않은 상태에서 시간에 맞게 즉석에서 할 수 있는 기본기를 말한다.

자신의 경험 이야기하기

　　학급 혹은 동료들과 공감할 수 있는 주제는 자신의 주변 이야기, 자신의 경험과 생활 이야기이다. 자신이 가장 잘 알고 있는 이야기는 준비하지 않고도 생생하게 말할 수 있을 것이다. 기억을 더듬어 자신에게 강렬한 인상을 남긴 일을 찾아 스피치 연습을 하도록 한다.

어린 시절 이야기하기

　　어린 시절의 부모님과의 추억이나 가정 생활, 학창 시절에 관한 화제는 예외 없이 관심을 끌게 된다. 대부분 사람들은 어린 시절을 통해 그 사람의 현재를 이해하고 싶어 하고, 살아가면서 어떤 장애를 겪었고 그것을 극복했는지 알고 싶어 한다.

취미와 여가 생활에 관한 이야기하기

　　각자의 개성이 다른 만큼 상대방에게 매력적인 주제가 된다. 자신이 진심으로 즐기고 있는 일이나 취미를 이야기한다면 듣는 사람의 호응을 이끌어낼 수 있다.

　　자신이 잘 알지 못하는 주제를 말하고자 하면 자신 있게 말할 수 없다. 어떠한 주제에 대해 말하기 위해서 몇 가지 정보만을 훑어 보고 말한다면 그 수준이 금방 드러나게 된다. 듣는 사람이 발언자보다 더 많이 알고 있을 수 있기 때문이다. 그와 반대로 자신이 오랫동안 관심을 갖고 노력한 일이나 자신의 신념, 미래 목표 등에 대한 이야기를 한다면 보다 여유 있고 자신 있게 이야기할 수 있을 것이다.

3말 원칙

- **서론**: 먼저 전체적으로 어떤 이야기를 할지 대략적으로 이야기한다.
- **본론**: 핵심 메시지를 조목조목 말한다.
- **결론**: 이제까지 말한 핵심 내용을 간략히 정리해서 말한다.

즉흥 스피치를 한 후, 평가해 보자

- **발표자 이름:**
- **스피치의 주제:**

단계	평가 내용	점수		
		1 (그렇지 않다)	2 (보통이다)	3 (그렇다)
내용	주제와 청중을 관련지었는가?			
	이해하기 쉽도록 내용을 구성했는가?			
표현	목소리 크기/발음/속도/고저가 적당했는가?			
	적절히 제스처를 했는가?			
전반적	정해진 시간 안에 마쳤는가?			
	스피치의 완성도를 평가한다면? (구성, 표현, 설득 부분 모두 포함)			
총계	점수 합계			

　　스피치는 글이 아닌 말이기 때문에 상대방에게 나의 의도를 정
확하게 전달하기 위해서는 드는 입장을 생각하면서 원고를 작성할
수 있어야 한다. 내용을 쓴 후에는 청중의 관점에서 이해하기 쉬운지,
청중의 관심을 끌 만한 내용인지, 내용을 전달하는 시간은 적당한지,
어색한 문장이나 단어는 없는지 등을 꼼꼼히 살펴본다.

+ 지도 길잡이

• 아리스토텔레스는 '훌륭한 연사는 좋은 인격을 갖춘 사람이며, 연사가 갖춘 인격은 설득에 있어 가장 중요한
　무기가 될 수 있다.'라고 했다. 청중에게 설득력 있는 스피치를 하기 위해서는 자신부터 좋은 인격을 갖추고
　공신력이 있어야 한다.

• **스피치 원고 형식 사례**

1) 처음 시작의 한마디
주의 집중과 관심유도 방법은?
〔예〕 여러분은 세상에서 가장 중요한 시간이 언제인지 아십니까?

2) 내가 전달하고자 하는 주제가 중요한 이유
청중에게 어떤 점이 유익한지 표현한다.
〔예〕 "이 내용은 여러분에게 ~라는 점에서 충분히 들을 가치가……."

3) 화제 발표(주제 선언)
무엇에 관하여 발표를 하는지 말한다.
〔예〕 "저는 오늘 여러분께 ~에 대해 말씀드리고자 합니다."

4) 핵심 메시지
중요한 메시지(내용 예 2~3가지를 알려준다.)
〔예〕 제가 이 시간에 말씀드리고 싶은 것은 세 가지입니다. 첫째…, 둘째…, 셋째…….

5) 증거 및 사례
다양한 증거 및 사례를 제시한다.
〔예〕 "2014년 ○월 ○○○일 ○○○○보도에 의하면……."

6) 마무리(내용 요약)
전달한 내용을 정리·요약한다.
〔예〕 "제가 지금까지 말씀드린 내용을 요약해 보면……."

7) Q&A 및 최종 마무리
예상 질문을 3가지 준비한다. 질의응답 후 감사의 인사말로 끝을 맺는다.
〔예〕 "지금까지 경청해주신 여러분께 진심으로 감사를 드리며……."

8) 재동기 부여(실천요구 혹은 강조)
제공된 내용의 실행, 혹은 중요성을 강조한다.
〔예〕 "그래서 여러분도 ~하신다면 ~결과를 얻을 수 있을 것입니다.

9) 참고 문헌
주요 참고 문헌을 기재한다.

* 출처: 박영찬, 『스마트프레젠테이션』

연습, 또 연습하기

말을 잘 한다는 것은 소통능력이 뛰어나다는 것을 의미한다. 이제까지 준비한 내용을 청중들에게 잘 전달하기 위해서는 원고를 보지 않고 내면화된 스피치를 하기 위해 철저히 연습을 해야 한다. 거울 앞에서 얼굴 표정, 자세, 자연스러운 몸짓, 시선처리 등을 연습해 본다. 다음으로 친구나 가족들 앞에서 실제 현장에서 발표하는 것처럼 예행 연습을 하면서 어떤 점을 보완해야 할지 서로 의견을 나누어 보면 큰 도움이 된다.

설득력 있는 스피치 능력을 키우기 위해 발표 연습을 하면서 스피치 상호 평가표를 작성해 보는 것이 좋다. 혼자 연습하기 보다 둘 이상 함께 연습하면서 서로의 강점과 보완해야 할 점을 조언해 주면서 보다 발전할 수 있을 것이다. 또한 상대방의 발표를 들으며 스피치 상호 평가표를 작성하다보면 상대방의 주요 메시지를 요약할 수 있는 능력, 다음 메시지를 어떻게 전개할지 예상할 수 있는 능력 등을 키울 수 있다.

연습 단계

1) 거울을 보며 내용을 연습하면서 원고를 다듬어 본다.
2) 원고 없이 내용을 발표하며 표정, 자세, 몸짓 등을 연습해 본다.
3) 사람들 앞에서 예행 연습을 하며 점검한다.

스피치 상호 평가표를 작성해 보자

스피치 상호 평가표	
주제	
이름	

- **스피치의 강점**

- **보완해야 할 점**

주제	
이름	

- **스피치의 강점**

- **보완해야 할 점**

5부

토론 수업 준비,
토론 기본기
다지기

교육 토론, 제대로 알기

먼저 학생들과 토론 수업을 한다고 가정해 보자. 처음 토론 수업을 진행하기 위해 어떤 점이 필요하고 무엇이 전제되어야 할까. 우선적으로 토론 참가자들은 토론의 의미와 목적, 토론의 요소는 무엇인지 그리고 토론은 어떻게 진행하는지 등을 알고 있어야 할 것이다.

또한 토론 주제와 토론 참여자의 구성, 우리가 왜 토론을 해야 하는지 등의 나름대로의 이유가 필요할 것이다. 이처럼 실전 토론 수업을 진행하기 위해서는 많은 부분이 준비되어야 하지만 그 중에서도 토론에서 자주 사용하는 기본 용어 만큼은 분명하게 알아야 제대로 토론 수업을 진행할 수 있을 것이다. 실전 토론을 하기 위한 준비 운동, 토론 용어를 함께 정리해 보자.

1. 토론, 제대로 알고 하기

토론은 구성원들이 공통 주제에 대한 의문을 제기하고 그 답을 얻기 위해 함께 소통을 하는 과정이다. 또한 상대측과 논점이 되는 문제들에 대한 평가나 판단, 그리고 결정 혹은 행동 등을 조장하는 말하기 활동이라고 할 수 있다.

토론은 사적인 대화가 아니라 공식적 말하기 형태로 이를 행하는 분명한 목적이 있다. 자신의 주장을 정당화하고 반론을 준비하면서 우리측의 의견이 옳음을 설득하는 과정이다. 다시 말하면 토론은 의견의 대립이 존재한다는 것을 전제로 하여, 주어진 논제에 대해 자신의 입장이나 해답에 확신을 갖고 타인을 설득하는 것을 목적으로 한다고 할 수 있다. 토론은 잘 모르는 주제에 대한 정보를 제공하는 활동이 아니라 서로가 이미 잘 알고 있는 주제를 통해 자기주장의 타당성을 설득하기 위한 것이다.

토론에서는 이치에 맞는 근거에 의한 자기주장을 합리적으로 관철해야 한다. 논제에서 어긋나는 사항을 이야기하게 되면 상대의 공격을 받기 쉽다. 상대는 존중하지만 상대의 의견은 반박의 대상이 된다. 또한 토론은 생각의 차이를 조율하는 수단이 되기도 한다. 이처럼 우리는 토론을 통해 우물 안 개구리 같은 자신만의 시각에서 벗어나 보다 큰 세상을 바라볼 수 있다.

> **+ 지도 길잡이**
>
> • 주장(claim)이란 동의를 얻기 위한 진술문으로 증명이 제시되는 진술문이다. 근거(ground)란 주장을 입증할 수 있는 사실적 자료를 말하며 논거(warrant)란 주장과 근거를 연결해 주는 연결고리로 정당화의 이유나 원리 등을 말한다.

2. 논제, 바로 알기

논제의 의미

논제(resolution)란 무엇인가? 토론대회 혹은 토론을 하기 위해서 가장 먼저 눈에 띄는 것이 바로 논제이다. 논제란 어떠한 토론인지 알 수 있도록 토론의 의도와 목적이 잘 드러나는 토론거리라고 할 수 있다.

논제란 토론에서 다루어야 할 핵심적인 쟁점이 명료하게 드러난 진술문을 뜻한다. 토론이 활기차게 이루어지기 위해서는 논제에서 다루고자 하는 내용이 구체적이야 한다. 또한 논제는 논쟁적(controversial)으로 찬성과 반대의 대립된 갈등이 있어야 한다. 찬성측과 반대측 모두 논거를 균형 있게 다룰 수 있어야 하며 토론에 참가하는 학생들의 관심과 흥미를 고려한 논제가 바람직하다. 일반적으로 경험이나 사례에 의해 분명하게 결론이 나 있는 상태에 있거나, 현재 누구나 반박하기 힘든 보편적인 가치에 대해서는 토론을 하지 않기 때문에 논제로 다루지 않는다.

논제는

- 긍정·부정의 양측에 설 수 있는 형식으로 표현한다.
- 주제의 내용이 분명해야 한다.
- 주장은 하나여야 한다.
- 논제는 단 하나의 중심적인 논쟁점만이 분명하게 제시되어야 한다.
- 논제는 찬반 어느 한편에 유리하게 작용하는 감정적 표현은 하지 않는다.

- 논제는 찬성(긍정)측에서 바라는 결정의 방향을 명확하게 표현해야 한다.
- 토론 대상과 시기에 적절한 내용이어야 한다.
- '~는 ~해야 한다.'를 원칙으로 한다. 찬성과 반대의 입장을 끝까지 갖고 자신의 주장이 타당함을 입증하는 토론 형식의 경우 논제를 완결된 명제로 제시해야 한다. 경우에 따라 '~는 ~이어야 하는가?'의 진술 형식으로 표현하는 경우도 있다. 보통 의문문 논제인 경우 찬반 양측의 대립적 입장보다 토론자들이 각자 입장에서 내세우는 주장이나 문제 해결의 과정을 중요하게 생각한다. 이처럼 의문문 논제의 경우, 쟁점에 따른 찬반 토론이 아닌 문제를 바라보는 시각에 따라 자유롭게 논의를 전개하는 경우가 많다.

논제의 조건

- 찬·반 양측의 의견이 한쪽으로 편중되지 않고 어느 정도 균형을 이루고 있어야 한다.
- 현상을 그대로 유지하자는 입장이 아니라 현상을 바꾸는 쪽으로 논제가 정의되어야 한다.
- 찬성측은 현 상태의 변화를 바라는 입장이 되는 반면 반대측은 현 상태를 유지하려는 입장을 취한다.
- 찬성측은 증명의 의무, 반대측은 반증의 의무가 있다. 찬성측은 현 상황에 문제가 있다고 판단하는 입장이기에 토론의 첫 번째 순서에서 현 상황에 대한 비판과 문제 제기를 한다. 왜 현재 상황이 문제인지 그 이유와 찬성쪽에서 주장하는 바와 같이 바뀌는 것이 현 상황에서 가장 유리한 것임을 설득력 있

게 제시한다. 따라서 찬성측은 자신의 입장을 증명해야 하는 증명의 의무가 있다.

논제의 종류

토론은 고대 그리스 시대부터 세 가지 다른 영역에서 이루어져왔다. 먼저 과거의 행위에 따른 사실 유무를 판단하는 법정 토론(forensic), 공동체가 지향해야 하는 가치관이 바람직한지 판단해 보는 사회적 토론(epideictic), 공동체가 나아갈 정책을 결정하는 정치적 토론(deliberative)이 그것이다. 이러한 세 가지 영역에서 토론의 논제는 사실, 가치, 정책으로 불린다.

1) 사실논제

사실논제는 법정에서처럼 과거에 일어난 사실이나 행위의 유무를 판단하는 토론이다. 찬성측이 사실이라고 주장하는 데 반해, 반대측은 그렇지 않음을 주장한다. 예를 들면 "독도는 우리나라 땅이다."와 같은 명제를 논제로 한다면 이것이 사실인지, 그렇지 않은지 증거자료를 적극적으로 내세워 토론을 진행하게 된다.

> (예) "발해 역사는 우리나라 역사이다."
> "한국에는 언론의 자유가 있다."

2) 가치논제

가치논제는 가치관의 차이에서 오는 생각의 차이를 중심으로 토론이 진행된다. 예를 들면 "동물실험은 비윤리적이다."와 같이 가치 판단의 명제를 내세워 찬성측과 반대측 간에 공방을 벌이는 토론이 벌어진다. 가치논제의 진술문의 서술어는 '바람직하다, 중요하다, 정당하다' 등 가치를 판단하는 요소를 다룬다.

〔예〕 "선의의 거짓말은 바람직하다."

"임신 중절은 비윤리적이다."

3) 정책논제

정책논제는 미래의 정책 결정이 어떠한지 판단하는 토론 주제이다. 정해진 정책에 따른 입장의 차이, 혹은 해결 방법의 차이를 중심으로 토론이 진행되며 '~을 시행해야 한다', '~이 결정되어야 한다' 등 어떤 방안을 결정하고자 한다. 예를 들면 "주 5일 수업은 폐지되어야 한다."와 같은 정책을 논제로 하는 경우 찬성측과 반대측 간에 이러한 조치의 필요성 또는 양측이 제시한 구체적 방안의 타당성을 놓고 토론을 하게 된다.

〔예〕 "교사 평가는 학생들에게 공개되어야 한다."

"고교 평준화 제도는 폐지되어야 한다."

+ 참조할 만한 자료나 사례

• **다음 문장을 읽고 논제의 종류를 써 보자.**

1) 사형 제도는 폐지되어야 한다.
2) 청소년 아르바이트는 바람직하지 않다.
3) 우리나라는 자유민주주의 국가이다.

정답 1) 정책논제 2) 가치논제 3) 사실논제

3. 논증, 바로 알기

　　토론은 주어진 논제에 입장이 다른 찬반 양측이 서로 논증을 통해 상대를 설득하는 대화 유형이다. 논증이란 특정한 입장을 합리적으로 정당화하기 위해 주장을 선택하고 체계화하는 것을 말한다. 토론에서의 주장은 증명이 제시되는 진술이다. 주장은 토론 발언의 중심축이 되기 때문에 가장 꼼꼼하게 신경 써서 준비해야 할 부분이다. 찬성측은 논제가 옳음을 주장하므로 찬성측은 논제와 같은 방향의 주장을 펼치게 된다. '선의의 거짓말은 바람직하다.'가 논제라면 찬성측 주장은 논제와 동일한 '선의의 거짓말은 바람직하다.'가 된다. 찬성측은 자신들의 주장이 정당함을 다양한 근거를 들어 입증해야 한다. 토론에서의 근거는 주장을 뒷받침하기 위한 증거나 사실을 말한다. 찬성측은 이처럼 주장했기에 그에 따른 입증의 책임, 즉 증명의 부담을 갖고 반대측은 찬성측 주장이 틀렸음을 증명하는 반증의 의무가 있다.

　　〔예〕　운전 중에 휴대전화를 사용하는 것은 매우 위험한 일이다.
　　　　　○○ 자료에 따르면 작년 한해 휴대전화 사용으로 인한 교통
　　　　　사고 건수가 전체 교통사고 건수의 10%를 넘는다고 한다.

> 논증 시 주의점
> • 자신의 주장을 뒷받침할 수 있는 객관적이고 논리적인 근거를 제시한다.
> • 논리적인 근거를 제시할 때에는 출처와 증거가 공신력이 있는지, 정확한 사실인
> 　지 확인한다.
> • 자신의 주장이 토론 주제에 대한 문제 해결 방법을 포함하고 있는지 점검한다.

- **주장**: 선의의 거짓말은 바람직하다.
- **이유**: 왜냐하면 선의의 거짓말은 자신의 이익 때문이 아닌 상대방을 위한 노력이기 때문이다.
- **증거**: 00자료에 의하면 선의의 거짓말로 더욱 삶의 의욕을 갖거나 희망을 갖는 환자들이 대다수이다.

4. 숙의시간, 알고 하기

토론은 많은 경우 두 명 이상으로 구성된 팀을 이루어 진행된다. 토론을 보다 깊이 있게 진행하고 효율적인 의견을 제시하기 위해 '숙의시간'을 만들 수 있다. 숙의시간을 잘 사용하면 같은 팀끼리 협의하여 반론, 대응 방안 등을 마련할 수 있다. 숙의시간을 통해 서로의 협동심을 발휘하여 주도적으로 문제 해결을 할 수 있도록 시간을 잘 활용하는 것이 관건이다.

02장

토론 개요서 쓰기

1. 토론 개요서란
2. 토론 개요서 작성 방법과 핵심 전략
3. 토론 개요서 쓰기 평가 점검

토론 개요서를 쓰는 이유는 무엇일까? 우리는 먼 곳으로 여행을 가기 전 무엇이 필요한지 점검하고 계획을 세운다. 이처럼 토론 개요서는 본격적으로 토론을 시작하기 전, 토론에 참가하는 팀원과 함께 토론 전략을 세우고 상대팀의 전략을 예측하여 대비할 수 있는 사전 시나리오를 만드는 것이라고 할 수 있다. 토론 개요서에는 해당 토론 논제를 적고 논제에 나타난 주요 용어부터 정의해야 한다. 이를 통해 서로 용어의 정의를 공유하면서 토론 시 불필요한 오해나 잘못된 해석을 하지 않는데 도움을 준다. 토론에서 자주 사용하는 주요 용어들에 대해 알았다면 이제 실제 토론 준비를 해 보자. 바로 토론 개요서를 쓰기를 통해 학생들이 그동안 배운 토론 용어들을 제대로 이해했는지 논제 분석을 잘하는지 꼼꼼하게 점검해 볼 수 있을 것이다.

1. 토론 개요서란

　토론 개요서란 입장 세우기에서 구상한 전체적인 스토리를 염두에 두면서 효율적인 토론을 준비하기 위해 자신의 입장을 간추려 정리한 것을 말한다. 토론 개요서를 작성하는 일은 자료를 체계적으로 분석, 종합하여 논리적인 지도를 만드는 과정과 같다. 따라서 토론 개요서의 작성 유무에 따라 토론의 질이 크게 달라질 수 있다. 토론 개요서를 작성하면 자신의 입장을 강화하기 위해 사용되는 여러 가지 합리적인 전략을 파악할 수 있다. 또한 주장과 근거의 관계, 반박과 대책을 한 눈에 파악할 수 있다. 이때 토론 개요서의 내용은 항목화하여 문장으로 완성해야 주장과 근거, 반론과 대책이 잘 맞물릴 수 있다.

2. 토론 개요서 작성 방법과 핵심 전략

　먼저 토론에서 이기기 위한 전략을 세워야 한다. 상대측의 논점과 장단점을 분명히 파악하여 이에 대응할 전략을 세운다. 또한 자신이 주장하는 의견이 타당하고 실현 가능성이 있음을 보여 주기 위해 완결된 시나리오(스토리)를 구상한다. 이때 자신의 입장이 옳다는 것을 보여줄 수 있도록 철저하게 준비해야 하며, 약점을 피하고 장점을 최대화하기 위해 자신의 태도를 조절해야 한다.

　찬성 반대측 입장을 세우는 다음과 같은 방법을 적용하면 더 구체적이고 바람직한 토론 개요서를 작성할 수 있다.

개요서 작성 방법

1) 용어 정의

논제의 주요 용어에 대한 개념을 바르게 정의하는 것을 말한다. 토론 과정에서 반드시 논의되어야 할 주요 개념들을 적절하게 제시하고, 이들 개념을 올바르게 이해하고 있음을 알려야 한다.

2) 쟁점

쟁점은 논제에 내재되어 있는 사실이나 가치와 관련된 진술을 말하며, 문제의 지속성과 심각성, 실행 가능성과 해결 가능성이 포함되어야 한다. 쟁점은 찬성측이 제기한 논점에 반대측이 반론을 제기할 수 있는 '접점'을 말한다.

3) 주장

쟁점에 대한 제안측과 반대측의 입장으로 '예', '아니오'로 답하는 문장의 형태를 말한다.

4) 근거

주장을 지지해 주는 구체적, 사실적인 정보로 통계 자료나 사례, 사실, 전시 자료, 전문가의 견해 등 주장을 입증할 수 있는 자료를 말한다.

찬성측 입장 세우는 방법
- 현 상황의 심각성을 전면적으로 부각시켜 개선해야 할 필요성을 강조하여 반대측과의 입장 차이를 뚜렷하게 만든다.
- 논제의 범위 안에서 사용되는 핵심적인 용어의 개념을 정의한다.
- 실행 방안의 실천 계획을 구체적으로 제시한다.
- 실행 방안이 실현되면 현재의 문제점을 극복할 수 있다는 기대성과를 제시한다.
  〔예〕 문제 해결식, 장단점 비교를 통한 입장 세우기

3. 토론 개요서 쓰기 평가 점검

토론 개요서를 작설할 때에는 다음과 같은 사항을 주의해서 완성해야한다. 먼저 토론이 이루어지는 전체적인 배경과 상황을 확인한다. 그러고 나서 1) 논제가 무엇이며 해결해야 할 점이 무엇인지 파악하고, 2) 용어 정의, 공유하는 기준과 주장, 확인된 사실 등 반박할 수 없는 공유점들이 무엇인지 파악한다. 또한 3) 찬반의 논점과 근거가 무엇인지, 예상되는 반박과 이에 대한 대책을 파악한다. 마지막으로는 제시된 논제가 해결되면 얻을 수 있는 기대효과를 설득력 있게 제시한다.

토론 개요서를 쓰고 평가할 때 점검해야 할 사항
· 찬성과 반대의 주 논점이 분명하게 나타났는가?
· 용어의 개념 정의는 잘 했는가?
· 논제를 분석하고 이에 따른 깊이 있는 정보 조사를 했는가?
· 주장이 논리적인가?
· 지지하는 근거는 타당한가?
· 증거는 충분한가?
· 완전한 문장으로 표현했는가?
· 접속부를 적절히 사용했는가?
· 일관된 형식을 사용했는가?
· 자료의 출처는 정확하게 밝혔는가?

토론 개요서를 작성해 보자

팀명		
팀원		
논제		
용어 정의		
쟁점		

		찬성측	반대측
쟁점1	주장		
	근거		

쟁점2	주장	
	근거	
쟁점3	주장	
	근거	

토론 개요서 사례

3:3 CEDA 토론의 찬성측과 반대측 개요서

대회명	제2회 서울시 고등학생 토론대회					
학교명	○○고등학교	**팀명**	불새	**팀원 성명**	1. ○○○ 2. □□□ 3. ◇◇◇	

논제	중범죄 피의자의 신상은 공개해야 한다.
용어 정의	• **중범죄**: '중범죄'는 영미법상 felony를 의미하며, 1967년 이후 폐지된 개념. 미국에서는 현재 '법정형이 사형 또는 1년 이상의 징역형으로 정해진 모든 범죄'로 정의되거나, 각 주마다 따로 정하고 있다. 우리의 법 개념에서 중범죄라고 따로 정의된 것이 없고, 대체적으로 '살인, 절도 및 강도, 강간, 방화'(murder, theft, rape, arson)등의 위험한 범죄를 지칭하는 용어다. • **피의자**: 죄를 범한 혐의로 수사기관의 수사대상이 되어 있는 자로서 아직 공소(公訴)가 제기되지 않은 자. • **신상**: 한 사람의 몸이나 처신, 또는 그의 주변에 관한 일이나 형편을 가리킴. 신상공개시 공개되는 내용과 범위에는 차이가 있을 수 있으나 한 개인의 정보가 본인의 의사와 무관하게 공개적으로 노출된다는 점에서 그 개인에 대한 인권침해라는 논란이 있음.
쟁점	• **쟁점 1**: 중범죄 피의자의 신상공개와 관련하여 국민의 알권리가 우선인가? 피의자의 인권보호가 우선인가? • **쟁점 2**: 중범죄 피의자의 신상공개는 중범죄를 실제로 예방하는 효과가 있는가? • **쟁점 3**: 중범죄 피의자의 신상공개는 강력한 법질서 수호를 위한 수단인가? 빅브라더의 출발점인가?

		찬성측	반대측
쟁점1	주장	중범죄 피의자의 신상공개와 관련하여 '국민의 알권리'가 피의자의 인권보호보다 우선한다.	중범죄 피의자의 신상공개와 관련하여 피의자의 인권보호가 '국민의 알권리'보다 우선한다.
	근거	• '국민의 알권리'는 최소한의 자기방어를 위한 정당한 권리이다. • 중범죄의 발생은 다수의 인권침해를 가져온다.	• 모든 피의자가 다 범죄자는 아니다. • 신상공개로 인한 피의자의 실제적 인권침해는 그로 인해 보호 받는 잠재적 피해자들의 잠재적 인권침해보다 더 큰 손실을 가져온다.
쟁점2	주장	중범죄 피의자의 신상공개는 중범죄를 실제로 예방할 수 있다.	중범죄 피의자의 신상공개는 중범죄를 실제로 예방할 수 없다.
	근거	• 전반적으로 신상공개에 대한 부담은 최초 범죄발생률을 낮출 수 있다. • 구속되지 않은 피의자가 저지를 수 있는 2차, 3차 범행을 미리 예방할 수 있다.	• 중범죄의 특성상 신상공개는 극단적인 범죄 발생에는 특정한 예방효과가 없고 오히려 보다 극단적인 범죄를 야기할 수 있는 요소가 된다. • 신상공개는 피의자의 2차, 3차 범행을 촉발하는 원인이 될 수 있다.

쟁점3	주장	중범죄 피의자의 신상공개는 강력한 법질서 수호를 위한 수단이다.	중범죄 피의자의 신상공개는 빅브라더 사회의 출발점이다.
	근거	• 극단적이고 패륜적인 범죄가 점차 증가하는 추세로 법질서는 물론이요 인류마저도 흔들리는 현실이다. • 신상공개 원칙은 일벌백계의 상징으로서 사회와 법질서 수호에 기여할 것이다.	• 개인 정보의 공개는 필요 이상의 공포를 야기하고 사생활 침해의 전례로 작용할 것이다. • 공익이라는 명분을 내세운 정보공개와 노출은 정보통제와 관리에 의한 빅브라더 국가를 탄생시킬 것이다.

2:2 의회식 토론의 찬성측과 반대측 개요서

대회명	제2회 서울시 고등학생 토론대회	
학교명	○○고등학교　　　**팀명**　신문고　　　**팀원 성명**　1. ○○○ 　　　　　　　　　　　　　　　　　　　　　　　　　　　　　2. □□□	
논제	이주노동자에게도 한국인과 동일한 권리를 보장하여야 한다.	
용어 정의	• **이주노동자**: '국적국이 아닌 나라에서 유급활동에 종사할 예정이거나 이에 종사하고 있거나 또는 종사하여 온 사람'이다. • **한국인(韓國人)**: 일반적으로 민족이나 혈통에 상관없이 한국의 국적을 가지고 있는 사람을 말한다. • **권리(權利)**: 인간과 집단이 국가, 사회, 단체 활동을 함에 있어 정당하게 행사할 수 있는 힘이다. 또한 법이 보호하려는 이익을 뜻하기도 한다.	
쟁점	• **쟁점 1**: 이주노동자에게도 한국인과 동일한 권리를 보장해야 하는가? • **쟁점 2**: 이주노동자가 우리 사회에서 이익이 되는 기여를 하고 있는가? • **쟁점 3**: 이주노동자의 가족에 대한 배려도 고려해야 하는가?	

		찬성측	반대측
쟁점1	주장	이주노동자에게도 한국인과 동일한 권리를 보장해야 한다.	이주노동자를 한국인과 동등한 권리로 보장하지 않아도 된다.
	근거	헌법 제6조 2항과 국제간 조약에 의해 인간이기 때문에 동일한 권리를 받을 수 있는 자격이 있다.	대한민국의 국민과 외국인에 대한 법의 적용 자체가 다르다.
쟁점2	주장	이주노동자는 우리 사회에 충분한 기여를 하고 있다.	이주노동자는 우리 사회의 발전을 저해하고 있다.
	근거	한국인들이 포기하고 있는 직종에 종사하며 경제 발전을 위해 반드시 필요하다.	이주노동자들의 국내 범죄율이 증가하고 있고 한국의 국제적 이미지 하락의 주범이다.
쟁점3	주장	이주노동자의 가족에 대한 배려도 고려해야 한다.	이주노동자의 가족에 대한 배려는 고려하지 않아도 된다.
	근거	이주노동자의 사회적 기여에 맞는 대가를 본인뿐만 아니라 그들의 가족도 동일한 권리를 제공받아야 한다.	오히려 한국인들이 역차별을 느낄 수 있기 때문에 이들의 가족까지 배려할 필요는 없다.

＊장충고등학교 사례 참조

03장

교차 조사식 토론 집중 탐구

1. 입론
2. 교차 조사(교차 질의, 확인 질문)
3. 반론(반박)
4. 최종 발언

토론에서는 입론(발제), 교차조사(교차질의, 확인질문), 반론(반박), 최종 발언(요약) 이상의 네 가지 토론 과정을 정확히 알고 있어야 한다. 이 네 가지 과정은 토론의 핵심을 이루면서 토론의 종류에 따라 다양하게 활용되고 있다. 토론에서 이 네 가지 과정이 전부 들어가야 한다거나 혹은 각각 한 번 내지 두 번씩 들어가야 한다는 등의 법칙은 없다.

1. 입론

입론이란 논제에 대해 자신측의 입장을 담은 논점을 말한다. 논제에 대한 자신의 주장과 근거를 제시하면서 논의가 쟁점으로 부각된 이유를 설명하는 순서다. 토론의 처음으로 찬성측과 반대측에서 자신의 기본 입장을 발언한다. 입론을 통해 토론 전에 얼마나 성실하고 체계적으로 준비했는지, 논제를 얼마나 정확하고 올바르게 이해하고 있는지 잘 알 수 있다.

입론에서 양측은 논제에 등장하는 주요 개념들을 바르게 이해하고 정의를 내릴 수 있어야 한다. 양측이 정확하게 개념을 이해하고 공유한 상태가 되어야 활발한 토론을 기대할 수 있기 때문이다. 개념을 정의하기 위해서는 논제에 나타난 주요 개념에 관해 토론자의 입장을 명확히 밝히는 것은 물론 논제가 등장하게 된 배경이나 역사, 논제의 현상 및 문제에 관해 세심하게 분석하여 제시할 필요가 있다. 논제의 현상과 배경을 밝히는 이유는 상대측과 심사위원, 청중이 그 논제에 대한 문제의식을 갖게 되기 때문이다. 이처럼 논제 분석은 토론을 성공적으로 이끄는 중요한 열쇠라고 할 수 있다.

〔예〕 "안락사는 비윤리적이다."라는 논제에서 '안락사'라 함은 ~을 말하고, '비윤리적'이라 함은 ~을 말한다.

그럼 토론을 할 때 어떻게 개념을 정의하는지 그 방법에 대해서 알아보자.

토론 시 개념 정의

토론 시 개념을 정의할 때 주로 쓰이는 방법은 다음과 같다. 첫째는 사례를 제시하는 방법이다. "안락사라 함은 의학에서 ~한 경우를 말한다."라고 정의함으로써 구체적인 사례를 제시하여 용어를 정의하는 것이 이에 속한다. 둘째는 사전 용어가 아닌 친숙하게 사용하는 일상적인 용어로 대체 사용하여 정의하는 방법이다. 셋째로는 백과 사전적 정의와 함께 해당 권위자나 전문가, 논문 등의 '권위'를 통해 정의를 내리는 방법이 있다.

하지만 실제 토론을 진행할 때에는 자주 쓰이는 앞의 세 가지 방법 중 한 가지에만 의존하는 것이 아니라 한 가지 이상, 혹은 비교와 대조 등 다양한 방법으로 개념을 정의할 수 있다. 입론에서는 논제를 둘러싼 사회적 배경과 핵심 개념, 자신측 주장에 대한 기대효과 등을 열거한다.

2:2 교차 조사식 토론 모형의 경우 찬성·반대측 입론 세우는 법

1) 찬성측 첫 번째 토론자의 입론

모든 토론은 처음 입론 시 논제에 등장하는 주요 개념들을 바르게 정의하면서 시작한다. 따라서 토론 주제에서 반드시 논의되어야 할 주요 개념들을 적절하게 제시하고 이들 개념을 올바르게 이해하고 있음을 입론 과정에서 분명하게 밝혀야 한다. 첫 번째 찬성측 입론자는 이러한 개념 정의와 논제가 등장한 배경이나 역사, 논제의 현상 및 문제에 관한 분석을 이 과정에서 제시한다.

2) 반대측 첫 번째 토론자의 입론

반대편 첫 번째 토론자는 토론의 수준을 높이는 데 아주 중요한 역할을 한다. 먼저 찬성측의 입론을 들은 후 토론 형식에 따라 교차 질의(확인질문), 교차 조사를 한다. 반대편 첫 번째 토론자는 이러한 교차 질의 혹은 교차 조사를 통해 드러난 찬성측의 허점을 부각시키면서 찬성측 주장을 따르게 된다면 어떠한 문제가 있는지 제시하고, 반대측의 주장이 더 타당하다는 점을 설득할 수 있어야 한다. 전체적인 토론의 생산성이 이 부분에서 결정되기 때문에 숙의시간을 효과적이고 집중적으로 사용할 필요가 있다.

3) 찬성측 두 번째 토론자의 입론

찬성측 두 번째 입론자는 첫 번째 입론자가 제시했던 논제의 정의나 역사, 배경 등을 반복할 필요는 없다. 첫 번째 토론자의 연장선상에서 반대측 주장의 논리적 허점이 무엇인지를 날카롭게 지적하면서 첫 번째 입론자가 하지 못한 나머지 주장을 논리적으로 설득력 있게 제시해야 한다. 따라서 첫 번째 입론자와 두 번째 입론자의 역할 분담이 중요하다. 찬성측에서 자신측의 주장을 할 수 있는 마지막 기회이기 때문에 가장 설득력 있는 주장을 펼쳐야 한다.

4) 반대측 두 번째 토론자의 입론

반대편 두 번째 토론자는 앞에서 나온 찬성측 입론자들의 주상이 어떠한 논리적 오류나 문제점을 가지고 있는지 제시하고, 이러한 주장을 능가할 수 있는 더 좋은 대안이나 해결책을 제시해야 한다. 따라서 새로우면서 완전히 독창적인 주장보다는 찬성측 두 명의 토론자가 한 입론의 연장선상에서 찬성측의 주장보다 자기측의 대안이나 해결책이 더 낫다는 점을 심사위원과 청중에게 설득할 수 있어야 한다.

2. 교차 조사(교차 질의, 확인 질문)

교차 조사는 상대측의 입론이나 반론의 내용을 확인하고 조사하는 과정이다. 찬성과 반대측은 각각 상대측 논증에서 논리적 오류나 허점이 있는 부분을 지적하고 질문하면서 상대보다 자신의 주장이 더 설득력 있고 타당하다는 점을 입증할 수 있어야 한다.

교차 조사는 반드시 상대측이 발언한 내용에 대해서 해야 한다. 상대방의 발언을 잘 듣지 않고 자기측의 입장에 대한 상대방의 생각을 묻거나 자기측 주장만 한다면 토론에서 좋은 평가를 받을 수 없을 것이다.

질의

'질의'를 할 때에는 정해진 순서가 있거나 입론 중에 손을 들어 표현하는 등 토론 형식마다 조금씩 방법상 차이가 있다. 의회식 토론의 경우, 상대팀의 요청을 받아들여 잠시 질문을 하게 허용하거나, 질의 요청을 무시하고 계속 발언을 진행할 수 있다. 질의 요청을 모두 거부하면 일방적이고 예의 없다는 인상을 줄 수 있고, 자신의 발언 시간에 비해 상대측 질의 요청을 자주 받아들이게 되면 발언의 주도권을 잃게 될 위험이 있기 때문에 적절하게 조절할 수 있어야 한다.

조사와 답변 형식

모든 토론에서 조사 및 질의를 할 때에는 상대방이 주장한 입론을 주의 깊게 듣고 이에 대해 자기측의 주장과 배치되는 부분이나 논리적 오류를 찾아내어 자기측이 유리하게 토론을 진행할 수 있도록 준비해야 한다. 조사를 할 때에는 위와 같은 방법으로 하되, 반드시 상대방 입론에서 주장한 내용만을 가지고 상대방의 논리적 허점, 오류 등을 분석하여 질문을 해야 한다. 상대방이 제시한 논점 중 가장 취약한 부분이나 허점에 대해 질문할 수 있고 논점을 뒷받침하는 논거의 타당성에 대해 질문할 수 있다.

질문할 때에는 자신이 묻고자 하는 목적이 분명하게 드러날 수 있도록 간단명료하게 해야 한다. 또한 상대측의 주장에서 인용된 자료의 출처에 관한 신뢰성, 공신력 등에 대해 질문할 수 있다.

상대방이 답변을 제대로 하지 않고 회피하거나 자신의 주장만 반복할 경우에는 "~그 의견을 이렇게 받아들여도 되겠습니까?", 혹은 "~이렇게 이해해도 되겠습니까?" 하는 식의 질문을 통해 토론을 주도적으로 이끌 수 있어야 한다. 질문자는 상대방에게 예의 있는 태도로 적절한 질문을 하기 위해 노력해야 한다. 답변자는 성실하게, 질문의 의도를 파악하여 간략하면서도 예리하게 답변해야 한다. 답변자는 이 과정에서 자신의 입장을 적절히 옹호할 수 있어야 한다. 간혹 답변자가 질문의 요지와 관련 없이 자신의 주장만 열거하는 경우가 있는데 이는 토론에 임하는 올바른 태도가 아니다. 답변은 간략하고 명료하게 하는 것이 원칙이지만 보다 상세한 내용을 언급해야 하는 경우라면 "○○ 때 답변을 자세하게 설명하겠습니다."라는 식으로 정리하는 것이 효과적이다.

따라서 상대측이 입론이나 반론을 할 때 제시한 내용들을 조목조목 확인하면서 논리적 허점을 찾기 위해서는 토론 과정에서 나오는 주요 논점 위주로 메모를 하면서 전체적인 토론 흐름을 파악할 수 있어야 한다.

3. 반론(반박)

반론은 상대측의 주장과 근거가 적절치 못하다는 입장에서 반대의견을 제시하는 진술을 말한다. 반론은 상대가 내세운 논리적 허점

을 종합적으로 검토하여 상대의 의견을 논박하는 토론의 핵심 과정
이다.

반론의 내용

반론이란 상대가 주장의 근거로 제시하는 사실, 사례, 통계 등의
증거에 오류는 없는지, 이치에 맞는지를 검토하는 것이다. 상대측의
주장이 가져올 문제점은 무엇인지, 상대측과 다른 해결 방안이나 주
장을 제시하며 우리측이 더 타당하다고 심사위원과 청중에게 강조한
다. 반론을 잘하기 위해서는 상대측이 제시한 논점이 논제에서 벗어
나지 않았는지, 상대방의 근거가 타당한지 종합적으로 검토할 수 있
어야 한다. 또한 논거를 지지하는 자료는 적절하게 제시했는지 등을
상대방의 주장이나 근거를 활용하여 반박한다.

반론에서는 새로운 주장을 제시하지 않는다. 입론에서 제시한 내
용만 반론할 수 있다. 반론 시 갑자기 새로운 주장을 하게 되면 토론
의 흐름이 깨지고 쟁점의 방향이 달라지게 된다. 반드시 상대측이 제
시한 논의의 범위 내에서만 논리적 오류와 문제점을 집중적으로 반
론해야 한다.

반론의 형식

반론을 제대로 하기 위해서는 상대방의 주장에 대한 철저한 준
비가 필요하다. 먼저 자신이 반박할 내용이 무엇인지 간략하게 요약
을 한다. 다음으로 상대방의 주장에 대해 반대되는 의견을 가지고 있
음을 명확히 밝히면서 왜 그러한지 이유를 밝혀 주어야 한다. 다음으
로 논리적인 설명을 통해 반론과 자신의 주장을 연결해야 하며, 마지
막 단계에서는 반론한 내용과 그 이유에 대해서 다시 한 번 강조해

주는 것이 좋다. 이때 반박하지 않은 내용이 있다면 이는 상대측의 의견을 그대로 수용한 것으로 간주한다.

반론은 대체적으로 다음과 같은 형식을 사용하는 것이 좋다.

1) 상대방의 논리적 허점 찾기

→ 상대측의 핵심 쟁점을 찾은 후 논리적 오류, 모순점을 분석한다.

2) 상대방의 주장과 근거 제시하기

→ 상대측의 주장은 ~이고, 근거는 ~입니다.

3) 상대측 오류 찾기

→ 상대측은 ~이러한 모순이 있습니다.

4) 우리측 주장과 근거 제시하기

→ 우리측은 ~한 의견에 동의할 수 없습니다. 우리측에서는 ~을(를) 주장합니다. 그 이유는 ~때문입니다. 그 증거(사례)는 ~입니다.

5) 자신의 주장 요약하기

→ 상대측은 ~논리적 오류가 있습니다. 우리측은 ~의 이유로 ~을(를) 주장합니다.

반론의 자세

반론은 상대방 입장의 허점을 조목조목 논리적으로 반박하는 한편 우리 팀의 입장을 반대의 입장에서 강하게 부각시키는 것이다. 따라서 상대방 논리의 약점이 무엇인지 종합해서 공격할 수 있는 능력도 갖추어야 하고, 또 자신의 논리 중에서 부족한 부분을 추스를 수 있는 방어 능력도 갖추어야 한다. 즉 창과 방패를 상황에 맞게 활용할 수 있는 능력이 필요하다.

반론은 토론의 핵심이면서 가장 역동적인 순서로 양측의 입장이 팽팽하게 맞서는 부분이다. 반론을 할 때에는 합리적인 근거를 제시하면서 상대방 논리의 허점을 지적할 수 있어야 한다. 이를 잘하기 위해서는 상대방 주장을 경청하는 것이 기본이다.

각 측의 토론자는 자신의 논리의 성을 단단히 구축하면서 상대 측의 논리에 약점이 있다는 것을 심사위원과 청중에게 설득적으로 제시할수 있어야 한다.

반론을 잘하기 위해서는 상대방의 주장을 논리적으로 판단할 수 있어야 한다. 자신의 주장을 제시할 때에도 '내가 이렇게 주장하면 상대측에서 어떻게 반박할까?' 예상해 보면서 이에 따른 대비를 해야 한다. 진행상 토론이 빠르게 전개되기 때문에 이를 위해 나의 주장과 상대방의 주장, 예상되는 반박 등을 간략하게 토론 흐름표에 정리하면서 전체적인 토론 과정을 파악하는 것이 중요하다.

+ **지도** 길잡이

• 토론 흐름표는 토론의 과정을 한눈에 알 수 있도록 보여주는 도구이다. 양측의 주장을 분석하기 위해 발언 순서에 따라 정리할 수 있도록 토론 흐름표를 만들어 사용하면 좋다.

독서토론대회 흐름표를 작성해 보자 ①

① 찬성측 첫 번째 토론자의 입론	② 반대측 첫 번째 토론자의 입론	③ 찬성측 두 번째 토론자의 입론	④ 반대측 두 번째 토론자의 입론	⑤ 반대측 첫 번째 토론자의 반박	⑥ 찬성측 첫 번째 토론자의 반박

⑦ 반대측 두 번째 토론자의 최종 발언	⑧ 찬성측 두 번째 토론자의 최종 발언

독서토론대회 흐름표를 작성해 보자 ②

구분	찬성측	반대측
입론		
질문 및 답변		
반론		
최종 발언		
대상도서 활용 능력		
표현 스타일		

4. 최종 발언

　　토론 과정에서 드러난 상대측의 논리적 허점을 부각시키면서 자신측의 입장과 논점을 정리한다. 양측의 토론자가 입론에서 제시한 논리와 반박한 내용을 가지고 다시 자기측의 논리가 옳고 더 설득력이 있음을 제시할 수 있어야 한다. 또 마지막으로 자신의 주장이 상대측의 주장보다 더 논리적이고 설득적이라는 점을 부각시킬 수 있어야 한다. 그러나 토론 과정에서 주장하지 않은 새로운 의견이나 문제 제기는 할 수 없다.

심사위원과 청중을 설득할 수 있는 마지막 기회로 공감할 수 있는 스피치를 해야 한다. 대체로 토론의 형식 중 마지막 순서이지만 토론의 종류에 따라 최종 발언이 없는 토론도 있다.

최종 발언 잘하는 방법

최종 발언은 자기측의 입장을 정리할 수 있는 기회이자 심사위원과 청중에게 좋은 인상을 남길 수 있는 마지막 기회다. 따라서 토론에 참가한 모든 구성원이 이해하기 쉽게, 체계적으로 논지 전개를 해야 한다.

또한 최종 발언시에는 보다 여유있는 자세가 필요하다. 마지막 기회이다 보니 더욱 긴장하고 압박감을 느낄 수 있기 때문이다. 최종 발언이니만큼 준비된 원고를 보는 것이 아니라 청중과 심사위원에게 눈을 맞추며 진솔하게 발표하면서 공감을 이끌어내기 위해 노력해야 한다. 적절한 사례나 비유, 인용을 통해 자신측 의견에 깊은 인상을 남길 수 있도록 하는 방법도 좋다.

또한 토론 전체 과정에서 드러난 입장과 문제점 등을 분석하고 정리해서 자신측의 유리함을 설득력 있게 마무리 할 수 있어야 한다.

04장

토론 평가

교육을 목적으로 하는 토론의 평가는 사고의 합리성과 유연성 , 논증 능력 및 설득 과정, 토론 태도 등을 총체적으로 측정하고 있다. 보편적으로 토론 평가의 세부 기준은 각 토론 형태 및 대회, 토론의 목적에 따라 다르게 운영되고 있다. 토론이 끝난 후 토론 평가가 필요한 이유는 단지 토론의 승패가 중요한 것이 아니라 토론 과정을 돌아보면서 심사위원과 토론 참가자 모두 발전할 수 있는 시간을 갖고자 하는데 그 의의가 있다.

1. 토론 평가 방법

토론대회에서 판정 시비가 일어나는 경우가 종종 있다. 토론을 하는 목적이 승패가 전부라고 생각하는 토론자들이 있기 때문이다.

교육토론의 목적은 상대편의 의견을 집중해서 들은 후 설득력 있게 자신측 주장을 전달하면서 이를 통해 서로의 능력을 견주어 보고 더 나은 토론자가 되기 위해 자극을 주고받는 것이라고 할 수 있다. 토론 판정 시비가 났을 경우에는 토론대회의 목적과 토론 심사표를 보면서 잘 한 점과 부족한 점을 긍정적인 취지에서 설명해 주는 것이 바람직하다. 토론의 승부는 개인이 아닌 팀 점수의 합산으로 결정한다. 따라서 토론 참가자들은 서로의 협력을 통해 팀의 승리를 이끌 수 있도록 노력해야 한다.

1) 용어 정의

자신이 발표하는 논제가 무엇을 의미하며 이번 토론에서 반드시 찬·반 양측이 논의해야 할 주요 개념들이 무엇인지 입론 과정에서 적절하게 제시했는지의 여부를 평가한다.

2) 논리력과 분석력

토론은 쟁점을 분석하고 논리적인 오류를 찾는 과정이다. 상대측의 쟁점이 논제와 긴밀한 관련이 있는지, 논증은 타당한지 점검한다. 양측의 발언을 주의 깊게 듣고 심층적으로 분석해서 질의, 반박을 하는지 평가한다.

3) 증거 및 출처 제시

논증의 기본은 사실이고, 사실은 증거에 기반을 둔다. 논리적으로 설득을 하려면 적합한 증거들을 제시할 수 있어야 한다. 따라서 증거 및 출처를 얼마만큼 잘 제시하고 있는지를 파악하는 것이 곧 '준비된' 성실한 토론 팀임을 알 수 있는 기준이 될 수 있다. 주어진 논제에 대해 철저하게 사전 조사를 했는지, 주장하는 내용이 풍부하고 적합한 자료에 근거하는지를 토론 평가의 기준으로 삼는다.

4) 표현력과 태도

내용면 외에도 토론에서는 설득력에 대한 평가를 한다. 토론을 하면서 토론자의 언어구사력, 발음, 목소리 크기, 말의 속도, 청중과의 눈맞춤, 시간 엄수 등을 포괄적으로 평가한다.

독서토론 평가기준과 평가표를 살펴보자

단 계	평가표
찬성측 첫 번째 토론자 입론	• 찬성측 입론자는 논제에 대한 개념 정의와 논제가 등장한 배경이나 역사, 논제의 현상 및 문제에 관한 분석을 이 과정에서 명시하고, 자신의 주장을 펼쳐나가고 있는가? • 상대측 질의에 적절하게 대처하는 능력이 있는가?
반대측 첫 번째 토론자 입론과 찬반 두 번째 토론자들의 입론	• 나머지 입론자들은 상대측 토론자가 제시한 입론의 연장선상에서 입론과 관련한 보충 질의에서 드러난 논리적인 문제들을 중심으로, 상대측이 제시한 주장에 관해서 효과적으로 반박하고 자신의 입론을 펼치고 있는가?
질의	• 상대측의 주장을 주의 깊게 듣고 자기측의 주장과 배치되는 부분이나 논리적 오류를 찾아 예리하게 질문을 하고 있는가?
반박	• 상대측에서 제시한 주장들 중에서 보충질의를 통해 드러난 논리적 허점을 증거 자료를 통해 반박하면서 자기측의 논리가 더 타당함을 설득력 있게 제시하고 있는가?
최종 발언	• 상대측 토론자가 입론에서 제시한 논리와 반박한 내용 중에서 자신의 논리를 더욱 공고히 하고, 상대편의 논리에 모순이 있다는 것을 설득적으로 제시한 후, 자기측 주장을 논리적이며 설득력 있게 마무리하고 있는가?
대상도서 활용 능력	• 대상도서를 잘 이해하고 활용하여 적절하게 인용할 줄 알고, 일반 사회현상을 도서와 연결하는 능력이 있는가?
표현 능력 및 스타일	• 주장을 전달하는 방식 중 수사적 기법을 동원하여 매끄럽고도 확신에 찬 스타일로 내용을 전달하고 시선이나 태도, 발음, 발성에도 신경을 쓰고 있는가?

* 동률 승점 시, '대상도서 활용 능력' 평가 점수가 더 높은 팀이 우세하고, 최종적으로 동점인 경우 반대측이 승리하는 것으로 한다.
* 2인 심사 역시, 찬반이 나뉠 경우, 동점인 경우 '대상도서 활용 능력' 평가 점수를 우선하며 최종적으로 동점인 경우 반대측이 승리하는 것으로 한다.

＊출처: 숭실대학교 사례 참조

심사위원 독서토론대회 판정표를 살펴보자

팀명	(찬성팀) VS	(반대팀) **심사위원**

찬성측	반대측
토론자Ⅰ(이름:　　　　) 토론자Ⅱ(이름:　　　　) 발언 순서 ①⑥　　　　발언 순서 ③⑧	토론자Ⅰ(이름:　　　　) 토론자Ⅱ(이름:　　　　) 발언 순서 ②⑤　　　　발언 순서 ④⑦

과정	심사 항목	찬성측		반대측	
		토론자Ⅰ	토론자Ⅱ	토론자Ⅰ	토론자Ⅱ
입론(5점)	용어 정의, 쟁점 분석, 주장의 명료성 및 논거 제시 능력, 질의에 대한 효과적인 대처 및 답변 능력 등	①②③④⑤	①②③④⑤	①②③④⑤	①②③④⑤
질의(5점)	상대방의 논리나 구성상의 문제점에 대해 정해진 시간 내에 효과적인 질의로 토론을 유리하게 전개하는 능력	①②③④⑤	①②③④⑤	①②③④⑤	①②③④⑤
반박(5점)	자신의 일방적인 쟁점만 제시하지 않고 상대방의 논점을 조목조목 반박하는 능력	①②③④⑤		①②③④⑤	
최종 발언 (5점)	상대측의 주장을 날카롭게 논박하고 자기측의 주장을 효과적으로 요약, 강조하는 능력		①②③④⑤		①②③④⑤
대상도서 활용 능력 (10점)	대상도서를 논제와 긴밀하게 연결지어 입론 구성, 반박, 최종 발언 등에서 효과적으로 활용하는 능력 (5점)	①②③④⑤	①②③④⑤	①②③④⑤	①②③④⑤
	대상도서를 특히 논거 부분에서 효과적으로 활용하는 능력 (5점)	①②③④⑤	①②③④⑤	①②③④⑤	①②③④⑤
표현 능력 및 스타일 (10점)	상대에 대한 예의, 발표 자세와 시선 처리, 정확한 발음, 발성과 속도 등의 표현 능력 (5점)	①②③④⑤	①②③④⑤	①②③④⑤	①②③④⑤
	시간 활용 능력 (5점)	①②③④⑤	①②③④⑤	①②③④⑤	①②③④⑤
팀별 합계					
승리팀					
숙의시간 사용 횟수		회		회	

※ 점수 합계가 같을 경우, 대상도서 활용 능력 점수가 높은 팀이 승리한 것으로 한다.

찬성측	반대측
잘 한 점:	잘 한 점:
부족한 점:	부족한 점:

초등 독서토론대회 판정표를 살펴보자 ①

	평가기준	토론자 1	토론자 2	토론자 3
입론(30점)	논제를 바르게 이해했는가?			
	주장이 명확하고 논리적으로 타당한가?			
질의(10점)	상대방에게 핵심쟁점을 질의했는가?			
답변(10점)	상대방의 질의에 효과적으로 답변했는가?			
최종 변론 (30점)	핵심쟁점을 중심으로 자신들의 입장을 논리적으로 요약했는가?			
	자신들의 최종 결론을 효과적으로 부각시켰는가?			
공통 항목 (20점)	대상도서를 적절히 활용하고 있는가?			
	발언태도(표정, 자세, 몸짓, 시선처리 등)는 적절한가?			
	정확하고 분명하게 발음했는가?			
	토론의 예절을 지켰는가?			
	토론 시간을 잘 지켰는가?			
총계(100점)	합계			

초등 독서토론대회 판정표를 살펴보자 ②

	입론 (논제와 주장)	질의	답변	최종 변론	총점	년 월 일
찬성측	①②③④⑤	①②③④⑤	①②③④⑤	①②③④⑤		
반대측	①②③④⑤	①②③④⑤	①②③④⑤	①②③④⑤		
	①아주 부족　②부족　③보통　④잘함　⑤아주 잘함					
판정 결과						
판정 이유	잘 한 점: 부족한 점:					

*출처: 파주시 중앙도서관 주최 초등독서토론대회

2. 토론 심사 위원의 자세

토론 심사위원은 미리 토론대회의 목적과 특징, 심사 규칙에 대해 오리엔테이션을 받는다. 이때 자신이 알고 있는 토론 규칙이나 토론 방법을 고수하는 것이 아니라 토론을 진행하는 주최측의 방향에 따라야 한다. 또한 판정을 할 때에는 특정 주제에 대해 자신의 의견이나 신념을 밝히거나 이에 따라 심사를 하는 것은 금물이다. 토론 전 제시한 심사 규칙에 따라 서로의 능력을 공정하게 판단해야 한다.

심사 위원은 토론이 시작되기 전에 토론 참가자에게 다시 한번 토론 규칙과 발언 순서, 시간 사용, 감점 대상 등 자세히 설명해 주는 것이 좋다.

올바른 토론 심사 위원의 자세
- 깔끔한 복장과 예의바른 태도
- 자신의 신념이나 이해갈등 피할 것
- 토론대회의 목적과 규칙 숙지
- 토론 취지와 규칙을 토론자에게 자세하게 알려 줄 것
- 토론이 끝난 후 각 팀에게 토론의 승패는 이야기하지 않고 더 나은 토론을 위해 토론 과정상 나타난 문제점을 조언할 것

+ 지도 길잡이

- 토론 심사자는 찬반의 치열한 대립의 현장에서 매 순간 토론자가 제기한 논증을 객관적으로 평가해야 한다. 토론 심사자는 공정하고 합리적인 심사기준을 원칙으로 양측이 판정 결과에 납득할 수 있는 심사가 될 수 있도록 최선을 다해야 한다.

· **토론 심사평 사례**

논제: 삶에서 중요한 것은 성공보다 과정이다

이번 병영독서토론대회의 논제는 '삶에서 중요한 것은 성공보다 과정이다.'였습니다. 삶에 있어서 '무엇이 중요하고 우선시되어야 하는가'라는 점을 밝혀야 한다는 점에서 가치논제입니다. 다만, 과연 성공과 과정 중에서 어떤 것이 더 사실적인가를 구체적인 팩트와 데이터로 증명해야 한다는 점에서 사실논제이기도 합니다. 따라서 찬반 토론자들은 이 두 가지 쟁점을 충분히 검토하고 준비한 후에 토론에 임해야 합니다. 즉 찬성측에서는 과정이 보다 중요함을, 반대측은 성공이 보다 중요함을 지정도서와 참고도서를 활용하여 논리적으로 증명해야 합니다.

여느 토론과 마찬가지로 찬성측은 '성공보다 과정이 중요하다.'는 단언에 대한 입증의 책임, 즉 부담을 지게 됩니다. 그래서 '삶에서 중요한 것', '성공', '과정'에 대한 용어의 정의와 자신의 주요 주장을 근거와 뒷받침 자료 등을 이용하여 주장을 펼쳐야 합니다. 반대측에서는 찬성측의 용어와 논제 해석에 대한 이의제기 및 반박을 하고, 자신의 주장을 찬성측과 마찬가지로 이야기해야 합니다.

이번 결승전에서 찬성측은 썩은 사과를 직접 제시하면서 입론을 시작했습니다. 사과 껍질은 성공(결과), 사과 속살은 과정, 속이 썩은 사과는 잘못된 과정이라고 표현했습니다. 올바른 과정이 올바른 성공을 만든다는 표현을 하기 위해 도입부에 사과의 예를 든 것입니다. 과정의 중요함을 알리기 위한 적절한 시도인가를 논하기 전에 손을 이용하여 사과를 쪼개고 이를 심사위원과 청중석으로 다가가 보여주는 일종의 퍼포먼스는 토론의 현장감을 실감나게 해주는 감초 역할을 했습니다. 눈에 보이는 사과 껍질이 사람들 눈에 성공으로 보이지만 속살은 썩었다는 시각적 텍스트를 통해 잘못된 과정은 잘못된 결과, 올바른 과정은 올바른 성공을 낳는다는 주장을 폈습니다. 또 삼성과 소니의 미니카세트 경쟁에서 비록 삼성이 졌지만 이 실패를 통해 나중에 전자산업 분야에서 소니를 이긴 예화를 들어 과정의 중요성을 제시했습니다.

그러나 앞서 썩은 사과와 삼성의 승리 사례가 주장을 뒷받침하기에 적절했는지 여부는 따져보아야 합니다. 반대측의 논증에 유리하게 작용할 수도 있기 때문입니다. 찬성측은 논제에 대한 해석과 용어 정의, 논거 부분에서 빈약하여 설득력을 얻기에 충분한 논증을 구사하지 못했습니다. 다만 논제의 내용을 숙지하고 호소력 있게 주장을 표현한 점, 정확한 발음과 발성, 태도 등 비주얼적 스타일은 상당히 돋보였습니다.

반대측은 논제에 대한 해석과 용어의 재정의, 반박, 자신들의 주장과 근거를 상당히 논리적으로 제시했습니다. 이 점이 찬성측과 차별화된 부분입니다. 썩은 사과 사례에 대한 반박, 삼성과 소니의 사례에 대한 반박과 재반박 등 예리한 반론 능력이 인상적이었습니다. 또한 교보문고 등 대형서점의 자기계발서가 베스트셀러 목록을 석권하는 사례를 통해 보편적으로 사람들은 '성공'을 추구한다는 점, 과정을 유의미하게 만드는 성공의 중요성, 개인적 성취감 과 연관시켜 주장을 편 점, 매슬로우의 욕구 5단계 이론을 토대로 인간은 성공을 본능적으로 갈망하고 추구한다는 점을 적절하게 제시하는 데 성공했습니다.

지정도서『꼴찌에게 갈채를』내용 가운데 1등 역시 꼴찌와 마찬가지로 힘든 과정이 있었고 그 과정을 성공으로 이끌었다는 점이 다만 꼴찌와 다를 뿐이라는 사실을 부각시킨 점 또한 반대측의 성공 포인트라고 할 만합니다. 다만 반대측은 원고를 보면서 발표하는 등 감점 요인을 노출하고 찬성측에 비해 청중과의 눈 맞춤, 적절한 제스처, 발음과 발성 부분은 상대적으로 부족함을 드러냈습니다. 그러나 원고를 보고 읽은 부분은 원고 숙지가 부족한 부분도 있겠지만 상대측의 주장과 논거를 적어두고 그에 따른 반박을 조목조목 나누기 위한 부분도 많았다고 판단되었습니다. 더 나은 토론 능력을 위해 반대측은 미흡한 점을 개선할 필요가 있습니다.

토론의 생명은 무엇보다 논리와 논증입니다. 논리라는 기초 토대 위에 설득력 있는 언어와 비언어적 테크닉을 구사해야 더욱 생산적이고 멋진 토론이 이루어집니다. 이번 결승전은 성과 또는 성공제일주의로 치닫고 있는 우리 사회에서 과정이 지닌 의미와 가치를 생각케 하는 귀한 시간이었습니다. 과정 없는 성공, 성공 없는 과정의 의미를 새롭게 되돌아보는 계기가 되었으리라 믿습니다. 독서토론대회를 통해 비판적인 독서, 창의적인 독서와 폭넓은 사고력과 표현력을 키울 수 있는 계기가 되었을 것입니다. 늘 책과 함께 살아가는 독서인이 되시기 바랍니다.

— 파주시 주최 제2회 파주병영독서토론대회 심사평

실전편

6부

주요 토론
갈래와 실습

01장

주요 토론법

1. 이야기하듯 편하게 토론하라 – 이야기식 토론
2. 누구나 골고루 참여하라 – 원탁 토론
3. 치열하게 질문하고 반박하라 – 교차 조사식 토론
4. 국회의원처럼 당당하게 토론하라 – 의회식 토론
5. 일대일 토론의 진수를 즐겨라 – 링컨-더글러스 토론
6. 다채로운 게임식 토론에서 승리하라 – 공공 포럼 토론

교과서 해설서에서는 토의와 토론을 구별한 뒤 그 갈래를 다음과 같이 나누고 있다.

> **토의와 토론의 갈래 나누기**
> - **토의의 갈래**: 원탁 토의, 패널 토의, 심포지엄, 각종 포럼, 기타(버즈 집단 토의, 브레인스토밍 토의, 세미나, 콜로키엄)
> - **토론의 갈래**: 직파식 토론, 반대 신문식 토론

이와 같은 갈래와 분류는 매우 일반적인 보기로 한정한 것이고 실제 분류는 학자마다 다르고 교육 목적용 갈래까지 포함하면 더욱 다양하다. 또한 이러한 분류에서 원탁 토의를 토의 갈래로 보았지만 모두가 골고루 참여하게 하는 원탁 정신을 토론에 적용하면 원탁 토론이 된다. 역사문화아카데미에서는 이러한 원탁 토론을 토론대회의 주요 토론 방식으로 삼고 있다.

보통 화법 교육론에서는 다음과 같이 나누기도 한다.

이 밖에도 토론 진행 방식에 따라 '신호등 토론, 모서리 토론, 포토 스탠딩 토론, 두 마음 토론, 브레인라이팅 토론, 이야기식 토론, 배심원 토론, 터부 토론, 모의재판 토론, 협상 토론, 의회식 토론, 회전목마(물레방아) 토론' 등 다양한 방식이 있다. 여기서는 주요 토론 방식만 자세히 살펴보고 나머지는 간단한 정보로 나눈다. 교육용이나 공개 대회용으로 많이 활용되는 토론 양식을 중심으로 나눠 보면 다음과 같이 여섯 개로 추려낼 수 있다.

주로 활용되는 여섯 개의 토론 양식
1) 이야기하듯 편하게 토론하라: **이야기식 토론**
2) 누구나 골고루 참여하라: **원탁 토론**
3) 치열하게 질문하고 반박하라: **교차 조사식 토론**
4) 국회의원처럼 당당하게 토론하라: **의회 토론**
5) 일대일 토론의 진수를 즐겨라: **링컨-더글러스 토론**
6) 다채로운 게임식 토론에서 승리하라: **공공 포럼 토론**

이야기식 토론은 토론을 처음 시작할 때 토론자들을 부담 없이 참여하게 하는 효과가 있다. 토론 방식의 난이도가 낮아 초기 단계에서 지도하는 유형이거나 차원 높은 다른 토론의 예선전과 같은 전 단계 토론 방식으로 유용하다. 원탁 토론도 누구나 부담 없이 자유롭게 하는 토론이므로 복잡한 규칙이 따르는 나머지 토론에 비해 접근의 부담감은 적은 토론 유형이다.

교차 조사식 토론과 의회 토론은 팀별 토론의 대표 유형이다. 대표적인 교육용 토론이기도 하고 각종 토론대회 유형이기도 해서 집중 지도해야 하는 토론 유형이다. 의회 토론은 이러한 교차 토론과 비슷한 유형이면서 의회 형식이기에 국회 토론의 분위기를 살릴 수 있는 유형이다. 링컨-더글러스 토론은 토론 진행 규칙은 다른 팀별 교차 토론과 비슷하지만 철저하게 일대일 토론이므로 집중 토론 방식에 적합하다. 공공 포럼 토론은 다채로운 방식으로 진행되는 수준 높은 토론 유형이다. 다른 토론 유형을 충분히 연습하고 토론 역량이 상당이 축적되었을 때 하는 것이 좋다.

1. 이야기하듯 편하게 토론하라 – 이야기식 토론

— '황희 정승 이야기'를 이야기식 토론으로 지도해 보기

이야기식 토론 개념과 주요 특징

이야기는 말의 꽃이고 대화의 샘이다. '이야기' 하면 옛날이야기를 떠올리듯 이야기는 오랜 옛날부터 내려오던 말의 문화다. 우리 조상들은 이야기를 통해 문제를 해결하고 삶의 고단함을 풀어내고 문화를 꽃피우고 역사를 이어왔다. 이런 이야기의 정신과 형식으로 토론하는 것이 이야기식 토론이다.

이야기는 사람들의 가장 자연스러운 대화이며 속삭임이며 즐기는 말의 성찬이다. 이야기에는 사람이 있고 사건이 있고 풍부한 얘깃거리가 있다. 토론은 서로 다른 생각이나 논점에 대한 이야기 나누기

이다. 곧 이야기는 토론을 위한 또는 토론을 포함하는 풍부한 대화다. 쟁점에 대한 결론보다는 풍부한 대화 나누기가 먼저 필요하다. 곧 이야기식 토론은 이야기를 나누듯이 특정 주제나 쟁점에 대해 토론하기이다.

그렇다고 자유롭게 하는 난상 토론, 자유 토론은 아니다. 자유롭게 의견을 나누되 일정한 발제나 발문에 따른다. 따라서 사회자는 발제나 발문 능력이 중요하며 토론자는 안건에 대한 미리 준비하기가 중요하다. 아무 이야기나 나누는 것이 이야기식 토론은 아니기 때문이다.

결국 이야기식 토론은 사회자가 미리 준비해 온 발문을 중심으로 다양한 논제에 관한 이야기를 나누는 것이다. 따라서 모든 이야기의 내용이 정통 토론 내용은 아니며 그것이 오히려 이야기식 토론의 장점이자 매력이다. 마치 꽉 채운 서양화가 아닌 여백이 있는 동양화와 같은 토론이 이야기식 토론이다. '황희 정승 이야기'를 통해 알아보자.

황희 정승의 일화 중에 이런 이야기가 있다. 집의 하녀 둘이 싸우다가 황희 정승에게 와서 하소연하였다. 한 하녀가 자기의 사정을 이야기하자 황희 정승이 말하였다.

"네 말이 옳구나."

그러자 다른 하녀가 자기가 옳다고 주장하였다.

"네 말도 옳다."

황희 정승이 말하였다. 그 광경을 보고 있던 부인이 말했다.

"두 사람이 서로 반대의 이야기를 하는데 둘이 다 옳다고 하시면 어떻게 합니까? 한 사람은 틀려야지요."

그러자 황희 정승은 말했다.

"당신의 말도 옳소."

토론 진행 방법 엿보기

교사 또는 사회자는 토론 주제나 토론용 책(텍스트)에 대해 3단계 발문을 준비한다. 처음 도입 단계의 발문과 마무리용 발문까지 합치면 5단계 발문이다.

빠른 이해를 위해 진행표를 먼저 보도록 하자.

토론 진행표를 살펴보자

단 계	발문 갈래	발문 예시	예상 시간
도입 단계 토론 분위기 잡기	인사말	여러분 반갑습니다. "~"에 관한 토론 사회를 맡은 아무개입니다.	5분 (4인기준)
	자기 소개	각자 1분 이내로 자기 소개 부탁드립니다.	
	분위기 잡기	이제 서로를 알았으니 토론을 통해 깊은 대화를 나눠 보도록 하겠습니다.	
	규칙 소개	이미 알려준 대로 3단계로 진행합니다. 각 단계별로 서너 개의 발문을 통해 서로의 이야기를 나눌 것이며 서로의 발언에서 특별한 쟁점이 형성될 경우 2차 질문을 드릴 수 있습니다. 발언은 3분 이내로 하며 특별한 경우 시간을 더 제한할 수 있습니다.	
1단계 배경지식과 관련한 발문	제목이나 주제 핵심어	황희 정승에 대해 알고 있는 것 하나씩만 말해 봅시다.	15분
	주제 배경지식	'양비론, 양시론'이란 말에 대해 들어본 적 있나요? 어떻게 알고 있나요?	
	주제 관련 경험	친구들 싸움에 개입해 본 적이 있나요?	
	사건 배경지식	황희 정승이 재상으로 있던 세종 때는 어떤 시대였습니까?	
2단계 논제 (토론거리) 내용과 관련 한 발문	일반 사건 내용	황희 정승이 두 하녀 모두 옳다고 한 이유는 무엇이라 생각합니까?	20분
	핵심 내용 (쟁점 내용)	부인의 문제 제기에 대해 어떻게 생각합니까?	
	특정 핵심어	부인의 말대로 서로 대립되었을 때 한쪽이 옳으면 다른 한쪽은 틀려야 하는지요.	
	내용에 대한 가치 판단	황희 정승의 판단에 대해 말해 주세요.	
3단계 논제와 관련된 인간 의 삶이나 사회 문제와 관련한 발문	텍스트 적용	여러분이 그 당시 황희 정승이라면 어떤 판결을 내릴 겁니까?	25분
	사회 문제 적용	우리 사회에 이와 비슷한 사건은 무엇이 있으며 거기에 대한 자신의 생각을 말해 주세요.	
	특정 주제 적용	우리 사회에서 양비론, 양시론을 부정적으로 보는 것에 대해 자신의 의견을 말해 주세요.	
	개인 의견	오늘날 비슷한 사건에 대해 황희 정승처럼 판단을 내린다면 어떤 문제가 있는지 의견을 말해 주세요.	
마무리 단계 정리하기	진행 인사	이제 다양한 발문에 대해 충분히 서로 이야기를 나눴습니다.	5분
	정리 발언	마지막으로 1분 발언으로 마무리를 부탁드립니다.	
	마무리 인사	고맙습니다. 여러분 덕분에 알찬 토론회가 되었습니다.	
	정리 과제 (대회가 아닐 경우)	오늘 토론 내용과 결과를 반영하되 특정 쟁점을 위주로 하여 1000자 논술문으로 마무리해 주시기 바랍니다.	

도입 단계는 토론 분위기를 잡는 단계이므로 인사말, 자기 소개, 분위기 잡기, 규칙 소개 등으로 진행한다. 최대한 부드럽게 토론 분위기를 만들어 가는 단계다.

1단계는 배경지식과 관련한 발문으로 진행한다. 제목이나 주제 핵심어, 주제 배경지식, 주제 관련 경험, 사건 배경지식 등으로 구성한다. 이러한 발문 갈래가 감 잡기가 어려울 수도 있다. 예를 들어 보자. 황희 정승 이야기에 적용해 보면, 제목이나 주제 핵심어는 '황희 정승'이므로 "황희 정승에 대해 알고 있는 것 하나씩만 말해 봅시다."라는 발문을 들 수 있고, 주제 배경지식에 관한 발문으로는 양시론에 관한 이야기이므로 "'양비론, 양시론'이란 말에 대해 들어본 적 있나요? 어떻게 알고 있나요?", 주제 관련 경험에 관한 발문으로는 "친구들 싸움에 개입해 본 적이 있나요?" 정도가 좋을 것이다. 사건 배경지식에 관한 발문으로는 "황희 정승이 재상으로 있던 세종 때는 어떤 시대였습니까?"라고 묻는다면 시대적 맥락으로는 적격이다.

2단계는 논제(토론거리) 내용과 관련한 발문으로 일반 사건 내용, 핵심 내용, 특정 핵심어, 내용에 대한 가치 판단 등으로 텍스트 이해에 관한 의견을 나누게 한다. "황희 정승이 두 하녀 모두 옳다고 한 이유는 무엇이라 생각합니까?"라는 발문은 일반 사건 내용에 관한 발문이고, "부인의 문제 제기에 대해 어떻게 생각합니까?"는 핵심 내용에 대한 발문이다. 특정 핵심어에 관한 발문으로는 "부인의 말대로 서로 대립되었을 때 한쪽이 옳으면 다른 한쪽은 틀려야 하는지요."와 같이 물을 수 있다. 내용에 대한 가치 판단에 관한 발문으로는 "황희 정승의 판단에 대해 말해 주세요."라는 식으로 이끌어 간다.

3단계는 논제와 관련된 인간의 삶이나 사회 문제와 직접 관련한 발문으로 진행한다. 이를테면 "여러분이 그 당시 황희 정승이라면 어떤 판결을 내릴 겁니까?"라고 좀 더 구체적으로 적용할 수 있는 발문을 던진다. 또한 우리 사회 문제에 적용하여 "우리 사회에 이와 비슷한 사건은 무엇이 있으며 거기에 대한 자신의 생각은 어떠한지 말해 주세요."라는 문제에 대해 토론한다. 특정 주제를 적용하면 "우리 사회에서 양비론, 양시론을 부정적으로 보는 것에 대해 자신의 의견을 말해 주세요."라고 할 수 있다. 구체적인 응용 발문으로 "오늘날 비슷한 사건에 대해 황희 정승처럼 판단을 내린다면 어떤 문제가 있는지 의견을 말해 주세요."라고 토론 논제를 실제 삶의 문제로 전환하는 토론으로 마무리하도록 유도한다.

　마무리 단계에서는 "이제 다양한 발문에 대해 충분히 서로 이야기를 나눴습니다."라는 진행 인사부터 해서 "마지막으로 1분 발언으로 마무리를 부탁드립니다."라는 정리 발언, "고맙습니다. 여러분 덕분에 알찬 토론회가 되었습니다."라는 멋진 마무리 인사까지 던지면 풍부한 이야기 토론은 막을 내린다. 실제 토론대회가 아닐 경우는 "오늘 토론 내용과 결과를 반영하되 특정 쟁점을 위주로 하여 1000자 논술문으로 마무리해 주시기 바랍니다."라는 식으로 반드시 정리를 하게 해야 한다.

• **이야기식 토론 살짝 들여다보기**

황희 정승 이야기에 대한 이야기식 토론

사회: 차주희 토론자: 김다현(남, 고 2), 이세정(여, 고 2), 최다솜(여, 고 2), 황석찬(남, 고 2)

사회자: 여러분 반갑습니다. 지금부터 황희 정승 이야기에 대한 토론을 시작합니다. 다 아는 이야기이지만 미리 이야기 인쇄물을 나눠 드렸습니다. 먼저 토론 참여자들은 서로 아는 사이이므로 1분 이내로 토론 참여 다짐이나 소감을 말해 주세요.

이세정: 황희 정승 이야기는 초등학교 때 알았는데 이번에 준비하면서 많은 생각을 하게 되었습니다.
김다현: 저도 비록 짧은 이야기지만 매우 중요한 토론거리가 많음을 알았습니다.
최다솜: 저는 부인과 황희 정승이 싸우면 누가 이길까를 생각해 보았습니다. (다함께 웃음)
황석찬: 저는 황희 정승에 대해 다시 생각하는 계기가 되었습니다.

사회자: 이번 토론 준비가 각자에게 나름대로의 소중한 기회가 되었다는 의견이 매우 인상적입니다. 자, 그럼 사회자가 미리 준비한 발문에 의거하여 3단계로 토론을 진행합니다. 그럼 1단계부터 시작합니다. 발언 기회는 손을 들고 얻어야 하며 하나의 질문에 한 번만 가능합니다. 그리고 같은 질문에 대해서는 먼저 발언한 토론자의 견해에 대한 의견을 적극적으로 말해 주기 바랍니다. 지지 발언인지 반대 발언인지를 분명히 해 달라는 것입니다.
먼저 황희 정승에 대해 알고 있는 것 하나씩만 1분 이내로 발언해 주기 바랍니다. (답변 생략)
다음으로는 '양비론, 양시론'이란 말에 대해 들어본 적 있나요? 어떻게 알고 있나요?
김다현: 양쪽 의견이 대립이 되었을 때 다 부정하면 양비론, 다 긍정하면 양시론으로 알고 있습니다.
황석찬: 대안 없이 부정만 하면 비난이나 다름없습니다.
사회자: 양비론을 잘못 사용하면 비난이라 하는 것이죠.
황석찬: 네.
사회자: 그럼 양비론을 긍정적으로 볼 수는 없나요.
최다솜: 실제로 제3의견이 있을 수 있으므로 다양성으로 보면 좋은 것입니다.
이세정: 이쪽이냐 저쪽이냐가 중요하므로 그럴 때 제3의견은 비겁한 주장이 될 수 있습니다.

사회자: 좋습니다. 양비론에 대한 다양하면서도 대립된 의견을 나눠 주었습니다. 본격 토론에서 좀 더 자세히 토론해 주시기 바랍니다.
그럼 여러분 개인적으로 친구들 싸움에 개입해본 적이 있나요? (답변 생략)
다음으로는 황희 정승이 재상으로 있던 세종 때는 어떤 시대였습니까? (답변 생략)
다음은 황희 정승의 판단에 대해 말씀해 주세요. 이제부터는 본격 토론이므로 충분하게 의견을 말씀해 주시기 바랍니다. 누가 먼저 발언할까요.

이세정: 집안의 분란을 막은 현명한 결정이었습니다. 하녀 중 어느 한쪽 편을 들었다면 인정을 받은 하녀는 기세등등하여 또 다른 하녀를 무시했을지도 모릅니다. 그러면 당한 하녀는 앙심을 품고 상대 하녀에게 복수를 했을 수도 있고요. 더 심하면 그렇게 판결해 준 주인을 해할 수도 있는 그런 극단적인 일이 생길 수도 있다는 거지요. 과거 주종관계의 의식이 아닌 현대적인 해석입니다. 물론 패한 하녀가 상대의 의견이 맞다고 긍정적으로 생각해주

면 더 좋겠지만 항상 일에는 대립하는 반대 현상을 생각해야 한다는 겁니다. 그렇게 황희 정승은 세 사람의 의견이 다 옳다고 말함으로써 모든 사람은 입을 다물어 버렸겠지요. 그리고 얼마만큼의 시간이 지나면 그들은 자신들의 생각을 다시 정리하여 화해했을지도 모릅니다. 자칫 황희 정승이 주관이 뚜렷하지 않은 사람이라고 단순하게 판단하는 사람도 있겠으나, 입장 바꿔 생각하기는 작은 일로 분란과 오해의 소지를 낳고 집단이기주의나 왕따 문제로 상처를 입는 편의 입장에서 본다면 현대를 살아가는 사람들에게 가장 중요한 덕목이라고 생각합니다.

김다현: 둥글둥글 황희 정승. 누구든지 자신의 주장에 이유는 있는 법입니다. 섣부른 판단을 하지 않고 상대방의 의견을 모두 중요하게 생각한 황희 정승은 분명 올바른 미덕을 발휘했다고 볼 수 있습니다. 그런 점에서 이세정 학우님 의견도 어느 정도 인정합니다. 그러나 황희 정승의 일화를 이익 집단 속에서 바쁘게 살아가는 현대인들에게 들려준다면 과연 그의 미덕을 얼마나 인정할지는 의문입니다. 왜냐하면 어떤 행동에 대해서 옳음과 그름이 분명히 있는데 만약 어떤 행동에 모두의 주장을 옳다고 의견 내린다면 잘못된 행동도 옳음이 될 수 있는 오류를 범할 수 있다는 것입니다. 예를 들어 어떤 집단의 리더가 부하의 잘못된 행동에도 '그래, 네 주장에는 옳은 부분도 있다'라고 해서 그냥 넘어가 버린다면 옳지 않은 부분이 반복될 수 있는 것이지요. 그래서 저는 황희 정승의 일화를 그 단순한 자체로만 크게 보면 올바른 미덕이지만 사건을 자세히 들여다보고 옳고 그름을 확실하게 판단하는 것이 일의 후를 볼 때 더 현명한 것이 아닌가 생각합니다.

황석찬: 저는 김다현 학우님 의견과는 다른 시각으로 황희 정승 일화를 읽었습니다. 황희 정승께서는 공명정대하게 원칙을 따져서 나랏일을 보았고, 그 공로를 인정받아 오랜 시간 정승의 자리에 올랐던 분입니다. 이 일화는 집안의 작은 다툼으로 분란이 일어나는 것을 막고자 하는, 황희 정승의 깊은 생각에서 나온 행동이라고 생각합니다. 그것을 굳이 집단 리더의 잘못된 판단으로까지 확대하여 해석할 필요가 있을까 합니다. 요즘 현대인들은 너무 자기 생각만 옳고 다른 사람의 생각을 수용할 생각조차 하지 않는 경우가 많습니다. 옳고 그름의 판가름을 때와 장소에 따라서 어떤 식으로 내리는가도 리더가 갖추어야 할 중요한 자질이라고 생각합니다.

최다솜: 황희 정승은 생각이 깊어서 국가적인 큰일에만 관심을 가졌으며, 자질구레한 집안일에는 관심이 없었음을 이 일화로 알 수 있습니다. 그런 반면에 황희 정승이 김종서 등 여러 대신들과 함께 오후 늦도록 정원에서 중요한 국가 업무를 의논하고 있는데 문제가 쉽게 해결되지 않아 시간이 지연되어서, 저녁 시간이 많이 늦었는데도 아직 일이 끝나지 않았습니다. 이때 공조 판서였던 김종서가 대신들이 배가 고플 것을 염려해, 종을 시켜 자기 집에서 음식을 마련해 가지고 오게 했습니다. 이때 황희 정승은 김종서에게 화를 내며 말하였습니다. "나라 조정에는 '예빈시'라는 부서가 설치되어 있어서, 이런 경우에 음식을 마련해 대접하도록 제도화되어 있는데, 왜 개인 집에서 음식을 가져왔느냐?" 하면서 꾸짖었다는 일화가 있습니다. 이렇듯 '하녀의 일화'만 보면 황희 정승은 줏대가 없고 원칙을 무시하는 처사를 일삼는 사람으로 비춰지는데, 국정에서의 일과 함께 결부시켜 생각해 보면, 원칙을 지켜 시비를 가려야 할 일과 그냥 덮어두어야 할 일이 어떠한 것인가를 분명히 가려 처신한 것을 알 수 있습니다. 집안의 여자 종들이 일하다가 일어난 싸움은 시비를 가리면 오히려 반복이 생겨 더 나쁜 결과를 가져올 수 있으므로 이것은 잘잘못을 가릴 필요가 없다고 생각한 것입니다. 그러나 국가의 일 처리는 아무리 좋은 동기에서 출발한 작은 문제일지언정 원리 원칙에서 벗어나면 통치가 되지 않음을 경계하고 있음을 볼 수 있습니다. 황희 정승은 과거의 선비들의 전형적인 모습 또는 우리네 아버지들의 모습이 아닐까 싶습니다. 고지식함과 이기적인 모습을 보는 듯합니다. 과거 황희 정승이 훌륭하셨는지는 모르겠으나 또한 그 시대가 요구하는 성품이었겠지만 현실과는 너무 동떨어진 성품을 지닌 듯합니다.

– 뒤 줄임

　이야기식 토론은 여러 가지 장점이 있다. 첫째는 토론 논점에 대한 풍부한 이야기를 나눌 수 있다. 이야기를 바탕으로 토론을 진행함으로써 자유로운 분위기에서 토론자들이 능동적으로 참여할 수 있고 폭넓은 대화식 토론을 나눌 수 있다.

　둘째, 토론 내용에 대해 다각적으로 접근할 수 있다. 독서토론의 경우 책에 대한 전반적인 흐름을 모두 다룰 수 있다. 이를 통해 책에 대해 배경지식, 내용, 삶과의 관련성 등으로 깊이 있는 이해와 토론이 가능하다. 비교적 자유로운 분위기에서 이야기할 수 있으므로 주어진 텍스트의 범위보다 더 광범위하게 토론할 수 있어서 좋다.

　셋째, 토론하는 과정이나 분위기를 최대한 살릴 수 있다. 따라서 틀에 박힌 사고력보다는 좀 더 자유로운 사고를 부추길 수 있다. 찬반 토론처럼 소수의 참여자가 아닌 학급 구성원 전체의 참여가 가능하다. 자유로운 토론 분위기가 형성되어 다양하고 창의적인 생각으로 이어질 수 있다. 관심 있는 질문에 대해서는 깊이 있게 토론이 이루어져 토론자들의 재미와 관심 모두 꽃피울 수 있다.

　넷째, 토론자들은 자유롭게 자신의 생각을 표현할 수 있다. 편안한 마음과 자세로 토론에 참여할 수 있어서 많은 학생 참여가 유도된다. 풍부한 대화 나누기로 사고의 폭을 넓힐 수도 있어 독서토론 수업에서 활용하기 좋다. 텍스트 이해가 깊어지고 생활(사회)과 나의 삶을 접목하기 좋아 각각의 구성원들의 생각이 나와 다름을 자연스럽게 알면서 자신의 생각을 더욱 강화시키거나 보완할 수 있다. 비교적 자유로운 진행으로 상호간에 자유롭게 자신의 생각을 말할 수 있는 측면에서 토론에서 소외된 학생들에게 참여의 기회를 줄 수 있다. 따라서 참여자 전원이 협력적 태도를 지닐 수 있어 다른 토론에 비해 창의적·발산적 사고를 유도할 수 있다.

이야기식 토론의 문제점과 극복하기

이야기식 토론은 자유로운 대신에 몇 가지 문제가 있을 수 있다. 첫째는 말을 잘 못하는 사람은 토론에서 배제될 수 있다. 원탁 토론처럼 발언이 의무적으로 주어지지는 않는다. 그러므로 일반 자유 토론처럼 적극적이고 능동적인 토론자가 분위기를 압도하는 대신 그렇지 않은 학생들은 소외될 수 있다. 이때는 토론대회가 아니라면 사회자가 원탁 토론처럼 발언 기회를 안배하는 것이 좋다. 다만 토론대회에서는 평가를 해야 하므로 발언자 안배는 할 수 없다. 수준이 떨어지는 학생은 적극적으로 참여하기 힘들 수 있다.

둘째, 자유롭게 이야기를 나누다 보니 토론이 아닌 토의로 변질되거나 논점 일탈이 일어나기 쉽다. 훈련이 되어 있지 않다면 토론이 아닌 이야기 나누기가 될 수 있다. 토론 기술에 익숙하지 않으면 주제에서 벗어날 경우가 많아 시간을 낭비할 우려가 있다. 접근이 산만해지는 경우가 있어, 문제점이나 주제 탐구를 깊이 있게 할 수 없다. 또한 자기 이야기만 하는 경우가 많아지므로 주의해야 한다. 이야기 토론을 진행해 본 선생님들은 참여 학생들이 논제에서 벗어나고 대상에 맞는 상황이나 예를 벗어나는 경우가 발생하는 상황을 많이 겪었음을 토로했다.

셋째, 관심 밖의 토론 주제에 대해서는 토론이 잘 이루어지지 않을 수 있다. 심도 있는 토론이 이루어지지 않고 자칫 재미와 흥미 위주가 되어 버릴 수 있다. 서로의 생각들을 자유스럽게 교환하다 보면 주제에서 벗어난 이야기들이 오가고 주의가 산만해질 수 있다. 반대로 특정 부분에서는 쏠림 현상이 발생하기 쉽다.

넷째, 사회자 의존율이 높아 사회자의 준비 미숙이나 토론 참여자들의 무성의로 진행이 매끄럽지 않을 수 있다. 사회자 역할이 크다 보니 사회자만 부담이 가중되고, 그 반대로 참여자는 많은 부담을 느끼지 않고 참여하게 되어 준비 부족으로 양질의 토론이 어려울 수 있다. 따라서 교사의 준비가 많아야 하고 교사의 발문에 의해 토론의 방향이 정해지므로 발문 자체를 철저히 준비해야 한다. 교사가 사회자일 경우 교사 주도 수업이 될 수 있다. 진행자의 역량에 따라 토론의 질이 결정된다.

이야기식 토론의 유의사항

이야기식 토론은 진행과 분위기가 다른 토론에 비해 자유로운 대신 토론자의 책임이 더 커진다. 따라서 토론자는 사회자의 진행에 적극 참여하는 자세가 가장 중요하다. 가능하면 주어진 발문에는 다 참여하고 발언 기회를 스스로 만들어가는 자세가 필요하다.

적극적인 참여는 철저한 준비를 해야 가능하다. 모든 토론이 그러하듯 주제나 쟁점에 대해 철저하게 준비하는 자세가 필요하다. 독서토론의 경우 밑줄 긋기와 색깔 칠하기 등을 통해 책을 자기 것으로 만들어야 한다. 빌린 책의 경우 붙임 쪽지를 이용하면 된다.

다음으로는 사회자의 발문 의도를 정확히 파악하는 자세가 필요하다. 모든 소통은 이해에서 나온다. 잘못 이해하면 엉뚱한 의견을 말할 수밖에 없으므로 정확한 의도를 파악해 간결하면서도 명확하게 의견을 밝혀야 한다.

마지막으로 토론자들의 발언 흐름을 존중하되, 자신만의 생각이나 주장을 부각시켜 발언하게 해야 한다. 단 앞선 발언자들의 발언을 바탕으로 자신의 생각을 전개하는 방식이 좋다. 이를테면 "아무개의 의견은 일리가 있습니다. 그러나 그런 의견은 이런저런 측면에서 문제가 있습니다. 왜냐하면 이렇기 때문입니다."라는 식으로 말하면 좋다.

이야기식 토론 지도 전략과 평가 전략

먼저 이야기식 토론을 이끌어 가는 사회자 입장에서의 자세를 살펴보자. 이럴 경우 이야기의 분위기를 살리는 것이 중요하다. 이야기는 자연스러운 분위기에서 주고받는 가장 오래된 대화 방식이다. 토론 규칙상 질문하고 답하는 형식을 취하지만 기본적으로 이야기를 나누는 것임을 주지시켜야 한다. 그래서 처음 시작할 때는 자기소개도 하고 유머러스한 대화를 유도하는 것이다. 분위기는 부드럽게 내용은 치열하게 주고받는 것이 이야기식 토론이다.

사회자는 토론자보다 더 철저한 준비가 필요하다. 특히 꼭 필요하고 적절한 발문을 준비한다. 잘못된 발문은 분위기를 억누르고 토론을 방해한다. 지나치게 어렵거나 답변이 곤란한 발문을 지양하면서 다채로운 의견을 주고받을 수 있는 발문 위주로 구성해야 한다. 더불어 상황에 맞는 발제식 사회 훈련을 해야 한다. 기계적으로 질문을 던지고 답변을 요구하는 식이 되어서는 안 된다. 분위기와 맥락에 맞게 자연스러운 대화식 토론이 되도록 이끌어야 한다.

이야기식 토론 평가는 발문별로 진행하므로 발문별 평가를 해야 한다. 이때는 되도록 내용 평가만 하고 태도 평가는 달리 설정하는 것이 좋다.

이야기식 토론 평가표를 작성해 보자

심사항목	번호 이름	1	2	3	4
1. 배경지식 관련 내용 (6점)	비고				
다양한 독서 체험을 충분히 활용하고 있는가?	점수				
다양한 일반 사회 현상을 충분히 활용하고 있는가?	점수				
2. 텍스트 관련 내용 (6점)	비고				
대상도서를 충분히 이해하고 있는가? (이해력)	점수				
대상도서를 논거로 잘 활용하고 있는가? (분석력)	점수				
3. 텍스트와 관련한 인간 삶과 사회 관련 질문 (9점)	비고				
주장과 반론이 적절하고 설득력이 있는가? (심층적 논의)	점수				
발상이나 관점을 전환하여 논의하는가? (다각적 논의)	점수				
문제 해결력이 합리적이고 창의적인가? (참신한 논의)	점수				
4. 토론 태도 (9점)	비고				
토론 내용을 메모하며 잘 듣고, 토론에 적극적인가?	점수				
표현과 전달(용어, 발음, 시간)을 효과적으로 하는가?	점수				
토론을 호감(상대방 존중, 유머, 화합) 있게 잘 이끌어가는가?	점수				
아주 잘 함 3 / 잘 함 2 / 보통 1 / 못함 0	합계				

＊출처: 전국독서새물결모임

2. 누구나 골고루 참여하라 – 원탁 토론

— '안락사 문제' 원탁 토론을 통해 알아보기

원탁 토론 개념과 주요 특징

원탁 토론은 한마디로 원탁의 정신을 살리는 토론이다. 원탁 정신은 둥근 원이 주는 상호 평등 정신으로 모두가 골고루 자유롭게 발언에 참여할 수 있는 토론 방식이다. 원탁 토론은 특정 토론자만 많이 발언하게 되는 자유 토론의 단점을 극복하게 해 주는 토론 방식이다.

여러 명이 골고루 발언하다 보니 찬반 대립 토론과는 달리 토의식 방식과 겸할 수 있어 좀 더 자유롭게 발언할 수 있는 장점이 있다. 이 토론 방식은 역사문화아카데미의 공식 토론 방식으로 채택되어 더욱 많이 알려졌다. 역사문화아카데미는 한 문제에 대해 여럿이 다각적으로 토론함으로써 다면적 사고력을 기르고 합리적인 문제 해결 방식을 함께 모색하는 공동체성을 위해 이 방식을 주요 토론 방식으로 정했다고 한다.

토론 진행 방법 엿보기

원탁 정신을 살린다고 해서 둥글게 앉을 필요는 없지만 서로 대등한 자격을 가지고 토론을 해야 하므로 서로 마주 보고 앉는 방식이 좋다. 토론 참여 인원은 제한은 없지만 4명 이하는 원탁 토론의 취지를 살릴 수 없고 9명이 넘으면 너무 많으므로 5~8명이 적절할 것이다.

역사문화아카데미와 서울시교육청이 함께 하는 토론대회에서는 각 조 8명씩 원탁 토론을 진행하여 각 조별로 4명씩 우수 토론자를 선별해 8명이 최종 결선을 치르는 방식으로 토론 우승자를 결정한다.

서울시교육청 원탁 토론 방식의 토론대회 구성표

참가자들이 골고루 참여해야 하므로 사회자 역할이 중요하다. 평등성과 공정성을 함께 살려야 하므로 발언 시간과 횟수가 비슷해야 한다. 발언시간은 1회에 2~3분 정도로 3~4회 정도 균형 있게 발언한다. 사회자는 이러한 취지를 살리도록 보조 진행자와 함께 발언 순서와 발언 시간, 발언 횟수 등을 엄격하게 적용해야 한다. 사회자는 토론 내용이나 토론자 발언에 끼어들지 않고 토론의 진행 절차, 형식과 방법에만 신경 쓴다.

원탁 토론은 다대다 토론이므로 일대일 토론이나 즉문즉답은 피해야 한다. 반론을 제기할 토론자가 나올 경우 메모했다가 자신의 발언 순서가 오면 발언을 한다. 토론하는 과정에 소외되는 토론자가 없도록 하기 위해서 논제와 안건 설정을 미리 공개하고 폐쇄적으로 하지 않는다.

사회자는 전체 발언 횟수를 몇 번 할 것인가를 주제와 진행 상황에 따라 결정해야 한다. 대체로 세 번은 돌아야 기본 토론 내용을 충족할 수 있다. 처음에는 이야기 토론과 마찬가지로 자기 소개 또는 인사로 시작한다. 원탁 토론 취지를 설명하고 안건을 소개하고 편안하게 자기 소개를 유도한다. 자기 소개에서는 이름 정도와 토론에 임하는 자세를 말하게 하는 전략이 좋다.

1회 발언에서는 사회자가 쟁점을 설정하는 것이 아니라 자유롭게 입론할 수 있는 정도로만 유도한다. 안건에 대해 토론하고 싶은 문제제기로 일종의 입론을 각자 2~3분 이내로 발언하게 한다. 2회 발언에서는 1차 발언에서 형성된 쟁점에 대해 상호 질문과 반박 의견을 나누도록 유도한다. 1회 발언을 듣고 자신의 의견과 다른 견해에 대해 반박 또는 질문을 할 수 있으며 시간은 대개 각자 2~3분 내로 제한한다. 3회 발언에서는 2차 발언에서 받은 질문이나 답변에 대해 답변이나 반박을 하도록 유도한다. 2차 발언에서 질문 받은 내용 또는 반박에 대해 답변을 각자 2-3분 내로 하면 된다.

마지막으로는 참여 소감 또는 자체 평가를 1분 이내로 하게 한다. 논의가 충분히 이루어졌을 경우는 토론 참여 소감을 말하게 하고 그렇지 않으면 최종 자신의 주장을 변론하도록 유도할 수 있다. 이상 내용을 표로 정리해 보면 다음과 같다.

단계	사회자	토론자	시간
자기 소개 또는 인사	원탁 토론 취지 설명, 안건 소개, 편안한 자기 소개를 유도한다.	간략한 자기 소개 또는 토론에 임하는 자세 등	각자 1분 이내
1회 발언	사회자가 쟁점을 설정하는 것이 아니라 자유롭게 입론할 수 있는 정도로만 유도한다.	안건에 대해 토론하고 싶은 문제 제기로 일종의 입론	각자 2~3분 이내 (안건에 따라 조정)
2회 발언	1차 발언에서 형성된 쟁점에 대해 상호 질문과 반박 의견을 나누도록 유도한다.	1회 발언을 듣고 자신의 의견과 다른 견해에 대해 반박 또는 질문	각자 2~3분
3회 발언	2차 발언에서 받은 질문이나 답변에 대해 답변이나 반박을 하도록 유도한다.	2차 발언에서 질문 받은 내용 또는 반박에 대해 답변	각자 2~3분
소감 또는 평가	논의가 충분히 이루어졌을 경우는 토론 참여 소감을 1분 이내로 말하게 하고 그렇지 않으면 최종 자신의 주장을 변론하도록 유도한다.	토론 참여 소감이나 최종 변론	각자 1분

• 원탁 토론 살짝 들여다보기

'안락사 문제' 원탁 토론

사회: 김태의 토론자: 김현섭, 김진경, 김영광, 김지운

사회자: 지금부터 안락사 문제에 대한 원탁 토론을 시작하겠습니다. 우선 안락사는 오래전부터 전 세계적으로 찬성과 반대 의견이 팽팽히 대립되고 있는 세계적 이슈로서 아직도 그 타결점을 찾지 못하고 있는 상황입니다. 이번 원탁 토론으로 안락사에 대한 주요 쟁점 부분들을 짚어 보기로 하겠습니다. 우선 여러분들의 안락사에 대한 개인적 생각들을 한 분씩 차례대로 말씀해 주십시오.

1회 안락사에 대한 참여자들의 개인 생각 주고 받기

김현섭: 우선 저는 안락사에 대해 찬성 입장이며 그 간단한 이유는 가장 대표적인 찬성의 예로서 안락사는 환자 주변인들에게 커다란 경제적 고통을 줄 뿐 아니라 환자 본인도 힘든 투병 생활에 지쳐 자기 스스로 목숨을 끊을 권리가 있기 때문입니다.

김영광: 물론 경제적으로 또는 환자 본인의 정신적 고통이 매우 대단한 것은 사실이지만 이러한 문제들로 인해 인간의 존엄성을 흔들어 가면서 무리하게 윤리 기준을 바꾸어 버린다는 것은 조금은 논리적 비약이라고 볼 수 있습니다.

김진경: 존엄성 또한 인간이면 포기할 수 없는 것 중에 하나이지만 안락사라는 극단적인 상황까지 내몰린 사람들은 이미 사회적 생활이 불가능한 존재이기에 더 이상 온전한 인간으로서 엄격한 권리를 따지기엔 무리가 있습니다.

김지운: 하지만 만약 위와 같은 생각으로 안락사를 허용하게 된다면 안락사에 대한 감각이 무뎌질 뿐만 아니라 죽음과 관련된 문제이니만큼 법적으로 살인죄와 거리가 멀다고 할 수 없어서 문제가 생길 수 있습니다.

2회 쟁점 좁혀오기

사회자: 여러분들의 기본적인 생각을 들어 보았는데요. 우선 정리를 하면 찬성쪽은 경제적, 개인적 권리 그리고 이미 사회적 생명이 다한 인간으로서 더 이상 규범의 제약을 받기엔 무리가 있다는 입장이시고 반대쪽은 물질적 압박으로 인간의 존엄성을 무시할 수 없으며 사회적으로 생명이 다했다고 하더라도 죽음은 엄연히 법적으로 제재를 받을 수 있다는 입장입니다. 그렇다면 지금까지 나온 의견들을 이용하여 찬성과 반대쪽에게 주요 반론으로 한 가지씩 질문을 드리도록 하겠습니다.

찬성쪽에게 질문: 안락사를 시행함에 있어서 법의 구속을 벗어나긴 어렵다는 의견이 나왔는데 이 의견에 대한 반론을 하나씩 말해 주십시오.

찬성(김진경): 법적으로 구속이 되는 것은 사실이지만 지금같이 권리가 우선이 되는 사회에서는 법의 구속에 앞서서 개인의 권리가 막힌다는 것은 개인의 구성인 사회가 그 구성단위인 개인을 제재하는 모순입니다. 그러기에 개인적인 선택 권리를 인정하는 것은 법의 체제를 중시하는 것만큼 중시되어야 할 주요한 권리입니다.

찬성(김현섭): 저 또한 위와 같은 생각으로 법과 개인의 권리가 크게 상하관계를 가지고 있지 않은 것 같으므로 애매한 법의 일부분을 융통성 있게 수정하는 것이 옳다고 생각합니다. 또한 윤리적인 입장에서도 개인적 윤리로서 안락사 선택은 보호받을 수 있습니다.

반대쪽에게 질문: 안락사의 비허용으로 인하여 생기는 당사자들의 경제적 부담과 정신적 고통은 아무런 보상체계도 없는 상태인데 이러한 무책임함을 어떻게 설명할 것인가요?

반대(김영광): 이 문제는 당장 해결할 수 있는 간단한 문제가 아니라고 생각합니다. 무책임하다 볼 수 있는 해결책이지만 가장 근본적이면서 유일한 해결책은 사회복지 정책의 새로운 수립이라 할 수 있습니다. 안락사를 고민할 정도의 질병들은 한정되어 있으므로 안락사에 대한 보상을 요구하는 사람들이 적극적으로 복지 방법을 제시한다면 법적으로 반대하는 안락사 반대자들은 귀 기울여 의견을 수렴할 것입니다.

반대(김지운): 우리는 윤리로부터 자유로울 수가 없습니다. 윤리는 추상적인 관념이지만 인간이 윤리를 포기하는 것은 인간으로서 지켜야 할 도리를 무시하는 처사로서 상대적으로 소수인 그들을 위해 사회 전체의 틀을 부정하는 처사가 될 가능성도 있습니다. 이 근본적 규범을 포기하면서 소수의 의견을 받아들이는 것은 주객전도 같은 상황입니다.

공통 질문: 찬반 둘 다 모두 윤리에 대한 언급이 나왔는데 찬성과 반대 의견 각각 윤리적 입장에서 논리를 펴주시기 바랍니다.

반대(김영광, 김지운): 윤리라는 것은 우리가 생각하고 있는 것보다 훨씬 그 영향력이 큽니다. 우리 사회 전체에 보이지 않는 규범은 거의 윤리에 매여 있다고 말해도 과언이 아닐 것입니다. 이렇게 미시적으로 접근하기엔 그 범위가 넓은 윤리를 개인의 윤리적 권리라는 윤리에 속한 하나의 지엽적인 관점으로 전체 윤리의 큰 틀을 바꾸려고 하는 것은 조금 무리가 있다고 생각합니다. 개인의 윤리 또한 중요한 요소이기는 하지만 그 요소 하나의 문제 때문에 전체 구조를 바꾸려고 하는 것은 과장된 논리라고 봅니다.

찬성(김진경, 김현섭): 분명 윤리는 관념이라고 무시하기엔 그 영향력이 큰 것은 확실합니다. 하지만 윤리가 대입되기 위해서는 우선 그 주체가 인간이어야 합니다. 하지만 안락사의 순간까지 간 사람들은 인간이라고 하기에 무리가 있다는 생각이 들고 정도의 사회성을 상실한 존재입니다. 사회적 행동이 모두 불가능하고 회복 또한 불가능한 사람에게 인간이었다는 이유 하나로 막대한 고통을 참고 견디라는 것은 억지 논리입니다.

사회자: 윤리를 해석할 때 어느 곳에 중점을 두느냐에 따라 다른 결론이 나오는 것으로 보입니다. 이제 마지막 발언으로 최종 의견을 말씀해 주십시오.

3회 최종 발언하기

찬성(김진경): 뇌사와 같은 죽음과 별반 다를 것이 없는 상태는 더 이상 생명 연장에 의미가 없고 무의미한 생명 연장은 주변 사람들의 고통으로 악순환의 연속일 수밖에 없다고 봅니다.

반대(김지운): 뇌사상태의 환자는 자신의 의견을 외부로 표출할 수 없습니다. 만약에 그 환자가 내부 정신으로는 삶의 연장을 강하게 원한다면 그 환자를 계속해서 보살펴야 하는데 주변인들의 자의적 선택으로 그 환자를 안락사한다면 그건 명백한 살인죄입니다.

찬성(김현섭): 환자의 의사를 그 환자가 깨어나기 전까지 들을 수 없는데 그 환자는 의학적으로 의식을 회복할 수 없는 상태라면 이미 그 환자는 더 이상 의견을 말할 수 없는 죽은 상태라 할 수 있는 것입니다. 기적을 마냥 기다릴 수는 없는 것입니다.

반대(김영광): 만약 그러한 결론으로 그 환자를 죽이게 된다면 죽음을 택하여 죽은 환자는 자살이 되는 것이고 그 환자의 자살을 방치한 사람은 자살 방조죄가 성립된다고 할 수 있습니다. 만약 주변인들이 임의로 안락사를 행한다면 주사를 누르는 순간 살인죄가 성립되는 것입니다. 이런 법은 절대 바꿀 수도 없으며 바꿔서도 안 되는 사회적 법률입니다.

찬성(김진경): 그렇다면 여기서 다시 그 환자를 중심으로 남게 되는 주변 사람들의 삶의 질과 행복추구권의 침해는 어떻게 설명되어야 하는지가 문제가 됩니다. 보내고 싶지 않지만 보내야 되는 그들의 고통도 무시되어서는 안 될 중요한 요소입니다.

안락사 원탁 토론 정리

사회자: 각자가 핵심 의견을 잘 정리해 주셨습니다. 즉 가장 큰 쟁점들은 안락사 당사자 주변인들의 경제적·정신적 고통과 인간의 근본적인 규범인 법률과 윤리의 문제이고 그리고 관념으로는 대안을 제시하지 못하는 문제점과 관념을 포기하기엔 그로 인해 생기는 사회적 파장이 너무 크다는 것 그리고 실제 죽음과 안락사에 합당하다는 사회적 죽음의 기준이 애매모호하다는 문제가 있습니다. 최근 떠오르고 있는 소극적 안락사와 난치병 환자들에 대한 여러 가지 복지 정책들이 대안으로 제시되고 있는 상황에서 앞으로도 계속 의견을 나누어 적정의 타협점을 찾는 것을 우선으로 해야 될 것 같습니다. 그럼 안락사에 대한 원탁 토론을 마치도록 하겠습니다.

　　첫째, 팀별 토론이 아니므로 개인의 역량을 최대한 발휘할 수 있는 장점이 있다. 물론 팀별 토론에서도 개인의 역량을 충분히 발휘할 수 있지만 다대다가 아닌 일대다 형식에서 오는 장점을 말한다.

　　둘째, 토론 참여자가 누구든 골고루 발언하므로 쟁점에 대한 다양한 생각을 엿볼 수 있다. 대립 쟁점 토론에서는 극단적인 두 주장에 대해 깊이 접근할 수 있지만 다양한 제3견해는 아예 접할 수가 없다. 그러나 원탁 토론은 참가자 수만큼의 견해가 대립할 수 있으므로 한 문제에 대해 다양한 쟁점이나 생각을 배우거나 비교를 통해 더 나은 생각을 유도할 수 있다.

　　셋째, 교차 토론과 같이 엄격한 형식과 규칙을 지키는 것은 아니므로 누구든 부담 없이 참여할 수 있는 장점이 있다. 그러니까 전문가가 아닌 보통 학생들도 얼마든지 참여할 수 있다. 그렇다고 준비 없이 할 수 있는 토론이라는 것은 아니지만 기본 자료 조사 정도만 해도 참여할 수 있다는 것이다.

　　모든 토론이 그렇듯이 원탁 토론도 미리 철저히 조사하는 자세가 필요하다. 각자 준비한 자료를 바탕으로 임해야 한다. 안건이 분명하지 않고 자신의 발언 기회가 언제 올지 모르므로 해당 안건에 대한 충분한 숙지와 자료 조사가 필요하다.

　　역사문화아카데미처럼 즉문즉답을 피해야 하므로 미리 메모 도구를 준비해서 자신의 발언 기회가 왔을 때 적극적으로 발언할 수 있도록 해야 한다. 처음부터 뚜렷한 쟁점에 대해 발언을 하는 것이 아니므로 사회자 진행에 따라 전체 흐름을 눈여겨 보고 모든 토론자의 발언을 경청해야 한다. 또한 여러 명의 발언 가운데 누구의 발언을 지지하고 누구의 발언을 반대할지 명확히 해가며 자신의 논점을 세워야 한다.

보통 1회 발언에서는 자유롭게 의견을 개진하고 그 과정에서 쟁점이 형성되는 것이 무엇인지에 대해 사회자가 적극적인 토론을 유도해야 한다. 언제 자신의 견해에 대해 반론이 들어올지 모르므로 예상 쟁점을 만들어 준비하고 대비해야 한다.

원탁 토론은 논쟁식 토론이 아니므로 토론 중간에 입장이 바뀌는 것을 허용한다. 따라서 자신의 주장이나 관점, 논리만 무조건 펴나가기보다는 토론 전체의 흐름을 고려하여 자신의 입장을 논리적으로 펴야 한다.

원탁 토론 평가 전략

다양한 평가 방식이 있지만 원탁 토론의 정신을 살리는 평가 전략이 좋다. 그렇다면 누구나 골고루 참여하는 정신이 원탁 토론의 핵심이라면 공동체성이 주요 평가 기준이 되어야 하고, 자유롭지만 토론이 제대로 되기 위해서는 단계별 발언의 적절성이 이루어져야 하며 발언 내용이 상식 수준에 머무르는 것이 아닌 전문성과 논리성을 갖추어야 한다.

1) 공동체성과 인성

공동체성은 사회성과 역사성을 말하고 인성은 토론 태도를 말한다. 각각을 분리하여 평가할 수도 있지만 공동체성과 인성은 맞물려 돌아간다.

공동체성에서 사회성은 발언 내용이 공동체 문제 해결에 적절한가, 사회적 구성원들의 합리적인 지지를 받을 수 있는가를 말한다. 역사성은 앞선 사람들의 의견을 존중하고 자신의 발언 내용이 앞으로도 더욱 유용할 것인가 등을 말한다. 인성은 다른 토론자를 배려할 줄 아는가, 경청하는 태도는 어떠한가, 토론 흐름에 적극적으로 참여하여 능동적인 해결 능력을 보이는가 등을 말한다.

2) 내용의 적절성과 전문성

내용의 적절성은 단계별 발언 내용에 적합한 것인가이고 전문성은 안건에 대한 내용이 현장에서 나온 즉흥적인 내용이 아니라 철저히 준비에 의해 근거한 내용인가를 말한다.

3) 논리성과 전달력(표현력)

토론은 논리적인 대화이므로 논리적인 말하기가 필수다. 논리적인 말하기가 제대로 이루어질 때 전달력이 높아지므로 논리성과 전달력을 함께 묶었다. 물론 논리적으로 내용이라도 어눌하게 표현할 수는 있다. 그러나 이런 경우는 특별한 경우이고 보통은 논리적인 자신감과 표현의 자신감은 맞물려 돌아간다.

원탁 토론 대회 평가표를 작성해 보자

원탁 토론 심사기준표

때										장소		
모둠										사회자		
주제										심사자		서명

	학생 토론자 이름	공동체성과 인성			내용의 적절성과 전문성			논리성과 전달력(표현)			총점	순위	횟수별 서술 평가
		잘함 (3점)	보통 (2점)	부족 (1점)	잘함 (3점)	보통 (2점)	부족 (1점)	잘함 (3점)	보통 (2점)	부족 (1점)			
1	점수												1회: 2회: 3회: 최종:
	핵심 근거												
2	점수												1회: 2회: 3회: 최종:
	핵심 근거												
3	점수												1회: 2회: 3회: 최종:
	핵심 근거												
4	점수												1회: 2회: 3회: 최종:
	핵심 근거												
5	점수												1회: 2회: 3회: 최종:
	핵심 근거												
6	점수												1회: 2회: 3회: 최종:
	핵심 근거												
7	점수												1회: 2회: 3회: 최종:
	핵심 근거												
8	점수												1회: 2회: 3회: 최종:
	핵심 근거												

평가 유의사항

1. 학생 토론자 칸에 이름을 가나다 순으로 기입해 주세요.(발언 순서는 일정하지 않습니다.)
2. 토론 평가는 같은 순위가 없도록 해주시고, 반드시 서술 평가 칸에는 주요 평가 근거를 써주십시오.
3. 동점자가 발생할 경우에는 왼쪽 평가 항목 순위대로 하고 그래도 같을 경우는 동점자에 한해 소수점 이하의 점수를 부여할 수 있습니다.

＊출처: 역사토론아카데미

3. 치열하게 질문하고 반박하라 – 교차 조사식 토론

— '찌아찌아족 한글 보급 계속하여야 하는가'를 교차 조사식 토론을 통해 알아보기

교차 토론의 개념과 주요 특징

교차 조사식 토론은 상호 조사와 반박을 강조하는 모둠형 토론으로 흔히 영어 약자인 'CEDA(Cross Examination Debate Association)'를 따서 '세다'방식이라 부르며 1장에서 살펴 보았던 '디베이트'의 대표 유형이다. 역시 교육형 토론의 대표 유형이기도 하므로 각자의 주장이 아닌 정해진 입장을 논증하는 토론이다.

이 유형은 재판 과정에서 하는 조사와 질의, 변론 등이 배경이 되었다. 재판 영화에서 흔히 보았던 장면을 떠올리면 이 유형의 핵심 특징을 이해할 수 있다. 억울하게 몰린 범인을 위해 명변호사가 증인 등을 대상으로 날카로운 질문을 통해 재판을 승리로 이끌어가는 장면은 싸움 영화 못지않게 통쾌하다. 이 유형은 이러한 재판 문화가 발달되어 있는 미국에서 유래하여 지금은 수많은 토론대회를 통해 많이 보급되었다. 최근에는 이 토론의 인성적 가치와 지식 가치가 많이 알려져 더욱 확산되고 있다.

토론 진행 방법 엿보기

모둠별 토론이므로 찬·반, 혹은 긍·부정 양측은 각각 두 사람이나 세 사람으로 구성한다. 철저한 시간 제약과 규칙에 의해 진행되므로 사회자와 시간을 정확히 알려줄 도우미가 필요하다.

미국식 교차 조사식 토론 규칙은 다음과 같이 구성한다.

찬성측 첫 번째 토론자의 입론...8분(10 혹은 9)

반대측 두 번째 토론자의 질문...3분

반대측 첫 번째 토론자의 입론...8분(10 혹은 9)

찬성측 첫 번째 토론자의 질문...3분

찬성측 두 번째 토론자의 입론...8분(10 혹은 9)

반대측 첫 번째 토론자의 질문...3분

반대측 두 번째 토론자의 입론...8분(10 혹은 9)

찬성측 두 번째 토론자의 질문...3분

반대측 첫 번째 토론자의 반박...4분(5 혹은 6)

찬성측 첫 번째 토론자의 반박...4분(5 혹은 6)

반대측 두 번째 토론자의 반박...4분(5 혹은 6)

찬성측 두 번째 토론자의 반박...4분(5 혹은 6)

준비 시간(각 팀당 10분씩)

총 소요 시간...60분(72분)

정통 방식을 입체적으로 배열해 보면 다음과 같다.

교차 토론 모형(2:2)

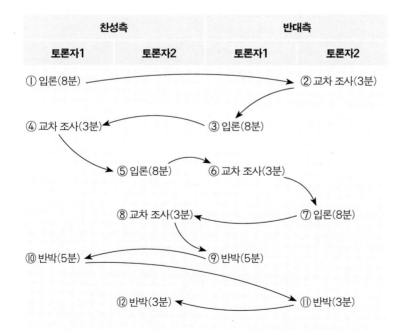

찬성측		반대측	
토론자1	토론자2	토론자1	토론자2

① 입론(8분) → ② 교차 조사(3분)

④ 교차 조사(3분) ← ③ 입론(8분)

⑤ 입론(8분) → ⑥ 교차 조사(3분)

⑧ 교차 조사(3분) ← ⑦ 입론(8분)

⑩ 반박(5분) ← ⑨ 반박(5분)

⑫ 반박(3분) ← ⑪ 반박(3분)

2:2 자리 배치

찬성측	찬성측	사회자	반대측	반대측
첫 번째 토론자	두 번째 토론자	서기	첫 번째 토론자	두 번째 토론자

소요 시간을 40분으로 잡았을 때 교차 조사식 토론은 다음과 같은 방식으로 진행된다.

1) 찬성측 첫 번째 토론자의 입론 (4분)

입론 전략은 세 가지 전략으로 이루어진다. 첫째는 논지를 분명하게 전개하기 위한 개념 전략이다. 논제에 등장하는 주요 용어의 개념과 정의를 바르게 규정해야 논지가 바로 선다. 두 번째 전략은 논제 배경 전략이다. 왜 이 논제가 문제인지, 그러한 문제의 배경은 무엇인지를 밝힌다. 세 번째 전략은 핵심 근거 전략이다. 찬성의 주요 근거를 명확히 밝혀 찬성의 취지를 정확하고 강하게 드러낸다.

결국 찬성측의 첫 번째 입론은 모든 것을 드러낼 필요는 없지만 입론이 토론의 전체 방향을 좌우하므로 토론의 필수 쟁점을 제시해야 한다. 필수 쟁점이란, 첫째 무엇이 문제인가를 분명히 드러내는 것이다. 주요 용어의 개념을 명확히 규정하는 것도 문제를 정확히 드러내는 전략이다. 둘째는 그 문제가 왜 심각한가를 잘 드러내는 것이다. 이는 청자들의 공감대를 형성하게 함으로써 설득의 가능성을 높이는 것이다. 셋째는 자신들의 주장이 얼마나 타당한지를 강하게 부각시키는 것이다. 그렇다고 인상적인 호소를 하기보다는 논리적 근거에 의해 이를 드러내야 한다.

2) 반대측 두 번째 토론자의 교차 조사 (3분)

교차 조사는 상대방의 첫 번째 입론에 나타난 주장이나 논리에 나타난 문제점을 부각시키는 심문 과정이다. 첫 입론에 나타난 내용만을 가지고 질문 형식의 조사를 하는 것이므로 입론을 정확히 듣고 이해하는 것이 중요하다. 주요 용어의 개념을 확인할 수도 있지만 궁극적으로는 상대방 논리의 허점, 오류 등을 부각시켜 자신측의 주장이나 논리와 배치되는 부분을 찾아내는 것이 중요하다. 따라서 정곡을 찌르는 날카로운 질문을 통해 토론을 유리하게 끌고 가는 전략이 필요하다.

상대측이 인용한 자료 출처의 신뢰성 또는 제시된 사실의 근거 등 입론자가 앞서 한 말에 대해서는 무엇이든지 질문할 수 있다. 교차 조사 때는 질문을 하는 교차 조사 측이 제한된 3분 내에 대화를 이끄는 통제권을 갖고 찬성쪽은 성실하게 답변할 의무를 가진다.

3) 반대측 첫 번째 토론자의 입론 (4분)

교차 조사에 이어 이루어지는 반대측의 첫 입론은 찬성측의 첫 번째 입론에 대한 반론 형식을 띤다. 교차 조사에서 드러난 상대측의 논리적 허점 등을 더욱 부각시키면서 자신의 논점을 더욱 강하게 드러내야 한다. 교차 조사 후 숙의시간을 이용해 철저한 반론형 입론이 되도록 해야 한다.

찬성측의 핵심 쟁점 가운데 반대측이 견해를 달리하는 부분을 명확히 제시해야 한다. 찬성측의 개념 정의에 대해서부터 찬성측이 제시한 핵심 쟁점에 이르기까지 지적할 수 있다. 물론 찬성측의 필수 쟁점을 그대로 받아들일 수도 있으며 대신 문제 해결 방안이 오히려 더 심각한 불이익을 초래한다고 주장하거나, 해결성이 더 높은 대체 방안을 제시하여 자신들의 입장이 더 설득력 있음을 밝힐 수도 있다.

4) 찬성측 첫 번째 토론자의 교차 조사 (3분)

이것은 위의 2)번 과정에서 찬성측과 반대측의 역할을 바꾼 것에 해당한다. 따라서 반대측 주장 중에서 증거가 불충분하다고 판단되거나 나중에 문제삼을 부분에 대해 조사해야 한다.

5) 찬성측 두 번째 토론자의 입론 (4분)

두 번째 토론자의 입론이므로 첫 입론과는 달리 논제의 정의나 역사, 배경 따위를 다시 언급해서는 안 된다. 다만 (3)의 교차 조사에서 드러난 반대측 논리의 허점을 지적하면서 첫 번째 입론자가 하지 못한 나머지 주장을 설득력 있게 제시해야 한다. 따라서 첫 번째와 두 번째 입론자의 역할 분담이 필요하다. 두 번째 입론은 첫째, 반대측 첫 입론을 논리적으로 재논박하고, 둘째, 찬성측 첫 입론 가운데 반대측이 논박하지 않은 부분들을 정리한다. 셋째, 추가로 근거나 자료를 통해 이 문제에 관한 자기측 첫 입론을 보강해야 한다.

찬성측은 필수 쟁점의 제시를 통해 토론 범위를 제한할 수 있는 이점이 있는 반면, 반대측의 반대 주장 중 하나라도 재논박을 못 하면 그 주장을 수용한 것으로 인정되므로 반대측 주장에 빠짐없이 반론을 펴야 한다. 두 번째 입론은 자기측의 주장을 할 마지막 기회이므로 가장 결정적인 주장으로 마무리지어야 한다.

6) 반대측 첫 번째 토론자의 교차 조사 (3분)

위의 2)에서 찬성측과 반대측의 역할을 서로 바꾼 것에 해당한다.

7) 반대측 두 번째 토론자의 입론 (4분)

여기서는 자기측 첫 입론 주장 중 찬성측이 논박하지 않은 것들을 정리하고, 6)의 교차 조사에서 드러난 찬성측 주장의 논리적 오류나 문제점을 지적해야 한다. 역시 반대측도 일정한 역할 분담이 필요하다.

8) 찬성측 두 번째 토론자의 교차 조사 (3분)

위의 2)에서 제시한 방법에서 찬성측과 반대측의 역할을 바꾼 것에 해당한다.

9) 반대측 첫 번째 토론자의 반박 (3분)

이것은 앞서 자기측의 두 번째 교차 조사와 입론의 연장선상에서 전개되는 것이다. 곧 8)의 찬성측 교차 조사를 제외하고는 6)과 7)과 9)에서 토론의 중간 부분을 반대측이 긴 시간 장악하므로 반대측은 이 기회를 최대한 활용하여 두 번째 입론에서 미처 다루지 못한 부분을 여기서 만회할 수 있다. 곧 반대측의 처음 주장에 대한 찬성측의 답변을 다시 공박할 수 있다. 다만 모든 교육형 토론에서는 앞서 언급되지 않았던 주장이 반박 과정에서 처음으로 제시되어서는 안 된다는 것을 기본 원칙으로 하고 있다.

10) 찬성측 첫 번째 토론자의 반박 (3분)

여기서는 앞서 반대측이 7)과 9)에서 제시한 모든 주요 주장을 효과적으로 반박해야 한다. 왜냐하면, 찬성측은 1)에서 언급한 논제의 필수 쟁점에 대한 '증명의 부담' 원칙으로 인해 반대측의 주된 주장의 하나라도 효과적으로 반박하지 못하면 토론에서 불리한 입장에 놓이기 때문이다.

11) 반대측 두 번째 토론자의 반박 (3분)

이것은 반대측의 마지막 발언 기회이다. 최종 변론에 해당하는 것이다. 찬성측의 허점을 명료하게 요약하고, 대체 방안이 이미 제시된 경우 자기측의 문제 해결 대체 방안을 요약하면서, 자기측이 왜 승리했는지 이유를 말해야 한다.

12) 찬성측 두 번째 토론자의 반박 (3분)

전체 토론의 마지막 발언이다. 찬성측이 제시한 필수 쟁점의 논리성과 방안의 실행을 통해 얻을 이익을 강조하면서 반대측 최후 반박에서 제시된 주장을 공박하고, 왜 찬성측이 토론에서 이겼는지 말하게 된다. 곧 반대측의 입론과 반박 내용을 종합적으로 재반박하여 찬성측 필수 쟁점들이 성공적으로 방어되었음을 확인시킨다.

이러한 2:2 교차 토론을 3:3으로 변형시킨 방식이 다음과 같은 칼포퍼식 토론이다.

칼포퍼식 토론의 절차를 살펴보자

찬성측			반대측		
토론자1	토론자2	토론자3	토론자1	토론자2	토론자3
①입론 6분					②교차 조사 3분
		④교차 조사 3분	③입론 6분		
	⑤반론 5분		⑥교차 조사 3분		
⑧교차 조사 3분				⑦반론 5분	
					⑨반론 5분
		⑩반론 5분			

이러한 교차 토론의 기본 틀을 유지하되 다음과 같이 그 방식에 변형을 줄 수 있다. A 방식은 기본 차례는 유지하되 중간에 자유 토론식으로 자유롭게 공박을 주고받게 한 것이고, B 방식은 동시에 입론하고 교차 조사로 들어가는 방식이다.

정통 방식은 처음에 찬성측에서 입론을 하고 이어서 반대측에서 조사를 하고 그다음에는 반대측에서 입론을 하고 이어서 찬성측에서 조사를 하는 방식이다. 변형 방식은 찬성측 반대측 모두 똑같이 입론을 하고 상호 교차 토론을 하고 또 똑같이 최종 변론을 하는 방식이다. 앞 부분만 정통 방식과 다르다.

정통 교차 조사식 토론 변형(A)/총 30분	변형 교차 조사식 토론 흐름(B)/총 30분
1) 찬성측 첫 번째 토론자의 입론 (4분)	1) 찬성측 첫 번째 토론자의 입론 (4분)
2) 반대측 두 번째 토론자의 교차 조사 (3분)	2) 반대측 첫 번째 토론자의 입론 (4분)
3) 반대측 첫 번째 토론자의 입론 (4분)	3) 반대측 두 번째 토론자의 교차 조사 (3분)
4) 찬성측 첫 번째 토론자의 교차 조사 (3분)	4) 찬성측 두 번째 토론자의 교차 조사 (3분)
5) 상호 자유 토론 (10분)	5) 상호 질문과 반박(자유 토론) (10분)
*질문과 반박 서로 자유롭게	*질문과 반박 서로 자유롭게
6) 찬성측 최종 변론 (3분)	6) 찬성측 최종 변론 (3분)
7) 반대측 최종 변론 (3분)	7) 반대측 최종 변론 (3분)

● **교차 토론 살짝 들여다보기**

논제: 찌아찌아족 한글 보급 계속되어야 하는가

찬성측 첫 번째 토론자의 입론

찬성측 첫 번째 입론 시작하겠습니다.

2005년 8월, 인도네시아 제9회 국제 고문서 심포지엄에서 전태현 한국외대 교수와 바우바우시 타밍 시장의 만남이 있었습니다. 이곳에서 한글 보급 사업에 대한 설명이 있었고 2008년 8월, 훈민정음 학회 이사장 등이 바우바우시를 방문 후 찌아찌아족의 한글 사용과 양성에 관한 업무협약(MOU)를 체결하였습니다. 그해 12월 바우바우시 교사 2명이 한국어 연수를 위해 입국을 하였습니다.

세계 최초로 한글을 공식 표기 문자로 채택한 것으로 알려진 인도네시아 찌아찌아족에 대한 한글 보급이 위기를 맞은 이 시점에서 찌아찌아족 한글 보급 사업은 계속되어야 한다고 주장합니다.

찌아찌아족에게 한글의 과학성과 소통성을 앞세워 보급하게 되면 한글이란 브랜드는 국제성을 갖게 되고, 세계에 한글을 알릴 수 있는 방법이며 최초의 한글 수출 사례로 한글의 우수성을 입증하는 방안입니다. 민족과 국가, 찌아찌아족과 한국 간에 같은 문자를 쓴다는 동맹 이상의 정신적 유대가 생겨 정신적 영토가 확장되어질 것입니다. 한글 보급으로 인해 한국어 전문 교원 파견 사업이 확대되면 한국어 교육의 질 향상, 한국어 교원 자격증 소지자들의 취업 기회가 상승되어 한국의 경제 발전 및 일자리 창출까지도 가져올 수 있습니다. 세계의 많은 언어가 사라질 위기에 처해 있는 현재 한글 보급은 새로운 세상에 적응하여 지속적으로 사용되고, 안정적으로 자리잡을 수 있는 계기이며 찌아찌아족 문화의 전설을 기록함으로써 사라지는 문화 유산을 보존할 수도 있게 됩니다.

찌아찌아족 한글 보급 사업은 문화의 특수성을 통한 세계주의의 실현입니다. 우수한 가치를 지니고 있는 한글을 세계에 알릴 수 있는 좋은 거름이 될 것입니다.

이상으로 찬성측 첫 번째 입론을 마치겠습니다.

반대측 두 번째 토론자의 교차 조사

반2: 찬성측 입론 잘 들었습니다. 반대측 교차 조사 시작하겠습니다. 찌아찌아족의 문화 및 전설을 기록함으로써 사라지는 문화유산을 지킬 수 있다 하셨는데요, 그만큼 찌아찌아족의 문화와 전설이 보존 가치가 있는 것입니까?

찬1: 보존 가치가 없는 문화와 전설은 없다고 생각합니다. 우리에겐 보잘것없는 문화와 전설일지라도 찌아찌아족에게는 소중한 가치가 있습니다.

반2: 그렇다면 찌아찌아족의 전설에는 무엇이 있습니까?

찬1: 우리나라의 망부석 설화와 비슷한 전설이 있습니다. 하지만 우리나라의 어린이들과 달리 찌아찌아족 어린이들이 기억하는 전설은 단지 '머리가 키만큼 긴 여자가 연인을 기다리다 돌이 됐다.'일 뿐입니다.

반2: 찌아찌아족 문화와 전설이 사라지는 것은 우리나라와 상관없는 일일뿐더러 이에 돈을 써가며 지원까지 해야할 필요가 있는 것입니까?

찬1: 이 지원은 투자라고 생각해야 합니다. 이 지원을 통해 한글이라는 브랜드 가치가 상승할 수 있습니다.

반2: 그렇다면 한글 보급 이외에도 한글의 브랜드 가치를 상승시킬 수 있는 다양한 방안이 있지 않습니까?

찬1: 세계의 대학에 한글학과 개설 지원 등 다른 방안도 있지만 이러한 방안들의 대상들은 한글이 필요가 아닌 선택입니다. 찌아찌아족은 현재 한글을 필요로 하고 있기 때문에 좋은 투자라고 생각합니다.

반2: 찌아찌아족 한글 보급 사업에 사용되는 비용들은 구체적으로 어떤 것들입니까?

찬1: 한국어 교원 파견 등에 비용이 사용될 것입니다. 하지만 이는 곧 경제 발전 효과를 가져올 수 있습니다. 한국어

교육의 질향상과 한국어 교원들의 일자리 창출 등 투자로 인한 장점 또한 많습니다.

반2: 이상으로 첫 번째 교차 조사 마치겠습니다.

반대측 첫 번째 토론자의 입론

반대측 첫 번째 입론 시작하겠습니다.

훈민정음 학회의 서울대 언어학과 이호영 교수가 '한국어 문화관을 세워주겠다.'라는 말을 하였습니다. 하지만 이것이 이행되지 않아 현재 찌아찌아족과 관계 단절까지 선언되었습니다. 학회가 사업시작 시 원임문화재단이 4억 500만원에서 7억 원 정도 초기 투자 후 지원한다 하였지만 총 투자된 금액은 1억 원 남짓이며 여러가지 문제가 발생하였습다.

2009년에 처음 보도된 '찌아찌아족 공식 문자 채택'은 잘못된 보도로 찌아찌아족은 공식 문자로 한글을 채택한 것이 아니라 부족 문자로 채택한 것이라 합니다. 현실적으로 주권국가인 인도네시아 자국의 어문정책과 관계없이 소수 민족 공동체와의 협의일 뿐이며 이미 찌아찌아족 자신들의 고유어도 존재하고 라틴어로 표기하고 있습니다. 한글 보급 사업활동이 중단된 이 시점에 굳이 다른 나라에 돈을 들여가며 계속 추진해야 할 가치가 있는지 의문이며 이것은 또한 한민족 우월주의, 돈을 앞세운 문화 제국주의로 비춰질 수 있습니다.

한글을 한국처럼 쓰는 것이 아닌 찌아찌아족은 과연 한글 자체의 우수성과 필요성을 느끼고 받아들인 것일까요, 아니면 경제적 지원을 바라고 받아들인 것일까요? 찌아찌아족은 한글을 그대로 쓰는 것도 아니며 자신들에게 맞는 표기법을 만들어 사용하고 있습니다. 이것이 과연 정신적 유대를 가져올 수 있을까요?

이상으로 반대측 첫 번째 입론을 마치겠습니다.

찬성측 첫 번째 토론자의 교차 조사

찬2: 찌아찌아족이 한글을 필요성이 아닌 경제적 지원으로 바라고 있다고 생각하십니까?

반1: 네, 그렇습니다. 그들은 한글을 그저 표기의 방법으로 사용할 뿐입니다.

찬2: 한글은 표기문자로 다양한 소리를 적을 수 있다는 장점이 있습니다. 동의합니까?

반1: 네, 동의합니다.

찬2: 찌아찌아족 한글 보급 사업은 말이 없는 민족의 한글 차용일 뿐 한국어를 보급하는 것이 아닙니다. 지원 의사를 약속해 놓고 어기면 국가적 망신 아닙니까?

입론에서는 기본 개념부터 근거까지 일종의 종합 평가를 한다. 첫 발언이므로 개념 정의와 논제가 등장한 배경 등도 평가 대상이다. 제한된 시간 안에서 청중들에게 어떻게 전달되었가의 표현 능력을 평가해야 한다. 논제 배경은 구체적인가, 토론의 쟁점을 잘 포착하고 명확하게 표현했는가, 주장에 대한 적절한 논거를 제시하고 출처를 명시하는가, 주장에 대한 논거가 다양하고 참신한가 등을 평가한다.

반론은 상대측이 주장한 입론을 주의 깊게 듣고 입론의 내용에 대해 반박하고 있는가가 주요 평가 대상이다. 상대측의 논리적 오류를 정확하게 찾아내고 있는가가 관건이다. 논리적 오류가 없다면 자신들의 논점이 더 타당하다는 근거 아래 합리적인 반박을 하는가를 평가한다.

교차 질문에서는 상대측에서 제시한 자료에 대한 논리적 허점과 증거 불충분을 예리하게 지적하고 있는가가 평가 대상이다. 질문 양식과 내용이 동시에 평가 대상이다. 또한 상대방 지적에 대해 적절히 응수했는가, 자기측의 주장과 배치되는 부분을 논리적 오류를 찾아 예리하게 질문하고 있는가 등을 평가한다.

재반론에서는 양측 발언 내용의 핵심 쟁점을 잘 찾아냈는가를 중심으로 남아 있는 중요한 반론거리를 모두 지적했는가와 상대방 논리의 문제점을 잘 비판했는가가 주요 평가 대상이다. 재반론이 반론의 재탕이거나 입론을 반복하는 경우가 되어서는 안 되므로 이런 점도 주의 깊게 평가해야 한다. 다음 표는 이와 같은 평가 전략에 의한 실제 심사표이다.

독서 교차 토론 평가표를 작성해 보자 ①

심사항목	토론자1		토론자2		토론자3	
	찬성	반대	찬성	반대	찬성	반대
1. 배경지식 활용 능력 (9점)						
대상 도서를 이해하고 충분히 활용하고 있는가?						
다양한 다른 독서 체험을 충분히 활용하고 있는가?						
다양한 일반 사회 현상을 충분히 활용하고 있는가?						
2. 논제 해결력 (21점)						
주장이 명확하고 설득적인가?						
상대방에게 효과적으로 교차 질의 및 반론을 전개하는가?						
재반론이 적절하고 설득력이 있는가?						
최종 발언을 통해 상대방의 주장을 효과적으로 논박하는가?						
최종 발언을 통해 자기측의 주장을 효과적으로 요약하고 강조하는가?						
발상이나 관점을 전환하여 논의하는가?						
논거나 접근 방법이 합리적이고 창의적인가?						
3. 발표력 (9점)						
토론 내용을 메모하며 잘 듣고, 토론에 적극적인가?						
표현과 전달(용어, 발음, 시간)을 효과적으로 하는가?						
토론을 호감(상대방 존중, 유머, 화합) 있게 잘 이끌어 가는가?						
아주 잘 함 3 / 잘 함 2 / 보통 1 / 못함 0	합계					
	승패					

＊출처: 전국독서새물결모임

독서 교차 토론 평가표를 작성해 보자 ②

독서토론대회(조) 심사위원 평가표				
일시	20XX. XX. XX.			
논제		심사위원:		
찬성팀명	1:	2:	3:	
반대팀명	1:	2:	3:	

구분	평가 기준	찬성측(100점)	반대측(100점)
발표력 태도	• 언어적 표현의 명료성(목소리 크기, 속도, 어조 등) • 토론 예절 및 토론 규칙(발언시간포함)의 준수 여부	각 단계별 평가에서 항상 반영하여 채점함 기본 점수 ⑤~최고점 ⑳	
입론	• 개념 정의와 논제가 등장한 배경이나 역사, 논제의 현상 및 문제에 관한 분석을 이 과정에서 명시하고, 자신의 주장을 펼쳐 나가고 있는가? • 토론의 쟁점을 잘 포착하고 명확하게 표현했는가? • 주장에 대한 적절한 논거를 제시하고 출처를 명시하는가? • 주장에 대한 논거가 다양하고 참신한가?	⑳⑲⑱⑰ ⑯⑮⑭⑬ ⑫⑪⑩⑨ ⑧⑦⑥⑤	⑳⑲⑱⑰ ⑯⑮⑭⑬ ⑫⑪⑩⑨ ⑧⑦⑥⑤
반론	• 상대측이 주장한 입론을 주의 깊게 듣고 입론의 내용에 대해 반박하고 있는가? • 상대측의 논리적 오류와 논거의 부실함을 찾아 내고 있는가? • 반박의 논거는 타당한가?	⑳⑲⑱⑰ ⑯⑮⑭⑬ ⑫⑪⑩⑨ ⑧⑦⑥⑤	⑳⑲⑱⑰ ⑯⑮⑭⑬ ⑫⑪⑩⑨ ⑧⑦⑥⑤
교차 질의	• 상대측에서 제시한 자료에 대한 논리적 허점과 증거 불충분을 예리하게 지적하고 있는가? • 상대측 지적에 대해 적절히 응수했는가? • 자기측의 주장과 배치되는 부분을 논리적 오류를 찾아 예리하게 질문하고 있는가?	⑳⑲⑱⑰ ⑯⑮⑭⑬ ⑫⑪⑩⑨ ⑧⑦⑥⑤	⑳⑲⑱⑰ ⑯⑮⑭⑬ ⑫⑪⑩⑨ ⑧⑦⑥⑤
재반론	• 양측 발언 내용의 요약과 핵심 쟁점을 잘 찾아냈는가? • 남아 있는 중요한 반론거리를 모두 지적했는가? • 상대방 논리의 문제점을 잘 비판했는가?	⑳⑲⑱⑰ ⑯⑮⑭⑬ ⑫⑪⑩⑨ ⑧⑦⑥⑤	⑳⑲⑱⑰ ⑯⑮⑭⑬ ⑫⑪⑩⑨ ⑧⑦⑥⑤
최종 변론	• 반박에서 미진했던 부분을 적절히 보충했는가? • 핵심 쟁점을 중심으로 토론의 큰 흐름을 잘 요약했는가? • 자신들의 최종 결론을 효과적으로 부각시켰는가?	⑳⑲⑱⑰ ⑯⑮⑭⑬ ⑫⑪⑩⑨ ⑧⑦⑥⑤	⑳⑲⑱⑰ ⑯⑮⑭⑬ ⑫⑪⑩⑨ ⑧⑦⑥⑤
종합 점수		합계	합계

심 사 평	찬성	
	반대	

*출처: 한국디베이트코치협회

독서 교차 토론 평가표를 작성해 보자 ③

심사위원 평가 메모	
찬성	반대
① 입론	② 반론
점수(20점 만점):	점수(20점 만점):
④ 반론	③ 입론

숙의시간과 교차 질의 (20점)	
숙의내용:	숙의내용:
점수(20점 만점):	점수(20점 만점):
⑥ 재반론	⑤ 재반론
점수(20점 만점):	점수(20점 만점):
⑧ 최종 변론	⑦ 최종 변론
점수(20점 만점):	점수(20점 만점):

1. 쟁점을 잘 포착해서 상대방과의 소통을 잘 하는지를 본다.
   상대방이 제시한 중요한 논거를 반박하지 못하면 감점한다.
2. 팀원들이 전체 논리의 일관성을 유지하는지를 본다.
3. 주제에 대한 관심의 폭과 깊이를 본다.

＊출처: 한국디베이트코치협회

4. 국회의원처럼 당당하게 토론하라 - 의회식 토론

— '청소년 셧다운 제도'를 통해 알아보는 의회식 토론

의회식 토론 개념과 주요 특징

민주주의의 꽃은 공정한 법에 의해 피어난다. 그래서 법을 만드는 입법부에 막강한 권위를 부여했다. 입법부를 우리는 국회라 하고 미국이나 서구는 의회라고 한다. 합리적인 법은 합리적인 토론을 거쳐 나온다. 의회가 여야 토론을 거쳐 법을 만드는 것은 그 때문이다. 국민의 생명과 행복과 관련된 주요 법안에 대해 진지한 토론을 거쳐야 하는 것은 당연하다.

선진국의 의회는 주요 안건에 대해 토론을 통해 심의를 거쳐 결정을 한다. 의회만큼 토론하기 좋은 곳은 없다. 서로 의견이나 견해를 달리하는 여(정부쪽), 야(반대쪽)로 구성되어 있기 때문이다. 이러한 의회 전통을 살린 것이 의회식 토론이다. 실제 의회에서 벌어지는 토론 방식을 일반 토론 방식으로 가져온 것이다.

토론 진행 방법 엿보기

나라마다 정치 제도가 다르듯 의회식 토론 방식이 다르지만, 여기서는 수상 제도가 있는 나라의 틀을 기본형으로 한다. 우리나라는 국무총리 제도이므로 수상 대신 국무총리라고 하면 된다.

여당의 대표격인 국무총리와 여당 국회의원이 한 팀이 찬성측이 되고 이에 맞서는 야당 대표와 야당 국회의원 한 팀이 반대측이 되어 토론한다. 교차 질문이나 자유 토론이 없는 대신에 입론과 반박 시간이 길다. 팀별로 5명 내외의 인원으로 구성하면 좋다.

순서	토론 절차	발언 시간
1	수상(국무총리)의 입론 *입론 중 상대측 질의 발언 가능	7분
2	야당 대표(당수)의 입론(반론) *입론 중 상대측 질의 발언 가능	8분
3	여당 의원의 입론(수상 지지 발언)	8분
4	야당 의원의 입론(야당 당수 지지 발언)	8분
5	야당 대표(당수)의 반박	4분
6	수상(국무총리)의 반박	5분

총 40분

1) 수상(국무총리)의 입론

먼저 국무총리가 발의한 안건에 대해 발언한다. 이때 발의한 안건은 현실의 매우 중요한 문제이므로 문제의 심각성을 통해 안건의 필요성을 분명히 밝힌다. 발언 중에 상대측 질의 발언이 가능하다. 질의 발언에 대해 최소 1회는 수용해서 답변을 해야 하지만 그 외는 거부할 수 있다. 반대 발언의 답변까지 포함하여 7분이지만 질의 응답 시간에 따라 적절히 조절할 수 있다.

2) 야당 대표(당수)의 입론(반론)

여당 쪽 국무총리 입론에 대한 반론이다. 역시 발언 중에 상대측 질의 발언이 가능하다. 질의 발언에 대해 최소 1회는 수용해서 답변을 해야 하지만 그 외는 거부할 수 있다.

3) 여당 의원의 입론(수상 지지 발언)

국무총리 발언에 대해 더 강조하고 싶은 것이나 보완해야 할 점을 중심으로 발언한다.

4) **야당 의원의 입론**(야당 대표 지지 발언)

야당 당수 발언에 대해 더 강조하고 싶은 것이나 보완해야 할 점을 중심으로 발언한다.

5) **야당 대표**(당수)**의 반박**

야당 대표가 국무총리 발언에 대해 반박 형식의 최종 변론을 한다.

6) **수상**(국무총리)**의 반박**

국무총리가 야당 대표 발언에 대해 조목조목 반박하는 형식의 최종 변론을 한다.

• 의회식 토론 살짝 들여다보기

논제: 청소년 셧다운제도를 시행해야 하는가

사회자: 자, 그럼 의회식 토론을 시작하겠습니다. 오늘의 토론 주제는 '청소년 셧다운제도를 시행하여야 한다.'입니다. 먼저 찬성측 의안을 발의하신 국무총리께서 발표해 주십시오.

국무총리: 요즘 청소년들의 게임중독이 심각해지고 있습니다. 행정안전부 조사결과에 따르면 청소년 전체 중 7%인 51만 명이 게임중독이라고 합니다. 이는 우리나라 전체 게임중독자의 절반을 차지하는 수치입니다. 또한 전체 청소년의 12.4%인 87만 명이 게임중독의 부작용을 경험했다고 얘기했습니다. 문제는 이런 일차적인 것이 아닙니다. 게임중독에 빠진 청소년들이 게임을 하지 못하게 하는 보호자를 폭행하거나 살인을 저지르는 일까지 생겨납니다. 2001년 초 광주에서는 온라인게임과 현실을 혼동해 중학생 형이 초등학생인 동생을 흉기로 찔러 살해하는 일이 있었습니다. 2011년엔 대구에서 중학생이 친구들의 상습적인 괴롭힘을 이기지 못해 A군이 스스로 목숨을 끊는 일이 발생했는데, 그 배경에는 온라인게임이 있었다고 합니다. 친구들은 아이템을 사기 위해 A군에게 돈을 요구하고, 게임 레벨업을 위해 A군에게 자신의 아이디로 게임할 것을 강요했다고 합니다. 이런 문제들은 청소년기 학생들에게 셧다운제도를 실시해야 한다는 증거가 된다는 뜻입니다.

(이때 반대측 야당 대표가 일어나 발언권을 신청한다. 국무총리가 발언을 수용한다.)

야당 대표: 게임중독이 심각해지고 있긴 하지만 게임중독으로 인한 범죄가 청소년만의 문제는 아니지 않습니까?

(국무총리 거기에 대해서 바로 답을 하고 다음 발언을 이어 나간다.)

국무총리: 네, 게임중독에 빠진 청소년들이 범죄를 일으킨다는 것은 아닙니다. 하지만 청소년들은 아직 성인에 비해 정신적으로 미성숙하기 때문에 게임에 중독되기 쉽습니다. 세브란스 정신건강병원 정영철 교수는 "게임중독에 빠지면 전두엽 기능이 약화돼 쉽게 흥분하고 참을성이 없어지며, 감정기복이 심해진다. 어른들도 게임중독으로 자신을 통제하기 어려운 상황이 되면 자신의 감정을 조절하지 못하는데 청소년의 경우엔 정신적으로 보다 미성숙하기 때문에 중독현상이 쉽게 일어나며 감정기복을 통제하기가 더 어려워진다."라고 말한 바 있습니다. 정부는 소수의 가능성 있는 게임중독 범죄 청소년들을 예방하기 위해 정책을 실시해야 할 의무가 있습니다.

(다시 야당 대표가 일어나며 발언권을 신청한다. 국무총리가 이번에는 반대측의 발언권을 무시하고 다음 발언을 이어 나간다.)

국무총리: 청소년 셧다운제도의 실시는 청소년들의 게임중독으로 인한 정신·신체건강의 악화를 예방해 줄 뿐만 아니라 게임중독으로 인한 범죄를 예방할 수 있게 됩니다. 이상으로 입론을 마치겠습니다.

사회자: 네, 잘 들었습니다. 이번에는 반대측 토론입니다. 야당의 당수님 나오셔서 입론해 주시기 바랍니다.

야당 대표: 저희 야당은 청소년 셧다운제도의 시행을 반대합니다. 청소년들의 게임중독 문제가 심각한 사회문제로 대두되고 있다는 것은 인정합니다. 하지만 단순히 청소년들의 셧다운제도의 실시가 게임중독을 근본적으로 해결할 수 있다고 보십니까? 많은 청소년들이 부모님의 주민등록번호를 도용해 게임을 하는 경우도 많습니다. 지난해 여성가족부의 조사에 따르면 청소년 유해환경 접촉여부 실태를 조사한 결과 중고생의 47.4%가 부모님의 주민등록번호를 이용해 청소년 이용불가 인터넷게임을 즐겼다고 합니다. 그만큼 셧다운제의 적용이 실효성이 없다고 할 수 있습니다.

(찬성측 국무총리가 발언권을 신청한다. 야당 대표는 발언권 신청을 무시하고 발언을 이어 나간다.)

야당 대표: 많은 학생들이 청소년들이 학업으로 인한 스트레스를 게임으로 푼다고 이야기합니다. 게임중독으로 인한 범죄 가능성이 있는 소수의 청소년들을 예방한다는 명목으로 셧다운제를 실시하는 것은 청소년들의 게임 이용의 자유와 권리를 침해하는 것입니다. 또한 여성가족부의 조사 결과에서도 볼 수 있듯이 부모님의 주민등록번호 도용에 대한 조사도 일일이 이루어질 수 없기 때문에 현실성 없는 정책입니다.

(다시 국무총리가 손을 들며 일어나 발언권을 신청한다. 야당 대표가 발언권을 준다.)

국무총리: 부모님의 주민등록번호 도용에 대한 해결책은 의안 통과 후 효과적인 해결 방안을 만들어 가면 된다고 봅니다.

야당 대표: 네, 잘 들었습니다. 청소년들의 게임중독 예방, 게임중독으로 인해 범죄를 예방해야 한다는 주장, 당연한 것입니다. 하지만 단순히 정책적인 법안이 근본적인 해결책이 될 것이라고 생각하십니까? 청소년들을 대상으로 게임중독 원인에 대해 조사하고 단순히 정책적인 해결책이 아니라 청소년들의 입장에 서서 근본적이고 진정성 있는 해결책을 찾아내는 것이 훨씬 더 효과적일 것입니다.

사회자: 네, 야당 대표님의 입론까지 들었습니다. 혹시 이에 대해 발언하실 분 계신가요?

여당 의원: (조용히 손을 든다.)

사회자: 여당 의원님, 발언해주십시오.

여당 의원: 해외에서도 온라인 게임중독으로 인한 범죄 사례가 증가하고 있습니다. 일본의 한 청소년은 어머니가 게임만 한다며 계속 잔소리를 하자 어머니를 홧김에 살해하는 범죄를 저지른 경우도 있습니다. 이런 게임중독의 부작용 때문에 외국에서도 셧다운제를 실시하는 나라가 많습니다. 한 예로 베트남의 셧다운제에 대해 이야기해 보겠습니다. 베트남은 청소년·성인 모두 오후 10시부터 오전 8시까지 온라인 게임이 전면 중단된다고 합니다. 게임해당업자가 제도를 이행하지 않을 시엔 인터넷 서비스 자체를 취소하는 징계를 내리고 있습니다. 그래서 우리나라 게임사인 넥슨과 네오위즈 역시 베트남 정부의 요청으로 2010년부터 베트남에서 셧다운제를 운영한다고 합니다. 여러분, 심야시간의 셧다운제는 권리 침해가 아닙니다. 셧다운제는 UN아동권리협약에서 권장하는 청소년의 기본권이 보호받을 권리인 생명·수명·건강권을 보호하여 청소년들의 정신건강을 위한 것이며, 청소년의 게임중독으로 인한 범죄도 예방할 수 있다는 점을 다시 한 번 상기해 주시기 바랍니다.

사회자: 잘 들었습니다. 야당 대표님 지지발언 하실 분 계십니까?

야당 의원: (조용히 손을 든다.)

사회자: 야당 의원님, 발언해주십시오.

야당 의원: 여당 의원님께서 청소년의 기본권이 보호받을 권리에 대해 말씀해 주신 것 잘 들었습니다. 하지만 청소년들에게는 어른들에 의해 기본권을 보호받을 권리뿐만 아니라 자신의 행복을 추구할 행복추구권, 사생활의 자유, 인권, 문화적 자기 결정권이라는 기본권도 있습니다. 청소년들은 게임을 할 권리도 물론 있는 것입니다. 왜 청소년들이 자신들의 권리를 어른들의 결정인 셧다운제에 의해 빼앗겨야만 합니까? 셧다운제가 과연 게임중독을 막는 근본적인 해결책이라고 생각하십니까? 왜 학생들이 게임에 중독되고 있을까요? 학생들의 스트레스를 풀 만한 곳이 바로 게임밖에 없기 때문입니다. 아침 일찍 학교에 가서 오후에 집에 돌아오면 거의 대부분의 학생들이 바로 학원으로 갑니다. 학원에서 돌아오면 밤이 됩니다. 밤에 학생들이 스트레스를 풀 수 있는 방법이 무엇이 있겠습니까? 밤에 친구들과 모여서 축구를 하겠습니까, 농구를 하겠습니까. 우리나라 청소년들의 생활이 바뀌지 않은 채 학생들은 학업 스트레스에 노출된다면 셧다운제, 이 하나로 과연 게임중독 해결이 될까요?

사회자: 네, 이상으로 야당 의원님의 지지발언을 마치겠습니다. 마지막으로 야당 대표님과 국무총리님의 최종 변론이 있겠습니다. 먼저 야당 대표님 변론해 주시기 바랍니다.

야당 대표: 벼룩 잡으려고 초가삼간 태우시겠습니까? 게임중독에 걸린 청소년이라고 하더라도 범죄를 일으키는 경우는 극히 드뭅니다. 그렇기 때문에 신문 기사에도 크게 보도되는 것이고요. 게임하는 청소년 중 극히 드문 게임중독 범죄를 위해 모든 청소년을 대상으로 셧다운제를 실시하는 것은 초가삼간 태우는 격입니다. 어른들이 정해놓은 기본권의 보호를 위해 청소년들의 자율권을 침해하려고 해서는 안 됩니다. 셧다운제 실시로 게임중독의 모든 것을 해결할 수는 없습니다. 현실세계와 가상세계를 구별할 수 있는 능력을 길러주는 끊임없는 교육을 통해 범죄 예방 뿐만 아니라 게임을 하는 청소년들의 태도도 바꿀 수 있을 것입니다. 또한 학생들에게 공부, 성적만을 강요하는 풍조를 완화시키고 학생들에게 더 많은 취미생활을 제공할 수 있다면 우리 청소년들을 게임중독의 늪에서 구해낼 수 있을 것입니다. 그러므로 저희 야당은 셧다운제에 반대합니다.

사회자: 야당 대표님의 최종 변론 잘 들었습니다. 이번에는 국무총리께서 최종 변론 해 주시기 바랍니다.

국무총리: 소 잃고 외양간 고치시겠습니까? 이미 51만 명이라는 많은 청소년들이 게임에 중독되어 있습니다. 이대로 방치하다가는 더 많은 학생들이 게임중독에 빠져들게 될 수도 있고요. 사회의 풍조를 당장 바꿀 순 없습니다. 하지만 셧다운제의 도입은 당장 그 결과가 보일 것입니다. 주민등록번호 도용에 대해 실효성을 많이 제기하고 계신데요. 그 부분에 대해서도 게임 사이트에 가입을 할 때 주민등록번호뿐만 아니라 공인인증서 등 다른 수단을 추가해 가입 절차를 더 복잡화해 청소년들의 주민등록 도용을 줄일 수 있을 것입니다. 야당 측이 제시한 청소년들의 자율권 제한 또한 국민의 모든 자유와 권리는 국가안전보장 · 질서유지 또는 공공복리를 위하여 자유와 권리의 본질적인 제한이 아닌 한 필요할 때 법률로써 제한할 수 있다는 법조문을 알려드리고 싶습니다. 단 한 건의 범죄라도 줄이기 위해, 단 한명의 청소년의 정신건강을 위해서라도 정부는 정책을 실행해야 할 의무를 가지고 있습니다. 그러므로 저희 여당은 셧다운제에 찬성합니다.

사회자: 이상으로 의회식 토론을 마치겠습니다.

의회식 토론이 왜 좋을까

의회식 토론의 최대 장점은 두 가지다. 첫째는 스스로 국무총리나 야당 대표, 또는 국회의원이 되어 실제 그런 역할에 따른 발언을 함으로써 토론에 임하는 자중감을 높일 수 있다. 의회는 민주주의 꽃이자 최대 권력 기관이다. 행정부가 최대 권력 기관 같지만 그 어떤 권력도 법 없이는 힘을 발휘하지 못한다. 권력욕은 경계해야 하지만 책임감 있는 권력은 합리적인 공동체 문화의 힘이다.

둘째는 역동성이다. 상대방이 발언할 때 발언권을 신청해 긴박감이 넘치는 토론을 진행할 수 있다. 또한 상대방의 발언권을 수용하느냐 거부하느냐에 따라 토론 효과가 판이하게 달라질 수 있으므로 긴장감 넘치는 수준 높은 토론 효과를 거둘 수 있다.

의회식 토론 지도 전략과 유의사항

국회 형식을 빌려서 하는 토론이기 때문에 적절한 안건 선정이 중요하다. 똑같은 안건이라도 법 제정이나 정부 정책과 관련된 논제로 구성해야 한다. 이를테면 독서토론 같은 것은 의회식 토론으로는 적절하지 않다. 법과 제도로 연관시키기 어렵기 때문이다. 그리고 각 발언 단계마다 올바른 규칙으로 제대로 된 역할을 수행해야 한다. 특히 발언권 신청 같은 권리를 제때 제대로 행사함으로써 민의를 대변하는 책임을 다해야 한다. 그리고 발언권 신청을 받는 쪽은 장난삼아 거절한다든가 하는 일이 있어서는 안 된다.

가능하면 실제 국회의 대정부 질문이나 청문회 등의 자료 화면을 준비해 직접 보게 하는 것이 좋다. 국회는 온갖 토론이 이루어지므로 잘 된 토론도 있고 그렇지 않은 토론도 있다. 잘 된 토론 유형을 교육적으로 활용하는 것이 필요하다.

중요한 것은 사실 토론 방법보다는 토론에 임하는 자세와 태도에 달려 있다. 진정 국민을 대변하는 국회의원 같은 자세로 토론 논제에 매달리는 자세가 필요하다. 따라서 주어진 논제에 대해 왜 찬성해야 하는가, 반대해야 하는가, 자신의 입장이 국민들에게 어떤 영향을 끼칠 것인가 하는 마음가짐이나 태도가 토론에 대한 열정과 힘을 길러줄 것이다. 그런 다음 정확한 절차 지키기를 통해 그런 막중한 자세를 실천해 나가도록 지도한다.

의회식 토론 평가표를 작성해 보자

평가 요소 4 매우 그렇다 3 그렇다 2 보통이다 1 그렇지 않다	여당측(찬성측) 팀명:		야당측(반대측) 팀명:	
	국무총리 4 3 2 1	여당 원내대표 4 3 2 1	야당 당대표 4 3 2 1	야당 원내대표 4 3 2 1
자신측의 논리 전개에 대한 개관(road map)을 잘 제시하는가?				
주어진 논제로부터 도출해 낸 논제에 대한 정의가 적절한가?				
발언 내용의 구성이 논리적인가?				
각 요소의 발언 시간 안배가 적절한가?				
자신의 주장을 펴기 위해 적절한 예시를 잘 활용하는가?				
감정을 잘 통제하고 올바른 매너를 보이며 에티켓을 잘 지키는가?				
개인 총점	( )점	( )점	( )점	( )점
팀 총점	( )점		( )점	

5. 일대일 토론의 진수를 즐겨라 - 링컨-더글러스 토론

— '~데이 문화 제도'를 통해 지도해 보기

링컨-더글러스 토론의 개념과 특징

미국 고등학교에서 1970년대부터 시작된 일대일 토론 유형이다. 1858년의 미국 대통령 선거를 위한 중간 선거에서 공화당의 링컨과 민주당의 더글러스가 7회에 걸쳐 벌인 토론에서 유래하였다. 노예 제도에 대해 링컨은 '모든 인간은 동등하다.'는 미국 독립선언서에 의거 폐지하자고 주장한데 반해 더글러스는 '독립선언서'에서 언급한 인간은 백인을 가리킨다고 하여 흑인 배제를 주장하였다.

링컨-더글러스 방식 토론은 흔히 정책 논제보다 가치 논제의 토론에 적합한 유형이라고 말한다. 곧 '자유가 평등보다 더 가치 있다.' 또는 '사형제도는 도덕적으로 정당화될 수 있다.'와 같이 '~이 ~보다 우선한다, ~이 ~보다 낫다, ~보다 바람직하다, ~은 정당하다.' 등의 형태의 논제가 이 유형에 적합하다는 것이다. 그러나 두 명의 토론자만이 치열하게 주고받는 형식이므로 서로 다른 정책 논제도 매우 잘 어울리는 토론 형식이다.

링컨-더글러스 토론 절차는 다음과 같다.

순서	토론 절차	발언 시간
1	찬성측 입론	6분
2	반대측 질문	3분
3	반대측 입론	7분
4	찬성측 질문	3분
5	찬성측 반박	4분
6	반대측 반박	6분
7	찬성측 반박	3분
		총 32분

이러한 순서를 찬성측 토론자와 반대측 토론자 배치로 배열해 보면 다음과 같다.

찬성측(토론자1)	반대측(토론자2)
① 입론 6분	② 교차 질문 3분
④ 교차 질문 3분	③ 입론 7분
⑤ 반박 4분	⑥ 반박 5분
⑦ 반박 3분	

먼저 논제 찬성측 토론자가 6분간 입론을 발표한다. 논제 찬성 배경, 개념 설명, 주요 근거 등을 상세하게 발표한다. 입론 6분은 결코 짧은 시간이 아니다. 6분을 발표하기 위해 입론서를 최소 2000자 이상은 써야 하기 때문이다. 그렇다고 입론서를 낭독하는 것은 안 된다. 초등학생은 3분, 중학생은 4분 고등학생은 5분 정도로 줄일 수 있다. 곧이어 반대측 토론자는 3분간 교차 질문을 한다. 입론 시간의

반 정도의 시간이므로 자신의 입론에 유리하거나 필요한 핵심 질문 위주로 한다. 찬성측 답변을 포함한 시간이므로 질문 자체의 시간은 더 짧다.

반대측 토론자는 곧이어 반대측 입론을 7분간 한다. 찬성측 입론보다 1분 더 긴 것은 찬성측 입론을 부정하거나 저지하는 의도를 충분히 살리기 위한 것이다. 대신 찬성측의 최종 반박으로 끝나기 때문이기도 하다. 반대측 입론에 이어 찬성 교차 질문도 3분간 한다. 곧이어 반대측 입론을 4분간 반박한다.

다음으로는 반대측 반박을 더 길게 5분간 하고 마지막으로 찬성측 반박을 3분간 함으로써 마무리한다. 이 토론은 찬성측이 안건을 상정하듯 먼저 입론을 하는 것과 반대쪽이 질문에 이어 입론을 하는 것이 주요 특징이므로 이런 절차를 살려서 발언을 해야 한다.

• **링컨-더글러스 토론 살짝 들여다보기**

논제: '~데이 문화' 필요할까?

사회자: 오늘은 '~데이 문화 필요할까?'에 대해 토론해 보겠습니다. 우선 찬성측의 김철수 학생의 입론 들어보겠습니다.

철수: 2월 14일, 3월 14일, 11월 11일 모두 한 번쯤은 들어 보셨을 것입니다. 바로 밸런타인데이, 화이트데이, 빼빼로데이의 날짜입니다. 이날은 가족, 친구, 연인들에게 초콜릿이나, 사탕 등을 전해주며 그동안 표현하지 못했던 자신의 마음을 전달할 수 있는 날입니다. 평소 우리는 친구나 가족들에게 도움을 받고도 마음을 직접 전달할 기회가 많지 않았습니다. 하지만 이러한 '~데이'에 초콜릿 등의 작은 선물을 통해 마음을 전달하여 가족, 친구, 연인 관계를 더욱 돈독하게 만들 수 있습니다. 이뿐만이 아니라 많은 청소년들이 학업 때문에 스트레스를 받고 있는데, 이러한 '~데이'를 하나의 이벤트처럼 여겨 하루 정도 선물을 주고받으며 스트레스를 해소할 수 있다는 장점을 가지고 있습니다. 더 나아가 밸런타인데이, 화이트데이, 빼빼로데이와 같은 기념일은 초콜릿, 빼빼로 등의 판매량을 증가시켜 우리나라 제과시장의 활성화에 기여할 수 있습니다. 우리나라와 가까운 일본 역시 제과시장의 활성화를 위해 11월 11일에 막대과자 모양의 제품을 선물하는 '포키와 프렛츠의 날'이 있다고 합니다. 저는 이러한 '~데이' 문화를 우정의 매개체이며 청소년들의 스트레스 해소의 수단, 그리고 관련 시장의 활성화를 이유로 찬성합니다.

사회자: 네, 찬성측 입론 잘 들었습니다. 반대측의 김영희 학생 질문해 주시죠.

영희: 이러한 '~데이' 문화가 물론 누구에게는 스트레스 해소의 수단, 관계를 돈독히 만드는 수단이 될 수 있습니다. 하지만 초콜릿이나 빼빼로를 받지 못한 누군가는 분명히 소외될 것입니다. 이에 대해 어떻게 생각하시나요?

철수: '~데이' 문화는 단순히 누군가에게 받기만 하는 날이 아닙니다. 서로 주고받는 날이죠. 예를 들어 밸런타인데이이라고 한다면, 비싼 선물이 아니더라도 초콜릿 하나씩만 준비해 친구들에게 나누어 준다면 그동안 친하지 않았던 친구들에게 한 발짝 다가가는 기회가 되지 않을까요? 저는 이런 '~데이'가 자신을 소외로부터 벗어날 기회를 준다고 생각합니다.

사회자: 김철수 학생 답변 잘 들었습니다. 반대측의 김영희 학생 입론을 시작해 주십시오.

영희: 밸런타인데이, 화이트데이의 유명세를 타 매달 14일엔 각종 '~데이'가 생겼고, 그 외에 3월 3일은 삼겹살데이, 7월 7일은 옛데이 등 1년에 거의 60가지의 '~데이'가 생겨났습니다. 상술과 겹쳐 너무 많이 '~데이'가 생겨나게 된 것이지요. 이러한 '~데이'가 단순히 고마운 마음의 표현을 넘어 형식적으로 꼭 줘야 하는 날이 된 지 오래입니다. 한 조사 결과에 따르면 72%의 학생들이 상술로 인해 넘쳐나는 '~데이' 문화를 좋지 않게 보고 있으면서도 선물을 준비한다고 합니다. 상업적 기념일에 사용되는 초콜릿이나 빼빼로의 경우 선물용이라는 이유로 본래 제품에 비해 과대포장해서 경제적 생산 능력이 없는 청소년들에게 과도한 지출을 요구하는 경우도 많습니다. 또한 이런 기념일엔 수요가 폭발적으로 늘기 때문에 위생에 적합하지 않은 상품을 마구잡이로 수입해 오는 경우도 많습니다. 올해 식품의약품안전청장의 조사 결과에 따르면 37곳의 업체가 위생 취급 기준 위반, 표시 기준 위반, 원료의 미기재로 적발되었다고 밝혔습니다. 평소보다 비싼 금액을 내고 이런 불량식품을 먹을 순 없지 않겠습니까? 제과시장의 활성화에 대해서도 많은 문제점이 있습니다. 제과시장의 활성화 모든 제과업체에 해당되는 문제는 아닙니다. 일부 대기업들은 많은 자본을 가지고 상업적 기념일에 자신들의 회사를 홍보하며 많은 이윤을 냅니다. 다른 중소기업들은 그렇지 못하겠죠. 이러한 '~데이' 문화는 대기업과 중소기업의 이윤불균형을 초래하기만 할 뿐입니다. 저는 이러한 이유로 '~데이' 문화를 반대합니다.

사회자: 반대측 김영희 학생의 입론 잘 들어봤습니다. 김철수 학생 질문해 주시죠.

철수: 많은 '~데이'가 있지만 많은 사람들은 1년에 3~4개 정도의 유명한 '~데이'만을 챙긴다고 생각합니다. 1년에 이 정도의 기념일을 챙긴다 해서 과소비를 조장한다고 생각하지는 않습니다. 어떻게 생각하시나요?

영희: 날이 갈수록 더 많은 '~데이'가 생기고 있습니다. 사람들도 더 많은 '~데이'를 챙기게 될 것이고요. 문제는 상업적 기념일이 며칠인가가 중요한 것이 아닙니다. 이런 상업적 기념일은 대부분 10대 청소년들 사이에서 많이 유행하고 있는데요, 기업들은 상업적 기념일을 매출상승의 기회로 보고 있습니다. 빼빼로데이 같은 경우를 보면 조그마한 곰돌이 인형 하나에 빼빼로 하나를 넣고 몇만 원에 팔고, 한 곽에 1,000원인 빼빼로를 꽃모양으로 만들어 훨씬 더 비싼 금액을 받고 팔고 있습니다. 경제적 능력이 없는 학생들은 이러한 기업의 상술 때문에 어쩔 수 없이 과도한 금액을 지출하고 있는 것입니다.

사회자: 김영희 학생의 답변 잘 들었습니다. 이제부터는 찬성측, 반대측의 반론을 차례로 들어보겠습니다. 먼저 찬성측의 김철수 학생 반론해 주세요.

철수: 상업적 기념일들이 무의미하게 선물을 주고받는 날이라고 생각하는 사람은 별로 없을 것입니다. 어떤 사람들은 누군가에게 고백을 하기도 하고, 또 어떤 사람들은 부모님에게 감사를 전하기도 할 것입니다. 많은 사람들이 누구에게 선물을 할 것인가를 생각하고, 그 사람을 생각하며 선물을 고를 것입니다. 그 과정 속에서 우정이 더 쌓이고 조금 어색했던 사람들도 더 가까워질 것입니다. 기업의 상술이라고 비판하는 사람들도 있겠지만, 중요한 것은 기념일에 누군가를 위해 선물을 준비한다는 것은 전적으로 자신의 선택에 달려 있다는 점입니다. 이상으로 반론을 마치겠습니다.

영희: 누군가에게 마음이 담긴 선물을 준다는 것은 반대로 생각해 보면 누군가에게 선물을 받았으면 나 또한 그 선물에 보답을 해야 한다는 의미입니다. 만약 내가 누군가에게 선물해 준 것보다 훨씬 더 작은 선물을 받는다면 서운하게 느낄 수도 있을 것이고요. 고마운 마음은 상업적 기념일이 아니더라도 언제든지 표현할 수 있습니다.

링컨-더글러스 토론 지도 전략과 유의사항

진정한 민의를 대표하는 국회의원 같은 자세가 필요하다. 어떤 법을 제정하느냐에 따라 국민의 행복과 국가의 미래가 달라진다. 셧다운제를 실시하는 것이 진정 청소년을 위한 것인가, 청소년을 위한 것이 아니라면 무엇이 왜 그런가 진지한 접근 자세가 중요하다.

청소년 문제는 가족 문제이기도 하고 국가 전체의 문제이기도 하다. 따라서 상대 토론자를 설득하겠다는 마음도 중요하지만 좀 더 거시적인 안목을 가지고 책임감 있는 참여 자세가 필요하다.

링컨-더글러스 토론 평가 전략

1:1 토론이므로 다른 토론 유형보다는 좀 더 명확한 평가를 할 수 있다. 따라서 일반적인 토론 평가 척도인 다음과 같은 평가 항목에 대해 절대평가와 상대평가를 병행하는 전략이 필요하다.

> **일반적인 토론 평가 척도**
> * 논제에서 사용된 주요 개념들을 정확히 정의했는가?
> * 논리 전개가 일관적인가?
> * 주장에 대한 논거 및 사례 제시가 타당하고 명확했는가?
> * 언어 전달력이 뛰어난가?
> * 발음, 목소리의 강약, 말의 속도, 어조, 시선, 몸동작 등이 적절했는가?

다음으로 이 토론은 입론, 질문, 반박으로 이어지므로 전체 흐름이나 진행 전략에 따라 역동적인 평가 전략이 필요하다.

> **링컨-더글러스 토론의 역동적인 평가 전략**
> * 입론, 확인 질문, 반박의 내용 구성이 적절했는가?
> * 상대측 논리를 정확히 이해하고 확인 질문이나 반박할 때 적절하게 대응했는가?
> * 상대측의 논리적 허점을 창의적인 시각에서 적절하게 공격했는가?
> * 상대측의 공격에 대한 방어를 순발력 있게 대처했는가?

확인 질문이나 반박은 상대측 논리를 정확히 이해하고 확인 질문이나 반박할 때 그러한 정확한 이해를 바탕으로 질문이나 반박을 하는지를 평가해야 한다. 아무리 질문이 좋아도 상대편 주장이나 논리에 근거하지 않는다면 제대로 된 질문이라 볼 수 없다. 따라서 상대측의 논리적 허점을 상대측 주장이나 근거를 통해 도출하고 그것을 바탕으로 비판적 질문을 던질 때 창의적인 시각에서 적절하게 공격하는 전략이 된다. 평가는 그런 맥락을 정확히 짚어 평가한다. 토론이므로 상대측의 공격에 대한 방어를 순발력 있게 대처하는 전략이 능력도 실제 상대평가 비중이 높은 평가 요소이다.

링컨-더글러스 토론 평가표를 작성해 보자

	토론자1(찬성측)	토론자2(반대측)
논제에서 사용된 주요 개념들을 정확히 정의했는가?	⑤④③②①	⑤④③②①
입론, 확인 질문, 반론의 내용 구성이 적절했는가?	⑤④③②①	⑤④③②①
논리 전개가 일관적인가?	⑤④③②①	⑤④③②①
주장에 대한 논거 및 사례 제시가 타당하고 명확했는가?	⑤④③②①	⑤④③②①
상대측 논리를 정확히 이해하고 확인 질문이나 반론시 적절하게 대응했는가?	⑤④③②①	⑤④③②①
상대측의 논리적 허점을 창의적인 시각에서 적절하게 공격했는가?	⑤④③②①	⑤④③②①
상대측의 공격에 대한 방어를 순발력 있게 대처했는가?	⑤④③②①	⑤④③②①
언어 전달력이 뛰어난가?	⑤④③②①	⑤④③②①
발음, 목소리의 강약, 말의 속도, 어조, 시선, 몸동작 등이 적절했는가?	⑤④③②①	⑤④③②①

⑤ 매우 그렇다 ④ 그렇다 ③ 보통이다 ② 그렇지 않다 ① 매우 그렇지 않다

총점

6. 다채로운 게임식 토론에서 승리하라 – 공공 포럼 토론

— '선거 여론 조사'에 관한 토론을 통하여 알아보기

공공 포럼 토론의 개념과 주요 특징

공공 포럼 토론은 미국에서 2002년에 첫 전국대회가 개최되어 고등학교를 중심으로 빠르게 확산되고 있는 유형이다. 일명 테드 터너 디베이트라 부른다. 토론 형식이 CNN 뉴스 프로그램에서 테드 터너가 진행하던 '크로스파이어'와 비슷하다 하여 붙여졌다. 이 유형은 단계별로 다양한 참여 방식으로 설정되어 있어 마치 단계별 게임을 즐기는 듯한 효과가 있어 더욱 널리 퍼지고 있다.

같은 토론자끼리 같은 역할을 수행한다는 것도 주요 특징이다. 일반 교차 토론에서는 입론 발언자와 교차 조사자가 다르지만 이 토론에서는 같은 입론자가 서로 교차 질문을 해야 한다. 물론 전원 교차 질문 단계에서는 마치 혼전을 하듯 서로 할 수 있다.

'입론 – 교차 질문1 – 반박 – 교차 질문2 – 요약 – 전원 교차 질문 – 최종 핵심'으로 이루어져 있어 단계별 교육적 효과가 분명하고 1단계는 2단계의 바탕이 되어 토론의 질적 향상이 눈에 선명하게 보이는 장점이 있다. 토론 중에 2분간의 숙의시간을 요청할 수 있다.

토론 진행 방법 엿보기

1) 입장과 차례 정하기

동전 던지기를 통해 이긴 팀이 찬성과 반대를 선택하고 진 팀은 발언 순서를 정할 수 있다.

2) 입론하기

　찬성측이 먼저, 반대측이 그 후에 첫 번째 토론자가 4분간 입론한다. 논제의 배경, 개념 정의, 논제 주장의 근거 등을 4분간 발언한다.

3) 교차 질문하기 1

　입론한 토론자1끼리 3분간 교차 질문을 한다. 3분간 끝내야 하므로 한 번이나 두 번 정도의 질문을 주고받을 수 있다.

4) 반박하기

　토론자 2끼리 반박을 주고받는다. 찬성측에서 먼저 4분간 반박할 수 있다. 상대편 입론과 교차 질문에서 얻은 정보를 바탕으로 반박한다. 반대측에서도 4분간 찬성측의 반박을 듣고 반박을 한다.

5) 교차 질문하기 2

　토론자 2끼리 주고받은 반박을 중심으로 교차 질문을 한다.

6) 요약하기

　이번에는 첫 번째 토론자끼리 각자의 핵심 쟁점에 대해 2분간 요약한다. 새로운 내용을 제시해서는 안 되고 각 팀의 발언 가운데 중요한 내용만 소개한다.

7) 전원 교차 질문하기

　요약 단계를 거쳐 서로의 입장이 분명해졌으므로 이를 바탕으로 한 전원 교차 질문과 대답을 주고받는다.

8) 최종 핵심

이번에는 토론자 2끼리 최종 핵심 내용을 발표한다. 먼저 찬성측에서 2 분간 발언하고 반대측에서 2 분간 발언한다. 양측 모두 핵심 쟁점에 대해 발표하고 자기측이 승리해야 할 이유를 간결 명료하게 발표한다.

이상의 토론 과정을 입체적으로 정리해 보면 다음과 같다.

찬성측		반대측	
토론자1	토론자2	토론자1	토론자2
① 입론 4분		② 입론 4분	
	③ 교차 질문 3분 (1번 토론자끼리)		
	④ 반박 4분	⑤ 반박 4분	
	⑥ 교차 질문 3분 (2번 토론자끼리)		
⑦ 요약 2분		⑧ 요약 2분	
	⑨ 전원 교차 질문 3분		
	⑩ 최종 핵심 2분	⑪ 최종 핵심 2분	

• **공공 포럼 토론 살짝 들여다보기**

논제: 선거여론조사 이대로 좋은가?

사회자: 지금부터 선거여론조사 문제에 대한 공공 포럼 토론을 시작하겠습니다. 먼저 지금과 같은 선거여론조사를 지지하는 찬성측과 반대하는 반대측 각각의 입론을 듣겠습니다.

토론자1(찬성): 찬성측 입론을 시작하겠습니다. 마음속 깊이 혼자만 간직하고 있는 생각은 신념입니다. 이런 신념들이 다른 사람들과 서로 공유되고 확인되면서 형성되는 것이 바로 여론입니다. 그리고 여론조사란 이런 여론의 구도와 추세를 파악하는 과정이라 할 수 있습니다. 여론조사는 늘 뜨거운 관심의 대상이었습니다. 언론은 매일 여론조사 결과를 보도하며 대선 향방을 점치기에 바빴고, 정치권도 여론조사 결과에 촉각을 곤두세우며 일희일비를 반복하였습니다. 유권자들 역시 스스로가 만들어낸 여론조사 지지율 그래프의 등락을 보며 급변하는 민심의 흐름을 실감했을 것입니다. 여론조사 결과는 이후 여론의 향방에 영향을 미치는 또 다른 행위자 역할을 수행하게 됩니다. 밴드웨건 효과와 언더독 효과라는 것이 있습니다. 밴드웨건은 다수의 여론에 편승하는 사람들의 심리이며, 언더독은 반대로 약자에게 쏠리는 관심을 말합니다. 앞서 이야기했듯 여론이란 나의 신념과 다른 사람들의 생각이 서로 공유되고 확인되면서 만들어지는 것으로 다수의 여론 지형 속에서 자신의 신념을 더욱 공고히 하거나 혹은 신념을 바꾸는 과정은 지극히 정상적인 여론 형성의 과정일 뿐입니다. 다른 어느 때보다 국민의 알 권리가 더 보장되어야 하는 선거 기간 중에는 후보자 정보나 정책에 대한 알 권리 못지않게 중요한 것이 바로 여론 동향에 대한 알 권리입니다. 지금 여론조사 말고 이를 온전히 충족시켜 주는 다른 유용한 수단이 과연 또 있을지 떠올려 보시길 바랍니다. 이상입니다.

토론자1(반대): 총선과 대선이 겹쳤던 2012년 한국은 여론조사 전성시대였습니다. 조사하는 미디어도 많아지고 조사 방법도 갈수록 진화하고 있음에도 조사의 정확성은 점점 더 떨어지는 듯합니다. 특히 올해 제18대 대선 관련 여론조사 결과는 사실상 '공해'라고 봐도 무방할 수준이었습니다. 같은 날 비슷한 방법으로 조사했음에도 각 언론사의 성향에 따라 결과는 들쭉날쭉했고 후보 지지도, 정당 지지도, 예측조사, 출구조사 등 방식은 다양했지만 내용에는 큰 차이가 없었습니다. 근본적인 문제는 여론조사 자체의 한계에 있습니다. 갈수록 조사 분석 기법이 발전하고 있는 것은 사실이지만 현재와 같은 사회문화적 상황에서 여론을 '파악'하는 것 자체가 무리일 수 있고, 개인의 프라이버시 강화에 따른 누적 표본산정의 어려움, 유선전화 중심 조사의 한계, 감청과 사찰이 가능한 억압적 사회 분위기에 따른 거짓 응답 추세, 20% 안팎에 불과한 낮은 응답률 등이 대표적입니다. 이는 한국뿐만 아니라 모든 나라의 일반적 추세입니다. 조사에 필요한 시간과 비용의 문제도 있습니다. 모든 언론사는 저비용으로 남보다 먼저 여론조사 결과를 발표하고 싶어 하지만 표본수 확대, 표본의 대표성 강화, 응답률 제고, 과학적 보정 등을 위해서는 더 많은 시간과 비용을 투입해야 합니다. 언론사에 상대적으로 '종속'될 수밖에 없는 조사 회사들은 주어진 비용과 시간 범위에서 '가능한' 여론을 '창출'할 수밖에 없게 되는 것입니다. 유력 언론사의 공신력 없는 여론조사 결과 발표는 결과적으로 대의제 민주주의를 무력화시킬 수 있습니다. 여론은 민심이고 민심을 얻고자 하는 것은 모든 정치인들의 욕망입니다. 문제는 선거 때 표를 얻기 위해 여론 '조작'이나 국민 '겁박'도 불사한다는 데 있습니다. 유력 언론사의 무책임한 선거 관련 여론조사 보도는 대한민국 민주주의를 후퇴시키는 데 크게 기여하는 것입니다. 이상입니다.

사회자: 양측 입론 잘 들었습니다. 그럼 이어서 두 토론자의 교차 질문을 시작해 주십시오.

토론자1(반대): 제가 먼저 질문하겠습니다. 투표결과는 투표가 끝나면 알게 될 것인데 왜 여론조사를 통해 미리 알려고 하는 것입니까?

토론자1(찬성): 여론조사를 통해 여론을 파악하여 그에 따른 선거 전략을 짤 수 있기 때문입니다. 그렇다면 반대측은 왜 여론조사에 공신력이 없다 생각하십니까?

토론자1(반대): 공직선거법 제108조 5항을 보면 조사 의뢰자와 조사기관, 피조사자 선정방법, 표본 크기, 조사 지역·일시·방법, 표본오차율, 응답률, 질문 내용, 표본오차 보정 방법 등을 함께 공표하도록 하고 있습니다. 하지만 이를 모두 공표하는 언론사들은 많지가 않습니다.

토론자1(찬성): 제대로 공표하지 않는 것은 여론조사에 문제가 있는 것이 아니라 언론사에게 책임이 있는 것이 아닌지 의문을 던집니다.

사회자: 양측 입론 잘 들었습니다. 그럼 이어서 두 토론자의 교차 질문을 시작해 주십시오.

토론자2(찬성): 찬성측의 반박을 시작하겠습니다. 여론조사의 신뢰성 문제는 여론조사 자체보다 결과를 보도하는 언론에 더 큰 책임이 큽니다. 어떤 여론조사든 정확한 결과를 콕 집어낼 수는 없기에 반드시 오차범위라는 것을 명시해야 하지만 오차범위 이내의 격차는 사실상 통계적으로 의미가 없는 결과입니다. 그럼에도 불구하고 언론은 소수점 수치까지 따지며 굳이 우열과 순위를 갈라 보도하며 언론의 이런 경마식 보도에 문제가 있는 것이지 여론조사 그 자체에 있다고 볼 수 없습니다. 또 다른 지적은 여론조사가 미칠 영향력에 대한 우려입니다. 앞서 언급한 밴드웨건 효과와 언더독 효과가 발생하기도 하겠지만 이런 점을 개선하기 위해 선거법에서 D-6일부터 여론조사 결과 공표 금지 조항, 블랙아웃을 두고 있습니다. 또한 여론조사의 한계를 최대한 줄이기 위해 과거에 비해 표본수를 많이 증가시켜가고 있습니다. 이상 찬성측의 반박을 마치겠습니다.

토론자2(반대): 반대측의 반박을 시작하겠습니다. 선거 시기에 언론사가 나름의 방식으로 여론을 조사하여 발표하는 것은 필요하지만 문제는 신뢰성입니다. 언론사의 부정확한 여론조사 보도는 투표에 악영향을 끼칠 가능성이 크기 때문입니다. 그런 이유로 공직선거법에서는 언론사의 여론조사 보도에 대하여 엄격하게 규제하고 있습니다. 주요 언론사에 의한 여론조사라는 이름의 '여론 조작'은 이제 사회적으로 규제를 강화할 때가 되었습니다. 공직선거법상 여론조사보도 요건 위반에 대한 징계를 강화할 필요가 있습니다. 현재 6일로 돼 있는 여론조사 발표금지, 블랙아웃의 기간도 더 늘려야 애초의 효과를 얻을 수 있을 것입니다. 현재는 6일인데 이전의 추이와 비교하여 보도할 수 있기 때문에 결과를 발표하는 것과 유사한 보도가 가능하다는 것이 큰 문제로 보입니다. 이상 반대측의 반박을 마치겠습니다.

사회자: 양쪽 반박을 잘 들었습니다. 곧이어 반박해 주신 두 토론자끼리 교차 질문해 주십시오.

토론자2(찬성): 선거가 6일 남은 시점 이후부터 이뤄지는 최신 여론조사 결과는 정치권과 언론사가 독점하고 있는 반면 정작 주권을 행사하는 유권자들은 예전 여론조사 결과에 영향을 받아 표심을 행사하게 됩니다. 특히 투표일이 임박할수록 돌발 변수들이 튀어나와 여론 구도가 요동칠 가능성이 높다는 점을 고려한다면 여론조사 결과 공표 금지 조항이야말로 오히려 여론을 왜곡시킬 위험이 큰 규제 아닙니까?

토론자2(반대): 그렇기 때문에 블랙아웃의 시점을 더욱더 늘려야 합니다. 블랙아웃의 시점을 늘리게 되면 선거가 가까워졌을 때 이전의 여론조사 결과를 보도하기가 힘들뿐더러 보도하더라도 여론이 왜곡되는 일이 없을 것입니다. 여론조사 과정 중 아무리 표본을 임의로 지정한다 하지만 조사 방법이나 시간, 요일 등에 따라 표본의 대상이 한정될 수 있습니다. 이를 극복할 방법이 있습니까?

토론자1(찬성): 가장 먼저 전화번호부나 전화번호 데이터베이스가 아닌 임의번호 걸기의 방식이 본격적으로 채택되어야 하며 모든 성인이 가급적 동일한 확률로 포함될 수 있는 표집선택에서의 임의화가 되어야 됩니다. 또한 재통화 규칙 적용, 응답자 보상 등의 방법이 있습니다.

사회자: 다음으로는 참가자 모두 교차 질의 해 주십시오.

토론자1(찬성): 여론의 향방에 영향을 미치는 또 다른 행위자 역할의 여론조사 결과. 자신의 신념과 타인의 생각이 공유되고 확인되며 신념을 더욱 군히거나 바꾸는 과정은 지극히 정상적인 여론 형성의 과정입니다. 이것을 조작이라며 언론을 규제하고 여론조사를 규제하는 것이 국민의 알 권리를 해치는 더욱 더 큰 여론조작이 아닐까요.

토론자1(반대): 여론조사가 국민의 알 권리를 충족시켜 준다 하지만 현재의 여론조사 결과는 너무나도 신뢰성이 떨어집니다. 같은 날 비슷한 방법으로 조사를 하더라도 결과는 언론사마다 천차만별입니다. 이러한 언론사의 태도는 유권자를 겁박하고 후보자에게 충성을 외치며 무언가 보상을 받으려는 태도로 볼 수밖에 없습니다. 무책임하게 내던져지는 여론조사 결과는 규제되어야 합니다.

토론자2(찬성): 만약 여론조사가 이루어지지 않는다면 후보자에 대해 잘 알지 못하는 유권자들은 무엇을 보고 누구를 뽑아야 하는 겁니까?

토론자2(반대): 후보자들의 공약이나 공약의 실천 가능성 등을 토대로 투표를 해야지 여론에 따라 '이 후보자의 지지율이 높으니 이 후보자를 선택하자.'는 식의 투표는 잘못 되었다 생각합니다. 여론은 오히려 아직 자신의 생각이 약한 갓 20살이 된 성인들을 부추기게 되는 것이 아닙니까?

토론자1(찬성): 여론은 아무 이유 없이 형성되지 않고 '이러 이러한 점이 있어 나는 이 후보자를 지지한다.'라는 이유가 존재하게 됩니다. 여론의 형성으로 인해 후보자들에 대해 잘 모르는 유권자들이나 갓 사회생활을 시작하게 된 유권자들은 오히려 어떠한 후보자를 선택할 지 도움을 받을 수 있습니다. 후보자들은 여론조사 결과로 어떠한 연령층에 약하고 강한지, 어떠한 직업군에 약하고 강한지를 파악할 수 있어 자신들의 유세 전략을 세울 수 있습니다. 이에 대해 반대측에서는 어떻게 생각하는지 궁금합니다.

토론자1(반대): 물론 여론조사가 제대로 투명성 있게 이루어져 신뢰도가 있다면 후보자들에게도 큰 도움이 될 것입니다. 하지만 현재 여론조사는 특정집단에게만 이루어지고 있으며 그 결과 또한 천차만별 아닙니까? 이렇게 공신력이 떨어지기 때문에 왜곡을 막기 위해서라도 규제되어야 합니다.

사회자: 이제 교차 질문에 이어 최종 핵심 발언을 듣겠습니다.

토론자2(찬성): 여론의 구도와 추세를 파악하는 과정인 여론조사는 유권자에게도 후보자에게도 선거에 큰 영향을 가져옵니다. 언론사마다 결과가 아주 다른 여론조사의 정확성 문제는 여론조사의 책임이 아닌 언론의 경마식 보도에 책임을 물어야 합니다. 제기된 다른 문제는 여론조사가 미치는 영향력에 대한 것입니다. 하지만 이러한 영향력은 여론형성의 과정 그 자체이므로 문제점으로 볼 수가 없습니다. 다시 말씀드리자면 선거 기간 중에는 다른 어느때보다 국민의 알 권리가 한층 더 보장되어야 하며, 후보자 정보나 정책에 대한 알 권리 못지않게 중요한 것이 바로 여론 동향에 대한 알 권리이며 이를 충족시켜 주는 유용한 수단은 여론조사뿐입니다.

토론자2(반대): 여론조사 결과는 조사하는 미디어의 증가와 조사방법의 진화에도 불구하고 점점 더 정확성이 떨어지는 것처럼 보입니다. 같은 날 비슷한 방법으로 조사했음에도 각 언론사의 성향에 따라 결과는 들쭉날쭉할뿐더러 방식만 다양해졌지 내용은 별 차이가 없었습니다. 선거 시기 나름의 방식으로 여론을 조사한 후의 발표는 필요하지만 현재 여론조사결과의 신뢰성은 너무나도 떨어지며 정확도 또한 부정확합니다. 언론사의 여론조사 보도는 공직선거법은 제대로 지켜지지도 않으며 여론조사 자체의 한계를 이겨 내지도 못하고 있습니다. 이러한 요인으로 언론사의 여론조사는 여론조작으로 여겨질 수밖에 없으며 우리는 이것을 이제 강하게 규제를 해야 할 때가 왔다 생각합니다.

　　토론 단계별 유형에 따라 역할 분담이 분명한 교차 토론에 비해 공공 포럼 토론은 토론자 전원에게 동일한 능력과 다양한 참여 방식을 모두 요구하기에 그만큼 알차지만 학생들은 매우 어려워하는 토론법이다. 따라서 앞 단계까지의 토론법에 익숙한 학생에 한해서 이 토론법을 적용하는 것이 좋다.

　　다만 단계별 진행 방식이 다채로우면서도 분명하므로 철저한 준비만 하면 교육적 효과는 매우 크므로 하나의 논제로 단계별 집중 훈련 단계를 거치는 것이 좋다.

　　3:3으로 진행한다면 요약 발언과 최종 발언을 토론자 3이 하는 방식으로 변형할 수 있다.

　　이 토론은 단계별 역할과 방식 내용이 뚜렷하므로 단계별로 평가하여 합치는 전략이 중요하다. 각 단계별 평가 전략은 교차 토론 등과 같으므로 여기서는 줄인다.

공공 포럼 토론 평가표를 작성해 보자

	찬성측 토론자 1	찬성측 토론자 2	반대측 토론자 1	반대측 토론자 2
	이름	이름	이름	이름
입론 (점수)				
교차 질문 (점수)				
반박 (점수)				
교차 질문 (점수)				
요약 (점수)				
전원 교차 질문 (점수)				
최종 핵심 (점수)				
평가 사유				
개인별 점수				
총점				

02장

그 밖의 다양한 토론법

1. 모두 활기 있게 참여하게 하라 – 신호등 토론법, 회전목마 토론법
2. 재판하듯 토론하라 – 배심원 토론, 터부 토론
3. 매체를 최대한 활용하라 – 댓글 토론
4. 체계적으로 토론을 구성하라 – 6단계 토론
5. 창의적으로 접근하여 토론하라 – 모서리 토론, 포토 스탠딩 토론, 브레인라이팅 토론

1. 모두 활기 있게 참여하게 하라 – 신호등 토론법, 회전 목마 토론법

토론은 어떻게 보면 매우 재미있고 긴장감 넘치는 대화이지만 논리적인 대화이기에 학생들은 많이 어려워하거나 힘들어할 수 있다. 따라서 토론 교육을 위해서는 좀 더 재미있게 진행하는 토론법이나 교수법이 필요하다. 그런 측면에서 신호등 토론법과 회전목마 토론법은 매우 유용한 토론법이다. 신호등 토론법은 도구를 이용해 재미있게 참여를 유도할 수 있고 회전목마 토론법은 돌고 도는 회전목마처럼 재미있게 토론 능력을 키울 수 있다.

1) 개념

교통 신호등의 원칙을 적용한 토론이다. 신호등과 같은 색깔의
카드를 가지고 진행자가 토론을 전개시켜 나가는 방식이다.

2) 단계별 진행과 방법

1단계 진행자는 토론을 위한 질문을 미리 준비한다.

2단계 참가자 모두에게 빨강, 초록, 노란색의 카드를 나눠 준다.

3단계 진행자 질문에 대하여 찬성일 경우에는 초록색, 반대일 경우에
는 빨간색, 판단이 서지 않아 잘 모르는 경우에는 노란색의 카
드를 들어 보이도록 설명해 준다.

4단계 진행자는 찬성, 반대의 의견을 표시한 토론자를 균형 있게 지목
하여 질문을 던진다. 예를 들어 찬성한다는 초록색 카드를 들고
있는 참가자에게 "○○토론자께서는 찬성한다는 초록색 카드
를 들고 계신데 찬성하는 이유를 참가자들에게 설명해 주시겠
습니까?"라고 묻는다.

3) 유의사항

• 노란색 카드를 들고 있는 참가자의 의견도 주의 깊게 들어 본다.

• 교사가 토론 주제에 대한 결론이나 답이 '이것이다'라고 확정을
짓지 말아야 한다.

1) 개념

회전목마처럼 둥그렇게 앉아 빠른 시간 안에 말하고 이해하는

능력을 기르는 토론법이다. 특히 다른 사람의 주장을 듣고 요약 재진술하는 과정을 통해 좋은 토론 기본기를 기를 수 있다.

2) 단계별 진행과 방법

1단계 바깥쪽 원과 안쪽 원에 똑같은 인원수로 두 개의 원을 만들어 마주보고 앉는다.

2단계 사회자가 주제를 제시하면 그 주제에 대해 안쪽에 있는 토론자가 의견과 그 이유를 말한다.

3단계 바깥쪽에 있는 토론자는 안쪽 토론자의 의견과 근거를 들은 뒤 오른쪽으로 두 자리를 옮겨 앉아서 들었던 의견을 요약해서 말해 준다. 그리고 새로 만난 안쪽 토론자에게 추가로 그 의견을 보완하도록 요구한다. 이때 새로 만난 안쪽 토론자는 전달받은 의견과 다른 내용으로 자신의 의견을 말할 수 없다.

4단계 바깥쪽에 있는 토론자는 한 번 더 오른쪽으로 두 자리를 옮겨 앉아 이전의 두 토론자 의견을 요약해서 말해 준다. 똑같은 활동을 마지막으로 한 번 더 한다. 결국 바깥쪽에 있는 토론자는 처음 만난 토론자의 입장을 계속 보완(2회)해 자료를 수집하는 셈이 된다.

5단계 바깥쪽에 있는 토론자는 세 사람의 의견을 요약해서 발표한다.

3) 유의사항

• 회전목마 방식은 빠른 시간 안에 말하고 이해하는 능력을 기르는 것이 중요하므로 두 사람이 만나는 시간을 적절히 제한한다.

• 이동하는 칸, 횟수, 시간 등은 토론 내용에 따라 조정할 수 있다. 다만 이동할 때 적어도 2명 이상은 건너뛰는 것이 좋다. 왜냐하면

바로 옆에서 하는 대화를 들을 수 있기 때문이다.

• 마주 앉아 돌고 돌다 보면 자칫 분위기가 산만해질 수 있으니 이
점을 주의한다.

2. 재판하듯 토론하라 – 배심원 토론, 터부 토론

배심원 토론

1) 개념

찬반식으로 나눠 배심원이 판정하게 하는 토론 방법이다.

2) 단계별 진행과 방법

• 사회자와 찬성팀, 반대팀, 배심원단으로 구성한다.

• 다음과 같은 순서로 진행한다.

사회자가 토론 주제 안내 → 찬성측 의견 발표 → 반대측 반론 →
찬성측 반론 꺾기 → 반대측 의견 발표 → 찬성측 반론 → 반대측
반론 꺾기 → 사회자의 내용 정리 → 찬성측 마지막 변론 → 반대측
마지막 변론 ⇒ 배심원 판결

3) 유의사항

• 모든 참가자가 한 번 이상 발표에 참가해야 한다.

• 상대방의 주장에 대한 논리적 반론을 전개한다.

• 시간 제한이 있어서 발언이 나오지 않으면 상대방으로 발언 기회
가 넘어가게 된다.

• 사회는 교사가 논의를 정리해 가면서 토론을 이끌도록 한다.

- 토론이 마무리되면 배심원들이 토론자에 대해 질문할 시간을 주고 배심원들의 의견을 들을 수 있도록 한다.
- 배심원 학생들의 판결이 인정에 이끌리지 않도록 지도해야 한다.
- 토론을 마친 학생들은 토론 주제에 대해 종합 정리하는 글을 쓰도록 한다.

배심원 토론 평가표를 작성해 보자

(   )학년 (   )반 (   )조 이름:

논제 (토론 주제)			
	( )조 VS ( )조 평가 내용	찬성측 점수	반대측 점수
찬성측 의견	주장에 적절한 근거인가?	①②③	
반론	핵심적인 내용을 반박하는가?		①②③
반론 꺾기	주장을 옹호하는 답변이 적절한가?	①②③	
반대측 의견	주장에 적절한 근거인가?		①②③
반론	핵심적인 내용을 반박하는가?	①②③	
반론 꺾기	주장을 옹호하는 답변이 적절한가?		①②③
마지막 변론	상대의 허점을 찾아냈는가?	①②③	①②③
	강조점을 드러내고, 근거를 보완하였는가?	①②③	①②③

① 전혀 그렇지 않다   ② 보통이다   ③ 매우 그렇다

1) 개념

토론을 할 때 해서는 안 되는 말, 즉 금기어(터부)를 정해서 토론자들이 그 말을 할 때마다 벌칙을 부과하고 감점을 주는 토론이다.

2) 단계별 진행과 방법

- 다음 그림과 같은 좌석을 배치한 후, 찬성측과 반대측 발언자를 각 2명, 그리고 발언할 논거와 자료를 제공해주는 보조자, 배심원단, 그리고 방청객 등의 역할을 배정한다. 경우에 따라서는 참고인과 증인을 설정할 수도 있다.
- 토론에 들어가기 전에 상대측에서 나올 이야기를 예상하고 그에 대한 대응 논리를 생각한다.
- 터부 단어를 선정한다.(2개) 논제와 관련하여 상대측의 주장에서

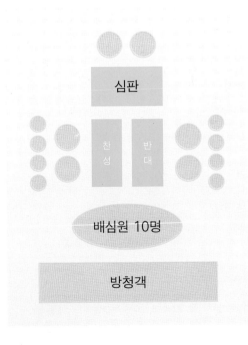

가장 많이 사용될 만한 결정적인 단어들을 터부 단어로 선정한다.

• 배심원 회의: 찬성측과 반대측이 전략 회의를 하는 동안 배심원들도 따로 모여 회의를 하여 터부 단어를 선정한다.(1~2개) 배심원이 정하는 터부 단어는 양측 다 벌칙의 대상이 된다. 배심원들의 심사 기준을 정한다.

• 다음과 같은 순서로 진행한다.

토론자 역할 분담 → 금기어 선정 → 금기어 및 심사 기준 발표 → 금기어 위반 시 벌칙 → 소감 나누기 및 심사 결과 발표

3. 매체를 최대한 활용하라 – 댓글 토론

1) 개념

인터넷 게시판의 댓글 달기를 이용한 토론 방식이다.

2) 취지

• 남의 글을 제대로 읽는 습관을 들인다.
• 읽기와 쓰기의 연속성을 부여한다.
• 학생들에게 친숙한 매체를 활용하여 글쓰기의 내면화를 꾀한다.

3) 단계별 진행과 방법

• 수업이나 토론 전용 카페를 만든다.
• 인터넷 신문의 꼬리말 달기를 구경하게 한다.
• 토론 책이나 안건을 정해 그 내용이나 발췌문을 올린다.
• 오프라인에서 실제 원탁 토론을 벌인다. (첨부 자료 참조)

- 원탁 토론 방식을 적용하여 꼬리말을 달게 하되 반드시 앞에 의견을 반영하도록 한다.
- 다른 커뮤니티 참여를 유도한다.

4) 효과
- 커뮤니티 글쓰기의 효과를 스스로 느껴 만족해한다.
- 지속적인 글쓰기와 연속적 글쓰기의 묘미를 느낄 수 있다.
- 하나의 텍스트에 대해 다양한 토론과 쓰기를 경험해 텍스트 이해력과 소화력, 응용력이 높았다.

5) 실제 결과물 모음

2차 댓글 토론(최시한, 『허생전을 배우는 시간』) 모음

(다음 자료는 자료의 현장감을 위해 갈무리한 그대로 실었음을 밝혀둔다.)

+ 참조할 만한 자료나 사례

· 댓글 토론 살짝 들여다보기

김동주: 윤수의 행동에 중심을 둬서 이야기를 해 보는 건 어떨까요? 윤수가 주인공 앞에서는 말을 잘 더듬지 않잖아요. 오히려 주인공이 윤수에게 질투를 느끼고 윤수의 말에 당황하고 말을 더듬지… 윤수는 어떤 인물인지, 또 그 인물의 행동에 어떤 의의가 있는지 얘기해 보는 것도 재미있을 것 같은데.

송숙빈: 좋은 의견 같습니다. 비록 어린 학생이지만 우리에게 시사하는 바가 크다고 생각합니다. 작가의 의도를 잘 나타내 주고 있는 인물인 것 같구요. 특히 윤수의 마지막 행동이 과연 무엇을 말하고 있는지 토론해 보는 것도 좋을 것 같습니다.

김경화: 저 역시 김동주 토론자가 내놓은 의견에 찬성합니다. 또 윤수의 마지막 행동의 의미와 더불어 주인공이 뛰어가는 행동이 무엇을 의미하는지도 말해 보고 싶습니다.

오윤미: 김경화 토론자의 의견에 동의합니다. 마지막의 윤수의 태도와 연결지어서 왜냐 선생님의 '허생전' 수업이 계속되고 있다는 말의 의미도 함께 생각해 보았으면 좋겠습니다.

조민철: 여러 토론자의 의견처럼 저도 윤수에게 주목해 보았으면 합니다. 윤수는 남들이 알아주지 않아서 허생이 떠났다고 했는데, 이 부분에 대해서 토론해 보고 싶습니다.

오윤미: 윤수의 마지막 행동은 허생의 마지막 모습보다 한 단계 더 진일보했다고 생각합니다. 능력이 있으면서도 자신의 뜻을 펼칠 수 없었던 허생은 어느날 갑자기 자취를 감추어 버렸습니다. 작품에도 나와 있듯이 홍길동에 비하면 실패한 영웅이라고 할 수 있습니다. 세상을 향해 좀 더 적극적으로 나가야 했다고 생각합니다.

오윤미: 그런 면에서 볼 때 윤수는 허생보다 더 적극적인 인물이라고 볼 수 있습니다. 비록 말도 더듬고 자신감도 없는 학생이지만 자신이 옳다고 생각하는 것을 행동으로 보였기 때문입니다. 윤수는 왜냐 선생님이 옳다는 신념이 있었고, 그런 선생님을 쫓아낸 학교의 수업을 거부한 것입니다.

조민철: 저도 오윤미 토론자의 의견에 동의합니다. 평소에 소극적이고 자신감이 없던 윤수가 그렇게 적극적으로 행동했기 때문에 '나'도 거기에 동화되어 윤수에게로 달려간 것이라고 생각합니다. 마지막 모습을 통해 저는 윤수가 진정한 영웅이라고 생각했습니다.

송숙빈: 저도 오윤미 토론자의 생각에 동의합니다. 어떻게 보면 윤수는 왜냐 선생님보다 더 용기 있는 인물일지도 모릅니다. 자신의 의지를 행동으로 나타낸다는 건 결코 쉬운 일이 아닌데 평상시의 윤수는 나약해 보이고 소극적이었지만 자신만의 굳은 의지를 가진 용기 있는 학생이었다고 생각합니다.

송숙빈: 윤수와 왜냐 선생님은 서로 닮은 꼴이지만 윤수가 더 용기 있고 적극적인 인물인 것 같습니다. 왜냐하면 윤수는 어린 학생이었으니까요. 그러나 윤수는 자신의 생각을 용기 있게 표현했습니다. 또한 윤수의 마지막 행동은 우리에게 부끄러움을 느끼게 합니다.

송숙빈: 자신의 의지와 소신을 용기 있게 표현하는 것 ─ 이것을 작가는 윤수라는 인물을 통해 우리에게 보여주려 한 것 같습니다.

김경화: 저도 송숙빈 토론자의 의견에 동의합니다. 윤수는 어떠한 일에 대해서 자신의 생각이 있으면서도 말더듬는 습관과 소극적인 성격 때문에 늘 밖에서 바라보기만 했습니다. 하지만 왜냐 선생님의 허생전 수업을 통해서 자신의 소극적인 성격을 극복하고 밖에서 안으로 들어갔다고 봅니다.

김경화: 이러한 면을 볼 때 허생보다 조금은 더 세상에 적극적이었다고 생각합니다. 하지만 왜냐 선생님의 투쟁이 학교에서 받아들여지지 않고 투쟁으로 수업에 불참한 일로 학생들 사이에서 언쟁이 있었을 때 동철이의 주장에 반박하며 자신의 생각을 말하지 못한 점과 마지막에 왜냐 선생님이 떠나게 됐다는 소식을 듣고 운동장에

김경화: 홀로 주저앉아 있는 행동은 좀 더 적극적이었으면 하는 생각이 듭니다.

김동주: 그렇지만 윤수와 허생을 동일시 하는 건 문제가 있지 않나요? 윤수는 뛰어난 인물이라고 보기에는 문제가 있는 것 같은데요, 힘도 없으면서 우기기만 한다고 영웅이 되는 건 아니지 않습니까? 선생님이 윤수에게 '저 녀석이 퇴학을 당하려고…….'라고 했다는 것만 보아도 알 수 있지 않습니까. 윤수의 행동은 영웅적인 것이라기보다는 무모한 고집처럼 보입니다. 그것이 멋있어 보이고, 또 옳은 일처럼 보이더라도 말이죠. 만약 윤수가 진정한 영웅이었다면 여러 사람들을 설득하여 자신의 편으로 만든 후 학교 측에 정식으로 항의하는 것이 더 옳았을 거라고 생각되지 않으세요?

김동주: 행동이 적극적이었다기보다는 무모했다고 말하는 것이 더 정확하다고 봅니다.

1) 개념

1958년 영국의 스티븐 툴민이 캠브리지대학 박사학위 논문 「논술의 활용」에서 실용논리모형으로 개발한 것으로 '안건-결론-이유-설명-반론 꺾기-정리'와 같이 6단계로 진행하는 토론법이다. 이러한 6단계는 다양하게 변형이 가능하다. 이를테면 안건은 이미 주어진 것이므로 이를 빼면, '결론(주장)-이유-설명-예상 반론-반론 꺾기-최종 정리'와 같이 설정할 수 있다. 때로는 5단계, 7단계 식으로 단계 총수를 바꿀 수도 있다.

2) 단계별 진행과 방법

1단계 **안건**: 토론거리인 문제 설정으로, 쟁점식으로 제기한다.

〔예〕 형식: 이런저런 문제에 대해 찬성하는가 반대하는가? 동의하는가 동의하지 않는가?

2단계 **결론**: 1단계 안건에 대한 결론을 말한다.

〔예〕 형식: 나는 그 안건에 찬성한다. 나는 그 안건에 반대한다.

3단계 **이유**: 2단계에서 결정한 '결론'에 대한 '이유'를 말한다. 왜 반대하는가, 왜 찬성하는가에 대한 답이라 할 수 있다.

〔예〕 형식: 그 이유는 ~하기 때문이다.

4단계 **설명**: '이유'에 대한 설명을 하는 것이다. 이유에 대한 옳고 그름을 생각하는 제2의 '왜?'를 묻는 과정이 '설명'이다.

〔예〕 설명 방식은 실증자료를 비롯해 비교, 비유 등 다양한 방법을 동원할 수 있다.

5단계 **반론 꺾기**: 반대측에서 말하는 '이유'를 미리 예상하여 꺾어버리는 것을 말한다. 즉 반대 의견(반론)이 있을 것이라고 미리 예상하는 것이다.

〔예〕 물론 ~할 수도 있지만 ~하다. 그렇게 생각할 수도 있지만 ~일 수도 있다.

6단계 **자기주장 강화/정리**: 2단계 결론을 다시 강화시키는 방식이다. 설명이나 반론 꺾기를 거치면서 얻은 논리를 통해 자기주장을 더욱 강화시킨다. 어떤 주장이든 '예외'가 있을 수 있는데 그 예외에 대한 보완 논리를 펼칠 수도 있다.

〔예〕 심청이 과연 효녀인가

1단계: 심청은 과연 효녀인가?

2단계: 나는 심청이가 효녀라고 생각한다.

3단계: 그 이유는 아버지의 눈을 뜨게 해드리려고 과감하게 자기를 희생했기 때문이다.

4단계: 심청이는 자신이 눈먼 아버지를 봉양하는 것보다 아직 연로하시지는 않으니 눈을 뜬 아버지가 타인과 같은 삶을 사시길 원했다. 즉 자신이 언제 죽을지도 모르고, 또 결혼한다면 외가에 간다는 것은 꿈도 못 꿀 일이기 때문이다. 심청은 아버지에게 다른 희망 하나를 제시한 것이다. 바로 아버지의 눈이다.

5단계: 이 이야기는 단지 아버지의 눈을 뜨게 해 불구의 몸에서 벗어나게 하려고 자신의 몸을 아끼지 않는 그런 인물일 뿐인데 아버지를 끝까지 돌보면서 살아가야 한다는 생각 자체를 바꾸어야 한다고 생각한다. 반대 의견을 던지는 사람일지라도 부모가 아프거나 의식을 잃어 회복해야 된다면 선뜻 자신의 것을 내주었을 것이다. 그게 자신의 목숨이라도 말이다. 부모가 무엇을 원하는지에 대해 너무나 잘 알고 있는 심청이야말로 진정한 효녀다.

6단계: 심청이란 캐릭터는 커다란 효를 위해 자신의 몸을 아끼지 않는 그런 인물이다. 그는 아버지가 평생 동안 자기와 같이 있어 주기를 원하는지 아니면 한순간이라도 눈을 뜨고 자신을 볼 수 있는 것을 원하는지를 알고 있었다. 즉 심청이는 긍정적으로 아버지의 눈을 뜨게 하기 위한 효를 행했다고 할 수 있다.

5. 창의적으로 접근하여 토론하라 – 모서리 토론, 포토 스탠딩 토론, 브레인라이팅 토론

모서리 토론

1) 개념

입장이 같은 사람을 같은 모서리에 모이게 하는 토론 방식이다.

2) 취지와 가치

같은 입장을 가진 사람들끼리 중지를 모아 합리적 의사 결정을 할 수 있도록 하는 토론법으로 참가자들의 소속감 및 공동체 의식을 높일 수 있다.

3) 단계별 진행과 방법

1단계 **주제 유형 만들기**: 하나의 주제에 대해 다양한 의견이 나올 수 있도록 유형을 제시한다.

2단계 **모서리 정해주기**: 강의실 네 모서리에 각기 서로 다른 유형의 사람들이 몸을 움직여 모일 수 있도록 주제별 특징을 지정한다.

〔예〕 모서리당 다른 색깔

3단계 **모서리에서 만나기**: 참석자들은 결정한 모서리에 가서 같은 선택을 한 사람들끼리 모인다.

4단계 **모서리에서 토론하기**: 각 모서리에 모인 사람들끼리 짧은 소개를 한 후 자신의 결정에 대해 서로 이야기를 나눈다.

5단계 **메모 활용하기**: 메모지를 활용하여 그 모둠을 선택한 이유를 간단하게 적고 토론할 때 가장 적극적인 사람이 전체의 의견을 요약, 정리한다.

6단계 **발표 및 종합 토론**: 그 내용을 모아 전체가 모인 곳에서 발표하고 종합 토론을 한다. 이때 한 모서리의 사람이 발표를 하면 다른 모서리에서 질문을 하고 문답의 과정을 거친다. 이 과정을 모두 마친 후 사회자가 눈을 감게 한 뒤 모둠을 옮길지 물어본다. 모둠을 옮기는 사람이 나타나면 그 사람을 설득한 모둠은 좋은 토론을 했다고 평가받는다.

7단계 **토론 소감 나누기**: 모둠을 옮길 사람이 없고, 더 이상 새로운 주장을 할 것이 없으면 참가자들의 토론 소감을 듣는다.

4) 유의사항

- 질문을 던져 인원 구성을 위한 모둠을 만들 때, 토론자 전체의 구성 인원과 비율을 적절하게 조정해야 한다.
- 처음부터 본격적이고 어려운 주제를 선택하면 말하는 데 어려움을 느끼는 사람이 있으므로 쉽고 재미있는 주제로 방법을 익히도록 한다.
- 모서리를 찾아갈 때, 자기가 스스로 결정하도록 해야 한다.
- 때로는 어느 한쪽으로 몰리지 않도록 진행자가 적절하게 개입하여 인원을 분배해야 한다.

- 모둠을 대표하는 사람이 발표하기 전에 그 모둠에서 나온 이야기를 잘 정리할 수 있도록 다른 사람들이 도와 주어야 한다.
- 발표자가 발표할 때, 부분에 치우치거나 빠진 이야기가 있을 때에는 그 모둠의 다른 사람이 보충 발표를 할 수 있도록 시간을 준다.
- 모서리 토론은 정답을 찾는 토론이 아니고 경험 속에서 우러난 다양한 입장을 공유하는 토론이므로 특정 입장에 매달리지 않도록 해야 한다.
- 네 모서리 어디에도 가고 싶지 않은 경우가 있기 때문에 되도록 사전 준비를 잘 하는 게 중요하고, 때로는 반드시 선택해야만 하는 상황의 불가피성도 설명할 필요가 있다.

포토 스탠딩 토론

1) 개념

사진이나 그림, 광고지 같은 자료를 활용해서 자기소개를 하거나 주제에 대해 이야기를 할 수 있도록 한 토론이다.

2) 취지

그림과 광고 문구의 연상작용을 통해서 좀 더 창의적이고 심층적으로 토론 주제에 접근하여, 자신의 의견을 효과적으로 말할 수 있도록 해준다.

3) 단계별 진행과 방법

1단계 **광고지 펼치기**: 수십 장의 광고지를 사람들이 골라가기 적절한 자리에 잘 보이도록 펼쳐놓는다. 이때 광고지는 어떤 특정한 주제나 방향을 설정하지 않는다.

2단계 **토론 주제 제시하고 모둠 구성하기**: 구성원들에게 주제를 제시하고 주제에 따라 모둠을 구성한다.

3단계 **광고지 고르기**: 모둠 구성이 다 되었으면, 모둠별로 나와 광고지를 선택한다. 이때 중요한 규칙은 모둠 구성원 전체가 나와서 광고지를 골라야 한다.

4단계 **광고지 활용 토론하기**: 모둠별로 광고지를 하나 선택해가면, 그 광고지에서 주제와 연관된 사고를 이끌어낸다. 시간이 충분하다면 한 사람이 한 장씩 선택해서 각자 발표를 하고, 그중에 가장 적절한 광고지를 골라 전체가 의논하는 방법도 있다. 포토 스탠딩 토론은 모둠 활동과 개인 활동 어느 쪽이든지 자유롭게 활용할 수 있다.

5단계 **광고지의 다양한 활용**: 토론을 할 때는 광고가 담고 있는 내용을 충분히 활용한다(광고 문구, 광고 그림 등). 이때 교사가 예를 들어 주면 학생들이 활동하는 데 큰 도움이 된다.

6단계 **발표하기**: 모둠별 논의가 끝나면 발표할 사람을 정하고 전체적으로 어느 정도 논의가 진행되었으면 대표자가 나와서 발표를 한다. 이때 그 모둠에서 선택한 광고지를 가지고 나온다. 내용을 들을 때는 광고의 이미지나 주제 등을 충분히 이해할 수 있도록 하면 좋다.

7단계 **마무리하기**: 발표를 마치면 교사가 그 연관성을 보조 설명 혹은 칭찬해 주고, 광고지가 주제의 이해나 논의 전개에 얼마나 도움이 되었는지 이야기하게 한다.

4) 유의사항
• 광고지는 다양한 의견을 추출해낼 수 있는 것으로 준비해야 한다.

사진과 글이 적절하게 어울려 있는 것이 좋다.

- 진행자가 유사한 주제에 대해서 다른 사례를 하나 준비하여 시범을 보여주는 것이 좋다.

- 개인 발표의 경우 모둠 내에서 적절하게 돌아가면서 발표하고, 모둠 발표의 경우에는 모둠 내에서 대표로 발표할 사람을 적절하게 선정해야 한다.

- 모둠에서 발표할 때, 일단 한 번 발표를 한 사람은 다음 사람에게 양보하도록 해야 한다.

- 모둠 활동에서 발표는 발표자에게 칭찬과 격려를 통해 자신감과 용기를 심어주려고 하는 것이다. 발표자가 충분히 격려받는다는 느낌이 들도록 진행자는 배려해야 한다.

- 발표자는 충분히 가까운 거리에 가서 광고를 전원이 볼 수 있도록 해야 한다.

- 사회자는 발표자가 편안하게 발표할 수 있도록 광고를 들고 서 있으면서 보조자 역할을 한다. 그리고 발표 결과에 대한 칭찬과 평가를 해준다.

브레인라이팅 토론

1) 개념

성격이나 지식 혹은 자신감의 문제로 말을 못하는 학생들이 있을 때, 자연스럽게 토론에 참여시킬 수 있는 토론 방법으로 '브레인스토밍'처럼 자유롭게 자기 의견을 발표하되, 먼저 종이에 몇 가지를 써서 다른 사람과 자연스럽게 공유하는 토론 방법이다.

2) 취지

추상적이고 막연한 개념을 놓고 토론할 때 나오는 다양한 아이디어를 종이에 상위, 하위 개념으로 나누고 분류화한다. 이 과정을 거치다 보면 논리적인 사고 훈련도 덤으로 따라오게 된다. 이와 같이 한 가지 활동으로 흥미와 아이디어, 참여와 논리성 등 대여섯 가지 이상의 효과를 낼 수 있는 알차고 유익한 토론 방법이 바로 브레인라이팅 토론이다.

3) 단계별 진행과 방법

1단계 **모둠 구성하기**: 여섯 명 안팎의 인원으로 구성된 모둠을 편성한다.

2단계 **재료 나누기**: 참여자 전원에게 종이와 펜을 나누어 준 후 커다란 전지를 모둠별로 나누어 준다. 각자가 자기 종이에 쓴 글들을 나중에 전지에다 한꺼번에 정리할 수 있도록 한다.

3단계 **주제 제시하기**: 활동과 관련된 주제를 제시한다. 토론 주제는 학생들과 함께 공부했던 내용에서 찾을 수도 있다.

4단계 **종이에 적고 발표하기**: 순간순간 떠오르는 아이디어들을 각자가 종이에 바로 적는다. 일단 양을 채우는 게 중요하므로 우열과 순서를 따지지 않고 생각나는 대로 최대한 많이 적는다. 각자가 적은 종이들이 책상 위에 다 놓이면 그때부터 한 사람씩 주제와 관련해서 종이에 자신이 적은 내용의 이유와 근거, 경험 등을 나눈다.

5단계 **발표 내용 범주화하기**: 첫 번째 사람이 말하면서 자기가 적은 것을 차례로 늘어놓으면 그 가운데 유사한 범주의 것들을 같은 구역에 모아 놓는다. 한 사람이 마치면 다음 사람이 돌아가면서 마

찬가지로 자기가 적은 내용에 대한 설명을 하고 자기 종이를 앞
사람이 적은 종이의 분류에 맞추어 정리한다.

6단계 **소제목 붙이기**: 전원이 자기 글에 대한 설명을 마치면 범주화된
내용을 전지에 붙일 준비를 한다. 이때 분류된 내용을 포괄하는
상위 제목을 만들어서 분류해 놓은 종이의 가장 위에 붙인다.

7단계 **전체 제목 붙이기**: 상위 범주를 총괄하는 전체 제목을 붙인다. 전
체 제목이 완성되면 종이 전체를 가지고 나와서 사회자가 준비
한 전지에 붙인다.

8단계 **전시 및 발표**: 모둠별로 완성된 전지를 벽에 붙이면 이번에는 다
른 모둠의 활동 결과를 돌아다니면서 감상한다. 벽에 붙이거나
전체가 볼 수 있게 하는 작업이 끝나면 모둠을 대표하는 한 사
람이 나와서 자기 모둠에서 나온 내용을 설명한다.

4) 유의사항

* 브레인라이팅의 생명은 참가자 개인에게 주어진 개수의 아이디어
를 반드시 적어내게 하는 데 있다.

* 시간이 부족한 학생은 적절하게 배려해서 도움을 주거나 전체 진
행 시간에 방해가 되지 않는 범위 내에서 활동을 하도록 한다.

* 브레인라이팅 토론을 통해 모은 아이디어는 토론 교육의 다음 단
계로 넘어가는 데 활용한다. 또한 브레인라이팅 토론을 한 전지를
옆에 놓고 마인드맵을 완성할 수 있다.

피라미드 토론

1) 개념

역피라미드 토론으로 그림과 같이 먼저 1:1로 상대방과 토론과

토의 과정을 거쳐 합의를 이룬 이후에 2:2로 확장시켜 토론을 거쳐 합의를 이루어 나가는 방법이다.

2) 취지

본인의 주장을 명확하게 하고 이와 같은 주장을 상대방에게 이해 설득시키는 훈련을 터득하게 하고, 토론 내용에 대한 과제도 수행하는 방법이라고 할 수 있다.

3) 단계별 진행과 방법

준비물은 색종이 카드와 매직펜, 전지 종이, 최종 토론을 진행하기 위한 핀보드 2개와 핀 또는 자석 등이 필요하다.

1단계 먼저 '동아리 회장으로서 갖추어야 할 자질이 무엇이 있겠는가?' 라는 질문에 대해 5가지를 카드에 적게 한다.

2단계 각자 기록한 5가지 동아리 회장의 자질을 가지고, 옆에 앉은 사람과 1:1로 짝을 이루게 되면 10장의 카드가 될 것이다. 이 중에는 물론 같은 내용도 있을 것이고 같은 내용이라도 표현을 달리한 것이 있을 것이다. 따라서 상대방과 토론·토의를 통해 이들 10장의 카드를 6장으로 줄이는 작업을 시행하게 하는 것이다. 이런 과정을 통해 자기의 생각을 상대방에게 표현하고 양보와 관철을 위해 설득과 대화를 경험하게 하는 것이다.

3단계 이런 과정을 거쳐 2 + 2, 4 + 4, 8 + 8과 같이 확장시켜 가며, 압축하는 카드의 개수를 토론 주제에 따라 적절히 조정하여 준다. 그리고 나서 전체 참가자가 2개 팀으로 나뉘어질 때까지 토론을 계속한 후 최종적으로 정리한 2개 팀의 내용을 놓고 전체가 모인 자리에서 최종 합의를 거쳐 내용을 확정하는 방식이다.

부록

토론에 필요한
활동지

모둠별 토론 및 토론대회 개최 시 필요한 활동지입니다. 본문에 수록된 표 중에서 활용도 높은 것 위주로 선별하였으니 토론의 형식에 따라 필요한 활동지를 선택해서 사용하시기 바랍니다.

[1] 토론 개요서

팀명	
팀원	
논제	
용어 정의	
쟁점	

		찬성측	반대측
쟁점1	주장		
	근거		

쟁점2	주장		
	근거		
쟁점3	주장		
	근거		

〔2〕입론서

1. 찬성측 입론

논제	

2. 반대측 입론

논제	

(3) 토론 개요서 및 입론서 심사표

참가팀명:

구분 (배점)	세부 평가 내용 및 평가 기준	점수	비고
개요서 **(30)**	• 용어 정의 (10)		
	• 논제에 대한 주요 쟁점 분석 및 표현 (10)		
	• 주장과 근거의 내용 및 표현면의 적합성 (10)		
입론서 주장과 근거 구성능력 **(30)**	• 주장과 근거의 타당성 (10)		
	• 찬반 논의 전개의 일관성 및 적합성 (10)		
	• 주장에 대한 분명한 표현 (10)		
입론서 창의적 사고능력 **(30)**	• 주장이나 논거의 새로움 (15)		
	• 가능한 대안들에 대한 다각적인 고려 (15)		
입론서 문장력 및 표현능력 **(10)**	• 주장의 전개 구성 및 어휘의 적절성(5)		
	• 주장을 효과적으로 전달하기 위한 바른 어법(5)		
합 계			
심사평			

〔4〕토론 평가 메모지

구분	찬성측	반대측
입론		
질의 및 답변		
반박		
최종 발언		
자료(도서) 활용 능력		
시간 관리, 전달 및 태도		

〔5〕 이야기식 토론 평가표

심사항목	번호	1	2	3	4
	이름				
1. 배경지식 관련 내용 (6점)	비고				
다양한 독서 체험을 충분히 활용하고 있는가?	점수				
다양한 일반 사회 현상을 충분히 활용하고 있는가?	점수				
2. 텍스트 관련 내용 (6점)	비고				
대상도서를 충분히 이해하고 있는가? (이해력)	점수				
대상도서를 논거로 잘 활용하고 있는가? (분석력)	점수				
3. 텍스트와 관련한 인간 삶과 사회 관련 질문 (9점)	비고				
주장과 반론이 적절하고 설득력이 있는가? (심층적 논의)	점수				
발상이나 관점을 전환하여 논의하는가? (다각적 논의)	점수				
문제 해결력이 합리적이고 창의적인가? (참신한 논의)	점수				
4. 토론 태도 (9점)	비고				
토론 내용을 메모하며 잘 듣고, 토론에 적극적인가?	점수				
표현과 전달(용어, 발음, 시간)을 효과적으로 하는가?	점수				
토론을 호감(상대방 존중, 유머, 화합) 있게 잘 이끌어가는가?	점수				
아주 잘 함 3/잘 함 2/보통 1/못함 0	합계				

＊출처: 전국독서새물결모임

〔6〕 독서 교차 토론 평가표 ①

심사항목	토론자1		토론자2		토론자3	
	찬성	반대	찬성	반대	찬성	반대
1. 배경지식 활용 능력 (9점)						
대상 도서를 이해하고 충분히 활용하고 있는가?						
다양한 다른 독서 체험을 충분히 활용하고 있는가?						
다양한 일반 사회 현상을 충분히 활용하고 있는가?						
2. 논제 해결력 (21점)						
주장이 명확하고 설득적인가?						
상대방에게 효과적으로 교차 질의 및 반론을 전개하는가?						
재반론이 적절하고 설득력이 있는가?						
최종 발언을 통해 상대방의 주장을 효과적으로 논박하는가?						
최종 발언을 통해 자기측의 주장을 효과적으로 요약하고 강조하는가?						
발상이나 관점을 전환하여 논의하는가?						
논거나 접근 방법이 합리적이고 창의적인가?						
3. 발표력 (9점)						
토론 내용을 메모하며 잘 듣고, 토론에 적극적인가?						
표현과 전달(용어, 발음, 시간)을 효과적으로 하는가?						
토론을 호감(상대방 존중, 유머, 화합) 있게 잘 이끌어 가는가?						
아주 잘 함 3/잘 함 2/보통 1/못함 0 합계						
승패						

＊출처: 전국독서새물결모임

〔7〕 독서 교차 토론 평가표 ②

독서토론대회(　　　　조) 심사위원 평가표

일시				
논제			심사위원:	
찬성팀명	1:	2:	3:	
반대팀명	1:	2:	3:	

구분	평가 기준	찬성측(100점)		반대측(100점)	
발표력 태도	• 언어적 표현의 명료성(목소리 크기, 속도, 어조 등) • 토론 예절 및 토론 규칙(발언시간포함)의 준수 여부	각 단계별 평가에서 항상 반영하여 채점함 기본 점수 ⑤～최고점 ⑳			
입론	• 개념 정의와 논제가 등장한 배경이나 역사, 논제의 현상 및 문제에 관한 분석을 이 과정에서 명시하고, 자신의 주장을 펼쳐 나가고 있는가? • 토론의 쟁점을 잘 포착하고 명확하게 표현했는가? • 주장에 대한 적절한 논거를 제시하고 출처를 명시하는가? • 주장에 대한 논거가 다양하고 참신한가?	⑳⑲⑱⑰ ⑯⑮⑭⑬ ⑫⑪⑩⑨ ⑧⑦⑥⑤		⑳⑲⑱⑰ ⑯⑮⑭⑬ ⑫⑪⑩⑨ ⑧⑦⑥⑤	
반론	• 상대측이 주장한 입론을 주의 깊게 듣고 입론의 내용에 대해 반박하고 있는가? • 상대측의 논리적 오류와 논거의 부실함을 찾아 내고 있는가? • 반박의 논거는 타당한가?	⑳⑲⑱⑰ ⑯⑮⑭⑬ ⑫⑪⑩⑨ ⑧⑦⑥⑤		⑳⑲⑱⑰ ⑯⑮⑭⑬ ⑫⑪⑩⑨ ⑧⑦⑥⑤	
교차 질의	• 상대측에서 제시한 자료에 대한 논리적 허점과 증거 불충분을 예리하게 지적하고 있는가? • 상대측 지적에 대해 적절히 응수했는가? • 자기측의 주장과 배치되는 부분을 논리적 오류를 찾아 예리하게 질문하고 있는가?	⑳⑲⑱⑰ ⑯⑮⑭⑬ ⑫⑪⑩⑨ ⑧⑦⑥⑤		⑳⑲⑱⑰ ⑯⑮⑭⑬ ⑫⑪⑩⑨ ⑧⑦⑥⑤	
재반론	• 양측 발언 내용의 요약과 핵심 쟁점을 잘 찾아냈는가? • 남아 있는 중요한 반론거리를 모두 지적했는가? • 상대방 논리의 문제점을 잘 비판했는가?	⑳⑲⑱⑰ ⑯⑮⑭⑬ ⑫⑪⑩⑨ ⑧⑦⑥⑤		⑳⑲⑱⑰ ⑯⑮⑭⑬ ⑫⑪⑩⑨ ⑧⑦⑥⑤	
최종 변론	• 반박에서 미진했던 부분을 적절히 보충했는가? • 핵심 쟁점을 중심으로 토론의 큰 흐름을 잘 요약했는가? • 자신들의 최종 결론을 효과적으로 부각시켰는가?	⑳⑲⑱⑰ ⑯⑮⑭⑬ ⑫⑪⑩⑨ ⑧⑦⑥⑤		⑳⑲⑱⑰ ⑯⑮⑭⑬ ⑫⑪⑩⑨ ⑧⑦⑥⑤	
종합 점수		합계		합계	
심 사 평	찬성				
	반대				

*출처: 한국디베이트코치협회

3	점수								1회: 2회: 3회: 최종:
	핵심 근거								
4	점수								1회: 2회: 3회: 최종:
	핵심 근거								

*인원 4명을 기준으로 작성된 표입니다.

평가 유의사항 1. 학생 토론자 간에 이름을 가나다 순으로 기입해 주세요. (발언 순서는 일정하지 않습니다.)
2. 토론 평가는 같은 순위가 없도록 해주시고, 반드시 사출 평가 간에는 주요 평가 근거를 써주십시오.
3. 동점자가 발생할 경우에는 왼쪽 평가 항목 순위대로 하고 그래도 같을 경우는 동점자에 한해 소수점 이하의 점수를 부여할 수 있습니다.

*출처: 역사토론아카데미

원탁 토론 심사기준표

| | 장소 | | 사회자 | | 심사자 | | 서명 | |

책								
모둠								
주제								

		공동체성과 인성			내용의 직접성과 전문성			논리성과 전달력(표현)			총점	순위	횟수별 서술 평가
1	점수	적합(3점)	보통(2점)	부족(1점)	적합(3점)	보통(2점)	부족(1점)	적합(3점)	보통(2점)	부족(1점)		1조:	
	핵심 근거											2조: 3조: 초조:	
2	점수												
	핵심 근거												

학생 토론자 이름

(9) 의회식 토론 평가표

평가요소	여당측(찬성측) 팀명:								야당측(반대측) 팀명:							
4 매우 그렇다 **3 그렇다** **2 보통이다** **1 그렇지 않다**	국무총리				여당 원내대표				야당 당대표				야당 원내대표			
	4	3	2	1	4	3	2	1	4	3	2	1	4	3	2	1
자신측의 논리 전개에 대한 개관(road map)을 잘 제시하는가?																
주어진 논제로부터 도출해 낸 논제에 대한 정의가 적절한가?																
발언 내용의 구성이 논리적인가?																
각 요소의 발언 시간 안배가 적절한가?																
자신의 주장을 펴기 위해 적절한 예시를 잘 활용하는가?																
감정을 잘 통제하고 올바른 매너를 보이며 에티켓을 잘 지키는가?																
개인 총점	( )점				( )점				( )점				( )점			
팀 총점	( )점								( )점							

[10] 링컨-더글러스 토론 평가표

	토론자1(찬성측)	토론자2(반대측)
논제에서 사용된 주요 개념들을 정확히 정의했는가?	⑤ ④ ③ ② ①	⑤ ④ ③ ② ①
입론, 확인 질문, 반론의 내용 구성이 적절했는가?	⑤ ④ ③ ② ①	⑤ ④ ③ ② ①
논리 전개가 일관적인가?	⑤ ④ ③ ② ①	⑤ ④ ③ ② ①
주장에 대한 논거 및 사례 제시가 타당하고 명확했는가?	⑤ ④ ③ ② ①	⑤ ④ ③ ② ①
상대측 논리를 정확히 이해하고 확인 질문이나 반론시 적절하게 대응했는가?	⑤ ④ ③ ② ①	⑤ ④ ③ ② ①
상대측의 논리적 허점을 창의적인 시각에서 적절하게 공격했는가?	⑤ ④ ③ ② ①	⑤ ④ ③ ② ①
상대측의 공격에 대한 방어를 순발력 있게 대처했는가?	⑤ ④ ③ ② ①	⑤ ④ ③ ② ①
언어 전달력이 뛰어난가?	⑤ ④ ③ ② ①	⑤ ④ ③ ② ①
발음, 목소리의 강약, 말의 속도, 어조, 시선, 몸동작 등이 적절했는가?	⑤ ④ ③ ② ①	⑤ ④ ③ ② ①

⑤ 매우 그렇다   ④ 그렇다   ③ 보통이다   ② 그렇지 않다   ① 매우 그렇지 않다

총점		

〔11〕 공공 포럼 토론 평가표

	찬성측 토론자 1		찬성측 토론자 2		반대측 토론자 1		반대측 토론자 2	
	이름		이름		이름		이름	
입론 (점수)								
교차 질문 (점수)								
반박 (점수)								
교차 질문 (점수)								
요약 (점수)								
전원 교차 질문 (점수)								
최종 핵심 (점수)								
평가 사유								
개인별 점수								
총점								

〔12〕 토론 참관록

날짜			장소	
논제				
토론자	찬성측	이름 :		
	반대측	이름 :		

구분	찬성측	구분	반대측
잘 한 점		잘 한 점	
부족한 점		부족한 점	

나도 심사 위원

최종 승리팀/ 선정 이유는?	
최우수 토론자/ 선정 이유는	

참고 문헌

1. 누리집

national forensic league (http://www.nflonline.org)

international debate education association (http://www.idebate.org)

debate central (http://debate.uvm.edu)

전국독서새물결모임 (http://www.readingkorea.org)

한국디베이트코치협회 (http://www.debatecoach.org)

2. 교과서와 지도서

김광해 · 박호영 · 신명선(2003), 『고등학교 화법』, 형설출판사.

이주행 외(2003), 『고등학교 화법』, 금성출판사.

김종택(1996), 『고등학교 화법』, 동아서적.

조규일 · 홍성암 · 조상기 · 박영순(1996), 『고등학교 화법』, 천재교육.

최미숙 외(2009), 『국어교육의 이해』, 사회평론.

한국교원대학교 · 서울대학교 국정도서국어편찬위원회(2010), 『국어 4-1, 5-1, 지도서』, 교육과학기술부.

3. 단행본

가톨릭대학교 교양교육원(2007), 『문제 해결과 의사소통: 발표와 토론』, 가톨릭대학교출판부.

강병재(2003), 『토론학교』, 여름언덕.

강병재(2009), 『생각의 힘을 키우는 토론수업』, 교보문고.

강준만 외(2006), 『논쟁과 논술』, 인물과사상사.

강치원(2013), 『토론의 힘』, 느낌이 있는 책.

강치원 편(1997), 『(고교생이 직접 쓰고 말한)원탁식 아카데미 '환경' 논술토론』, 중명.

강태완 · 김태용 · 이상철 · 허경호(2002), 『토론의 방법』, 커뮤니케이션북스.

경상북도교육연수원(2011), 『(앞서가는 연수 변화하는 교육)토론 · 스피치 과정』, 경상북도교육연수원.

구정화(2009), 『학교 토론수업의 이해와 실천』, 교육과학사.

김복순(2007), 『발표와 토의』, 국학자료원.

김복순(2007), 『(대학 말하기 하)토론의 방법』, 국학자료원.

김슬옹 · 마상룡 외(2006), 『논술 짱 구술 UP』, 세종서적.

김주환(2009), 『교실 토론의 방법』, 우리학교.

김혜숙 외 6인(2011), 『(생각을 키우는)토론수업 레시피 = Discussion』, 교육과학사.

도덕 · 윤리 교육을 위한 교사모임(2003), 『세 개의 사과이야기: 논리적 사고를 위한 토론 자료집』, 푸른나무.

로버트 J. 굴라/이경석 · 김슬옹 옮김(2009), 『논리로 속이는 법 속지 않는 법』, 모멘토.

문성훈(2006), 『토론에 강한 사람이 논술도 강하다』, 동녘.

민영욱(2003), 『토론의 법칙』, 가림출판사.

박보영(2011), 『대립 토론』, 행간.

박승억(2005), 『토론과 논증』, 형설출판사.

박영찬(2011), 『스마트 프레젠테이션』, 매일경제신문사.

박영찬(2012), 『카네기식 휴먼 스피치』, 시그마북스.

서승환 외(2005), 『대학교수 33인이 쓴 심층 면접 논술 알짜배기』, 지상사.

쇼펜하우어/최서욱 옮김(2003), 『쇼펜하우어의 토론의 법칙』, 원앤원북스.

송창석(2011), 『새로운 민주시민교육 방법 : METAPLAN을 이용한 토론 토의 회의 진행법』, 백산서당.

숙명여자대학교 교양교육원 의사소통센터(2011), 『발표와 토론』, 경문사.

숙명여자대학교 의사소통능력개발센터(2006), 『세상을 바꾸는 발표와 토론』, 숙명여대출판부.

신광재 외(2011), 『토론을 알면 수업이 바뀐다』, 창비.

에드워드 윌슨(2005)/최재천 옮김, 『통섭』, 사이언스북스.

에모리대학전국토론연구소/허경호 역(2005), 『정책토론의 방법(Policy debate manual)』, 커뮤니케이션북스.

엘리자베스 그루건 · 로레인 허버드 · 캐롤 스미스/이창덕 · 박창균 · 이정우 · 이정희 옮김(2007),
　　『말하기 듣기 교육의 이론과 실제』, 박이정.

여희숙(2007), 『토론하는 교실』, 노브.

오미영(2004), 『토론 vs. TV토론』, 역락.

유담 · 최은희(2013), 『극동대학교 독서토론 교재』, 한국디베이트코치협회.

유동걸(2012), 『토론의 전사 1 · 2』, 해냄에듀.

윤치영(2009), 『(잘나가는 리더들의 똑똑한 토론법)1% 리더만 아는 토론의 기술』, 미래지식.

윤치영(2003), 『당신도 토론의 달인이 될 수 있다』, 느낌이있는나무.

이연택(2003), 『이연택 교수의 토론의 기술』, 21세기북스.

이상철 외(2006), 『스피치와 토론』, 성균관대학교출판부.

이인제 외(2005), 『국어과 교육과정 개선 방안 연구』, 한국교육과정평가원.

이정옥(2008), 『토론의 전략 : 합리적 의사소통을 위한 토론』, 문학과지성사.

이종란(2006), 『개와 고양이 : 논술과 토론의 길잡이』, 철학과현실사.

이주행 외(2004), 『화법 교육의 이해』, 박이정.

이지성(2010), 『리딩으로 리드하라』, 문학동네.

이창덕 · 임칠성 · 심영택 · 원진숙(2000), 『삶과 화법』, 박이정.

이창덕 · 임칠성 · 심영택 · 원진숙 · 박재현(2010), 『화법 교육론』, 역락.

임용웅(1999), 『토론한마당 : 논술의 기초 확립을 위한』, 예문당.

임칠성 · 원진숙 · 심영택 · 이창덕(2004), 『말꽝에서 말짱되기』, 태학사.

전영우(2003), 『토론을 잘하는 법』, 거름.

전영우(1996), 『토의토론과 회의』, 집문당.

정기철(2001), 『논술교육과 토론』, 역락.

정문성(2008), 『토의 · 토론 수업방법 36』, 교육과학사.

정문성(2011), 『토의 · 토론 수업방법 46』, 교육과학사.

정선심(1999), 『신나는 토론 즐거운 논술』, 동아일보사.

정선심(2002), 『신나는 토론 즐거운 논술 : NIE 토론 논술 프로그램』, 미래M&B.

조성관(2006), 『토론과 논술: 현대사회의 31가지 시사 쟁점』, 조선일보사.

조성민(2009), 『논리와 토론』, 논술교육과학사.

조성자(2005), 『논술 세계로 떠나는 신나는 토론 여행』, 아이세움.

조슈아 박(2005), 『글로벌 인재, 토론이 답이다』, 넥서스.

존 미니 · 케이트 셔스터/허경호 옮김(2008), 『모든 학문과 정치의 시작, 토론』, 커뮤니케이션북스.

주현(2011), 『생각의 힘 (비판적 사고와 토론)』, 아카넷.

천대윤(2004), 『토의 토론 회의 방법론』, 선학사.

최영신(2010), 『최강 토론 달인 되기 1 · 2』, 정인출판사.

최형용 · 김수현 · 조경하(2009/2011: 수정증보판), 『열린 세상을 향한 발표와 토론』, 박이정.

캐서린 수 영 · 줄리아 T. 우드 · 제럴드 M. 필립스 · 더글러스 J. 페더슨/김진모 · 류한수 옮김(2003), 『토론 연습』, 한언.

케빈 리(2011), 『Debate : 대한민국 교육을 바꾼다, 디베이트』, 한겨레출판.

코자이히 데노부/김현영 역(2003), 『한마디 질문으로 상대를 제압하는 논쟁기술』, 한스미디어.

쿠도 코지/박영경 옮김(2002), 『최강의 반론기술』, 삼양미디어.

탁석산(2006), 『토론은 기싸움이다』, 김영사.

테드 허들스턴 · 돈 로우/어린이철학교육연구소 역(2005), 『논리력 키우기: 토론과 논술의 길잡이』, 철학과현실사.

한상철(2006), 『토론: 비판적 사고를 활용한 토론 분석과 응용』, 커뮤니케이션북스.

허경호(2012), 『논증과 토론』, 온소통.

허경호(2012), 『창의적 소통』, 온소통.

Brendan M.Home · Jason Jarvis(2009), 『The High School Debate Primer』, 이화여대출판부.

Brookfield · Preskill / 전남대학교 교육발전연구원 역(2008), 『토론 수업을 위한 도구와 기법』, 학이당.
DILLON / 김정효 역(1997), 『토론학습의 이론과 실제』, 교육과학사.

4. 영화

덴젤 워싱턴(2007), 'The Great debaters'.
시드니 루멧(1957), '12 Angry man'

5. 학위 논문

계윤미(2012), 「(A)comparative study of argumentation structure between native and non-native speakers of English = 원어민과 비원어민의 토론담화 비교분석」, 이화여자대학교 대학원 석사학위논문.
김라연(2006), 「모둠 독서활동에서의 독서행동 변화 양상 연구」, 고려대 박사학위논문.
김명순(2003), 「활동중심 읽기교육의 내용 연구」, 한국교원대 박사학위논문.
김선영(2012), 「독서토론에서 나타나는 수학적 의사소통 과정 분석」, 경인교육대학교 교육대학원 석사학위논문.
김수란(2012), 「교육용 토론 용어의 사용 양상과 정립 방안」, 부산대학교 교육대학원 석사학위논문.
김영남(2012), 「토론 교육의 효과성 연구 : 중학교 소집단에 대한 참여 관찰 결과를 중심으로」, 숙명여자대학교 교육대학원 석사학위논문.
김영숙(2012), 「사회과 토론학습에서 성격유형별 소집단 구성방식이 중학생의 정치적 효능감에 미치는 영향」, 충북대학교 교육대학원 석사학위논문.
김영임(2012), 「정의윤리와 배려윤리의 통합을 위한 도덕과 토론수업 연구」, 한국교원대학교 대학원 석사학위논문.
김요한(2012), 「조별 발표 토론 수업이 수학 학습에 미치는 영향」, 대구대학교 교육대학원 석사학위논문.
김자희(2012), 「초등학교 과학수업에서 토의·토론 활동에 대한 교사들의 지도실태 및 인식조사」, 한국교원대학교 교육대학원 석사학위논문.
김지현(2012), 「토론 단원 교수·학습의 비판적 연구」, 부산대학교 대학원 석사학위논문
김현숙(2012), 「고등학교 '화법과 작문 I·II' 교과서 분석 : 토론 단원을 중심으로」, 경기대학교 교육대학원 석사학위논문.
김희성(2012), 「토론식 수업을 통한 소설 교육 방안」, 충남대학교 교육대학원 석사학위논문.
박선희(2012), 「듣기 능력 향상을 위한 찬반 토론식 수업 방안」, 경상대학교 교육대학원 석사학위논문.
배성희(2012), 「독서능력 향상을 위한 독서토론 모형 개발 및 적용」, 부산대학교 대학원 석사학위논문.
송정호(2004), 「논쟁형 협동 학습 전략을 적용한 논술 교육의 방법과 그 효과」, 계명대 교육대학원 석사학위논문.
오예영(2012), 「초등 사회과 피라미드 토론 수업 적용에 관한 실행연구」, 경인교육대학교 교육대학원 석사학위논문.
윤희정(2012), 「수학 수업에서 토의·토론의 학습효과 분석」, 중앙대학교 교육대학원 석사학위논문.
이민주(2012), 「중등교육에서 소집단 토론학습을 적용한 과학사에 관한 교수–학습지도안 개발」, 연세대학교 교육대학원 석사학위논문.

이선영(2011), 「토론 교육 내용 체계 연구」, 서울대학교 박사학위논문.

이지혜(2012), 「Analysis of language-related episodes in English group discussion = 영어 그룹토론 활동 내의 언어관련 에피소드 분석」, 단국대학교 교육대학원 석사학위논문.

이태성(2012), 「의사소통 합리성에 근거한 사회과 토론 수업의 설계 및 분석」, 한국교원대학교 대학원 석사학위논문.

임정호(2012), 「팀 경쟁 토론 활동이 초등 영재의 리더십, 과학적 태도, 비판적 사고력에 미치는 영향」, 건국대학교 교육대학원 석사학위논문.

임재영(2002), 「토론식 쓰기 수업 모형: 논술 교육을 중심으로」, 성균관대 교육대학원 석사학위논문.

정미진(2012), 「논쟁 토론 활동이 논술 쓰기 능력에 미치는 효과 연구」, 대구교육대학교 교육대학원 석사학위논문.

조인경(2012), 「감성적 합리성을 도입한 토론 교수·학습 방안 연구」, 이화여자대학교 대학원 석사학위논문.

조헌국(2012), 「Factors in decision-making on socio-scientific issues based on the analysis of internet debate and classroom discussions = 과학 관련 사회적 쟁점을 다룬 인터넷 논쟁과 교실 토론에서의 의사결정 요인」, 서울대학교 대학원 석사학위논문.

최영인(2007), 「토의 능력 신장을 위한 교육 내용 연구」, 서울대학교 대학원 석사학위논문.

최원진(2003), 「토의 활동을 통한 논술 지도 방안 연구」, 호서대 대학원 석사학위논문.

6. 일반 논문

교육인적자원부·한국교육과정평가원 공편(2007), 「교수학습 혁신 세미나 – 미래를 준비하는 토론학습」, 한국교육과정평가원.

김광수(1991), 「민주주의와 토론 문화」, 〈철학과 현실〉 8, 철학문화연구소.

김성희(2007), 「토의 능력 신장을 위한 토의 교육 내용 연구」, 〈화법연구〉 11, 한국화법학회.

김슬옹(2011), 「다목적 통합형 '또물또' 발문 모형 설정론」, 〈국어 교육〉 134, 한국어교육학회.

김홍범 외(2010), 「유비쿼터스 환경에서 문법교육을 위한 토론 학습」, 〈국어교육연구〉 46, 국어교육학회.

김홍범(2010), 「웹블렌디드 토론에 기반한 문법교수법의 원리와 방안」, 〈문법교육〉 12, 한국문법교육학회.

박재현(2004), 「한국의 토론 문화와 토론 교육」, 〈국어교육학연구〉 19, 국어교육학회.

박재현(2011), 「교육적 기능을 고려한 토론 유형 선택의 변수」, 〈화법연구〉 19, 한국화법교육학회.

박희숙(2007), 「청자 반응 지도가 듣기 결과에 미치는 영향 연구」, 〈화법연구〉 10, 한국화법학회.

서현석(2005), 「학생 소집단 대화의 협의 양상」, 〈국어교육학연구〉 22, 국어교육학회.

이두원(2006), 「CEDA 찬반 논쟁의 커뮤니케이션 전략 연구: 효과적인 입론, 교차 조사, 반박을 중심으로」, 〈커뮤니케이션학연구〉 14, 한국커뮤니케이션학회.

이선영(2010), 「토론대회 경험과 토론 효능감에 대한 연구 : 고등학교 토론대회 소감문 분석을 중심으로」, 〈국어교육연구〉 39, 국어교육학회.

이선영(2010), 「토론 교육을 위한 논제 선정에 대한 소고 – 국내·외 토론대회 논제 분석을 중심으로」, 〈청람어문교육〉 41, 청람어문교육학회.

이재성(2010), 「다양한 토론 방식을 적용한 〈독서와 토론〉 수업 모형의 토론 자기 효능감 연구」, 〈새국어교육〉 85, 한국
　　국어교육학회.

임칠성(2008), 「화법 교육과정의 담화 유형에 대한 범주적 접근」, 〈화법연구〉 12, 한국화법학회.

정문성 외(2003), 「참여토론식 교육모델 수립을 위한 연구」, 중앙공무원교육원.

정재찬 · 이성영 · 서혁 · 박수자(1998), 「국어과 토의 · 토론 학습의 수업 모형 개발 연구(Ⅰ)」, 〈선청어문〉 26, 서울대 국
　　어교육과.

조경희 · 이종호 · 이광호(2010), 「상업정보 교과에서의 블렌디드 러닝을 활용한 토론학습 모형 개발 연구」, 〈상업교육연
　　구〉 24권 1호, 한국상업교육학회.

최미숙 외(2009), 「국어교육의 이해」, 사회평론.

한정선 · 박정미(2007), 「웹 기반 토론학습에서 교수자와 토론촉진전략에 따른 학습자의 인지적 참여도, 사회적 참여도,
　　만족도와의 관계 연구」, 〈교육정보미디어연구〉, 13권 1호, 한국교육정보미디어학회.

McCroskey(맥크로스키) 「자기 보고식 의사소통 불안감 척도(Personal Report of Communication Apprehension)」
　　참고

찾아보기

토론으로 바꾸는 우리들 세상

토론 교육, 무엇을 어떻게 가르칠 것인가

초판 1쇄 발행 2014년 3월 20일

지은이 박인기 김슬옹 정성현
펴낸이 박철원
기 획 한우리 미래교육연구소
편 집 최혜정, 박주영, 박혜강
디자인 투피피(Toopipi)

ISBN 979-11-5655-001-3 03370

한우리 북스 book@hanuribooks.co.kr

＊ 저작권법에 의하여 한국 내에서 보호를 받는 저작물이므로 무단 전재와 무단 복제를 금합니다.
＊ 이 도서의 국립중앙도서관 출판시도서목록(CIP)은 서지정보유통지원시스템 홈페이지(http://seoji.nl.go.kr)와 국가자료공동목록시스
  템(http://www.nl.go.kr/kolisnet)에서 이용하실 수 있습니다. (CIP제어번호 : CIP2014008394)
＊ 책값은 뒤표지에 있습니다.

발행처 ㈜한우리북스 | 출판신고 2006년 5월 12일 제312-2006-000026호
발행인 박철원 | 편집인 이대연 | 편집 최윤희, 이나영 | 디자인 여희숙 | 마케팅 백민열
주소 122-824 서울특별시 은평구 통일로 684 (녹번동 5번지) 1동 5층 509호
전화 02-362-4704 (편집) 02-362-4754 (마케팅)
팩스 02-362-4750 | 전자우편 book@hanuribooks.co.kr